Das Zank-Eisen

Sie ist ein rechtes Zank-Eisen

Das insgemein sogenannte Zank-Eisen* sollte eigentlich seiner Gestalt wegen, Zang-Eisen genennet werden.

Es ist solches ein von Hans Ehemann, Kunst-Schlosser, der im Jahr 1551 in Nürnberg verstorb, erfundenes Instrument, oder auf gewisse Art zu gebrauchendes Kunst-Schloss, welches zwar keinen sonderlichen Nutzen gewähret, und

Verlag Nürnberger Presse
Druckhaus Nürnberg GmbH & Co.
ISBN 3-920701-82-8
Zeichnungen: Jules Stauber
Fotos: Erich Guttenberger
Satz: Druckhaus Nürnberg
Druck: Emmy Riedel GmbH, Gunzenhausen

Asuu und ned andersch

Verlag Nürnberger Presse

Herbert Maas

Asuu und ned andersch

Deftiges und Deutliches über Nürnberger Wörter

Zeichnungen von Jules Stauber
Fotos von Erich Guttenberger

Verlag Nürnberger Presse

Für meine Kinder
Eva und Bernd

Inhaltsverzeichnis

Ich danke meinem Verleger, Herrn Bruno Schnell,
der seit Jahrzehnten für meine Arbeit großes Verständnis zeigt,
und Herrn Jules Stauber, durch dessen humorvolle Zeichnungen
das Volkstümliche meines Buches unterstrichen wird.

Wie es zu diesem Buch kam

Es sind hauptsächlich drei Gründe, warum ich das Buch geschrieben habe. Im Lesesaal der Nürnberger Stadtbibliothek stehen, zum ersten, die zwanzig Bände des Deutschen Sprachatlasses. Trotz ihres auffallenden hellblauen Einbands werden die zweihundert Faltkarten nur von wenigen Lesern benützt. Anhand einiger Beispiele aus dem Nürnberger Raum habe ich versucht, das umfangreiche und vielfältige Material für ein größeres Publikum zugänglich zu machen. Eine große Hilfe waren mir dabei die vereinfachten Karten im dtv-Atlas zur deutschen Sprache von Werner König.

Zum zweiten ist Nürnberg eine Pionierstadt, was Mundart und lokalen Sprachgebrauch angeht. Hier hat nicht nur Johann Conrad Grübel vor zweihundert Jahren die ersten Mundartgedichte Deutschlands verfaßt. Um die gleiche Zeit entstanden auch die sogenannten Idiotika – das sind Provinzialwörtersammlungen – von Johann Heinrich Hässlein und Georg Andreas Will. Vor allem bewahrt die Stadtbibliothek aber das kostbare Manuskript „Nürnberger Sprüchwörter" von Benedict Wilhelm Zahn aus dem Jahr 1815 auf. Es handelt sich – wenn auch im breiten und behäbigen Stil der damaligen Zeit geschrieben – um eine ausgezeichnete Beschreibung der Nürnberger Sprache, die es wert ist, wenigstens teilweise für die Öffentlichkeit erschlossen zu werden (siehe Abbildungen der Schriftproben im Vorsatz!).

Da ist aber vor allem noch ein dritter Grund. Die Etymologie, die Wissenschaft von der Herkunft der Wörter, ist schon immer das Teilgebiet der Germanistik gewesen, das beim Laien gut ankam. So erreichten mich auch aus dem Leserkreis meines Buches „**Wou** die Hasen **Hoosn** und die Hosen **Huusn haaßn**" immer wieder Anfragen wie „Warum sagt man **Inggreisch**?", „Warum heißt es **Lebberi**?" oder „**Warum sachd mer denn asuu und ned andersch**?".

Hier liegt meine Antwort anhand von einhundert ausgesuchten Beispielen vor. Der Titel des Buches **„Asuu und ned andersch"** klingt sehr ausschließlich, fast ein wenig rechthaberisch, so wie es einem Wesenszug des Nürnbergers entspricht, der seine Erkenntnis gerne dezidiert vertritt. Neben vielen gesicherten Erklärungen enthält mein Buch aber auch einige Beispiele, bei denen die Etymologie ungesichert bleibt und mehrere Möglichkeiten offengelassen werden. Auch hierfür gibt es – einem anderen Wesenszug der Nürnberger entsprechend, die auch vorsichtig und unentschlossen sein können – die mundartliche Redensart **„Dou sooch i ned asuu und ned**

asuu, nou koo kaner soong, i hob asuu oder asuu gsachd". Dieser Gegenposition muß ich mich manchmal anschließen.

Zum Gebrauch dieses Buches:

1. Halbfett gedruckte Wörter sind die gesprochenen Wörter der Nürnberger Mundart.
2. Ein Sternchen vor einem Wort bedeutet, daß dieses aus jüngeren, von ihm abgeleiteten Wörtern konstruiert worden ist.
3. Die Schreibung bayerisch bezieht sich auf die staatlich-politischen Zusammenhänge, bairisch bezeichnet die sprachlich-mundartliche Problematik.
4. Die Abkürzung a. a. O. = an angegebenem Ort bezieht sich auf die genauen Titel im Literaturverzeichnis.

Warum gebraucht man die merkwürdigen Ausdrücke Armleuchter, Rachsuppe und blöde Sonne?

Vor fast vierzig Jahren wurde mir das folgende Zwiegespräch berichtet: In einem Fürther Bibliotheksraum saßen zwei Herren, der eine ein distinguierter und etwas steifer Herr der älteren Akademikergeneration, der daheim und in der Öffentlichkeit nie ein vulgäres Wort in den Mund nahm, der andere ein jüngerer, durchaus mit der Volkssprache vertrauter Mann. Der ältere suchte heftig blätternd im ersten Band des Konversationslexikons und fand offensichtlich nicht das Gewünschte. Auf die hilfreiche Frage des jüngeren gab er zu, daß das Wort ‚Armleuchter' nicht in der von ihm vermuteten Bedeutung im Lexikon enthalten sei. Das Grinsen, das der andere nicht unterdrücken konnte, zeigte schon in eine bestimmte Richtung. Es kam schließlich heraus, daß der ältere Herr, der in leitender Stellung tätig war, erfahren hatte, daß er von Mitarbeitern als ‚Armleuchter' bezeichnet worden sei. Er wußte zwar nicht, worum es sich dabei genau handle, doch war ihm das Despektierliche in dem Wort keineswegs entgangen. Heutzutage kann so etwas schwerlich noch vorkommen. Inzwischen gibt es Wörterbücher der Umgangssprache, die in allen Bibliotheken stehen.

Aber, Spaß beiseite, warum sagt man eigentlich Armleuchter statt Arschloch? Es handelt sich um eine sogenannte Verglimpfung, Verhüllung oder Umschreibung. Sie hat zwei Wurzeln. Die eine geht in uralte Zeiten zurück. Man durfte einst das Böse nicht nennen, sonst rächte es sich. Als die germanischen Heiden Christen geworden waren, glaubten sie immer noch, daß man den Teufel nicht an die Wand malen dürfe, sonst erscheine er. Diese Form der Geisterbeschwörung hat in der Nürnberger Vollmundart eine letzte Spur hinterlassen: **Wemmern Deifl nend, kumd er grend,** d. h., wenn man den Namen des Teufels ausspricht, passiert etwas Unheilvolles. Recht deutlich wird dieser alte sprachliche Kunstgriff bei der Verballhornung und Umgehung von Fluchwörtern. So hört man z. B. heute noch in der Umgangssprache **Bfui**

Deigsel statt Pfui Teufel, **Kreiz Kikeriki** statt Kreuz Christi, **Potz Blitz** statt Got-t(e)s Blitz und **Sackl Zement** statt Sakrament. Der Fluch Herrgott wurde in das weltlich klingende **Herrschaft** umgewandelt. Ich entsinne mich noch an meine Kinderzeit, als die Mutter meines Freundes, die sehr auf Zucht und Ordnung sah, uns Kinder, wenn wir **Herrschaft** sagten, immer wieder humorvoll zurechtwies: „Der Herr Schafft wohnt an der Fleischbrücke." Endlich sei noch auf einen bekannten Mundartreim verwiesen, der die Übernahme der Gewohnheit des Fluchens vom Vater durch den Sohn karikiert: **Drum Himmel, Herrgott, Sekretär (= Sakrament), wou hout der Bou des Floung blouß her?** Auch beim Schimpfwort Arschloch handelt es sich, wie wir auf Seite 91 lesen werden, ursprünglich um Dämonenabwehr.

Der zweite Grund für die Verhüllung unanständiger Wörter ist die gute Sitte, der Anstand. Man möchte zwar im Zorn, im Ärger ein deftiges Wort aussprechen, bremst aber im letzten Moment ab und gebraucht, um nicht als unfein und unhöflich zu gelten, ein Ersatzwort. So sind z. B. für das Götzzitat auf Seite 91 eine Reihe von verhüllenden Redensarten wie: auf den Buckel steigen, fünfern usw. aufgezählt. Das derbe und ordinäre Scheltwort Arschloch, das heute noch in der unteren Sprachschicht, aber auch in der Kinder- und Intimsprache mehr oder minder affektgeladen und auch gutmütig, humorvoll üblich ist, wurde und wird häufig abgemildert. Zunächst nahm man zu dem ähnlich klingenden Wort Armloch Zuflucht, das dann wiederum durch ein scheinbar sinnloses Armleuchter ersetzt wurde. Geblieben sind also vom eigentlichen Wort nur die ersten beiden Buchstaben und das L, alles andere ist spielerisch entstellt.

Um denselben sprachlichen Vorgang handelt es sich bei der **Rachsubbm** und bei der **bläidn Sunner. Sau** ist nicht gerade ein Wort gepflegter Sprache, so häufig es in der Umgangssprache vorkommt (Sauwetter, Saukälte, Sauarbeit). Man weicht nun beim Gebrauch der Scheltwörter **Rachsau** und **bläider Sau,** die sehr derb und ordinär klingen würden, auf die harmlos klingenden Wörter Suppe und Sonne aus, die mit demselben Anfangslaut S beginnen. Eine ganz ähnliche sprachliche Erscheinung liegt vor, wenn z. B. ein Volleyballspieler – ich habe es mit eigenen Ohren im Stadtgebiet Nürnberg gehört – seinen falschen Schlag oder einen mißglückten Ball mit dem Wort **Sch–ande** kommentiert. Der überlang gesprochene zischende Anlaut verrät indirekt, was er eigentlich sagen will, aber höflichkeitshalber unterdrückt: **Sch–eiße.**

Damit wären der Armleuchter, die Rachsuppe und die blöde Sonne erklärt. Wer von meinen Ausführungen noch nicht überzeugt ist, dem sei zum Schluß noch ein Beispiel aus dem Wörterbuch der Umgangssprache von Küpper genannt: Im Jargon des Militärs, der ja bekanntermaßen mehr als deftig ist, kam schon vor dem ersten Weltkrieg die Redensart: durch die Kacke ziehen für ‚foppen, hänseln' auf. Auch dieses derbe und nicht stubenreine Wort wurde – Farbe und Klangähnlichkeit wirkten dabei zusammen – zur höflicheren Redensart: durch den Kakao ziehen entstellt, die man sich heute nur schwer erklären kann, die aber in der allgemeinen Umgangssprache gang und gäbe ist.

Der Bader geistert immer noch durch unsere Mundart

Viele Luxusbereiche des menschlichen Lebens wie z. B. Möblierung, Kleidung und Körperpflege zeigen heute noch, daß wir Deutschen bei den Franzosen gelernt haben. Aber auch für längst bekannte Einrichtungen, nicht erst für neu übernommene, klingt es immer schicker, wenn man sie mit einem Fremdwort bezeichnet. So ist es auch mit den Bezeichnungen für den „Haarkünstler". Das häufigste Wort Friseur und seine Tätigkeit, das Frisieren, wurden im 18. Jahrhundert aus dem Französischen übernommen und bedeutet eigentlich Haarkräusler. Später kamen neue Wörter wie französisch Coiffeur, englisch Haarstyling und pseudowissenschaftliche Begriffe wie Haarstudio oder Kerologie (griechisch keros=Haar) in Gebrauch. Das ältere Barbier dagegen, das schon im Mittelalter aus italienisch-französisch barbiere (eigentlich Bartstutzer; zu lateinisch barba ‚Bart') entlehnt wurde, ist ziemlich außer Kurs gekommen.

Das einzige alte deutsche Wort für diesen Beruf war und ist heute noch Bader. Halbmundartlich spricht man in Nürnberg **Båder**, vollmundartlich **Booder** – wie hochdeutsch Laden, Tag und Abend **Loodn, Dooch** und **Oomd** lautet. **Der Booder houd mer Schdefferla gschniedn** sagten wir noch als Kinder, wenn der Friseur einen schlechten Übergang fabriziert hatte. **Edz werds Zeit, daßd wider ämool zon Booder gäisd,** meinten Mütter und Großmütter, die um das Aussehen ihrer Sprößlinge besorgt waren. Bis 1953 stand an der Stelle der heutigen Sparkasse in Mögeldorf ein Häuschen, in dem einer der letzten Nürnberger Bader fungierte. Ich entsinne mich noch an ein großes Schild neben seiner Ladentüre, auf dem er seine

Verrichtungen anpries: Zahnziehen, Hühneraugenschneiden, Ohrringstechen, Blutegelsetzen und – natürlich – Haarschneiden.

Der Beruf des Baders reicht weit in die mittelalterliche Geschichte unserer Stadt zurück. Dem scheußlichen Aussatz, einer Hautkrankheit, die im 12. und 13. Jahrhundert aufkam, glaubte man durch vieles Waschen des Körpers begegnen zu können. Deshalb wurden viele Badestuben errichtet. Da es in ihnen allerdings ziemlich locker zuging und sie oft als anrüchige Örtlichkeiten empfunden wurden, galt das Gewerbe der Bader als unehrlich. Erst langsam wurden sie als ehrliche Zunft anerkannt, man sprach von den geschworenen Badern und Wundärzten. Sie durften außer ihrer eigentlichen Tätigkeit, der Heißwasserzubereitung, Körperpflege, dem Haar- und Bartputzen, auch zur Ader lassen und wurden dabei von einem städtischen Gremium überwacht. Der Rat achtete streng darauf, daß sie keine Pillen verabreichten und nicht ihre Befugnisse überschritten. Im 16. Jahrhundert wurde die Tätigkeit der Bader wiederum gefährdet. Die Badstuben galten als Brutstätten der venerischen oder Geschlechtskrankheiten, die sich nach der Entdeckung der Neuen Welt zu einem noch unheimlicheren Schreckgespenst auswuchsen, als wir es heute mit der Aids-Krankheit erleben. Als Zeugen will ich nur den berühmtesten Nürnberger der damaligen Zeit anführen. Dürer richtete aus Venedig am 18. 8. 1506 einen Brief an seinen Freund Pirckheimer, in dem er um Fürbitte eines Nürnberger Geistlichen bittet, da er furchtbare Angst vor der Franzosenkrankheit habe.

Trotzdem wurden die Badstuben nicht ganz aufgelöst, ja sie vermehrten sich in den folgenden Jahrhunderten wieder. Um 1792 gab es z. B. in Nürnberg an die zehn Badstuben, darunter das Sandbad am Schießgraben, das Rosenbad südlich der Burg, das Zeughausbad und das Unterwöhrdbad beim Unschlitthaus.

Die Angaben über das Nürnberger Badergewerbe aus:
E. Mummenhoff, Die öffentliche Gesundheitspflege im alten Nürnberg, Nürnberg 1898, und Fragmente zur Geschichte der Bader, Barbiere und Hebammen, Stadtbibliothek Nürnberg, aus dem Jahre 1792

Was nun speziell die Haarpflege durch die Bader anlangt, muß man immer die Abgrenzung zu den sogenannten Barbieren beachten. Zwischen beiden Gewerben, den Badern und den Barbieren, war es zu einem großen Rechtsstreit gekommen, weil ursprünglich den Badern nur das Naßscheren, den Barbieren aber das Trockenscheren des Haupt- und Barthaares erlaubt war. Der lange Prozeß, der die Parteien Tausende von Gulden kostete, endete 1704 vor dem Reichskammergericht mit einem Vergleich.

Bauernfünfer und Siebengescheiter

Es handelt sich bei beiden Ausdrücken um ironische, ja abfällige Bezeichnungen. Heutzutage ist die gesellschaftliche Grenze zwischen Stadt und Land zwar weitgehend verwischt, doch früher bestanden erhebliche Unterschiede. So bezeichnete man seit Hans Sachs bis ins 20. Jahrhundert herein, von der etwas hochnäsigen Warte des Städters aus gesehen, den vom Lande hereinkommenden, altmodisch gekleideten, sich unsicher und unhöflich benehmenden Bauern als **Bauernfimfer.**

Ein **Siemgscheider** dagegen ist ein überkluger Besserwisser. Gabler hat ihn in seinem Schimpfwörterbuch um 1800 treffend abgebildet. Offensichtlich hält sich das dargestellte Männlein für sehr klug; es tippt sich mit dem rechten Zeigefinger an die Stirn, während es die Linke beschwichtigend und belehrend erhoben hat. Sein Gesichtsausdruck läßt allerdings auf ein erhebliches Intelligenzdefizit schließen.

Warum wurden nun in beiden Fällen ungerade Zahlwörter: fünf und sieben verwendet? Bei Bauernfünfer ist die Erklärung ziemlich eindeutig. Fünfergremien bei wichtigen Entscheidungen der Verwaltung und Rechtsprechung in Gemeinden sind seit alten Zeiten bekannt. Wenn es auch in Franken Bauern-Vierer gegeben hat,[1] war die Zahl fünf doch viel häufiger. Ungerade Zahlen wie drei, fünf, sieben und neun spielen und spielten in der Rechtsprechung deshalb immer eine große Rolle, weil bei Abstimmungen klare Mehrheitsverhältnisse vorhanden waren. Auch bei der Wahl des Kaisers wurde daher im Mittelalter die Zahl der sieben Kurfürsten üblich. Schmeller berichtet in seinem Bayerischen Wörterbuch, daß fünf ehrbare

---

[1] Frdl. Hinweis von Dr. G. Hirschmann

Männer oder Biedermänner, die besten, die vorhanden sind, und die besten, die man zu der Zeit finden kann, als Geschworene Recht sprechen sollen. Es handelt sich also beim Bauernfünfer ursprünglich um eine durchaus ehrenhafte und positive Benennung. Auch in Nürnberg gab es ja bekanntlich ein Fünfergericht, das dem Fünferplatz den Namen gab. Die fünf Herren am Hader waren so benannt, weil sie über Streit und Zank zu richten hatten. Sie hielten dreimal wöchentlich in der sogenannten Fünferstube im Rathaus, später im dem 1521 nach ihnen benannten Fünferhaus ihre Sitzungen ab.[2]

Schwieriger ist die Erklärung von siebengescheit. Hier sind sich die Gelehrten nicht ganz einig. Einerseits wird an eine bloße ironische Verstärkung gedacht, besonders wenn man das Synonym neunmalklug vergleicht. Lutz Röhrich verweist auf eine mittelalterliche Redensart: „er kennt seine siebeniu", er ist in allen sieben freien Künsten beschlagen. Diese sieben Bereiche mittelalterlicher Wissenschaft sind z. B. am Schönen Brunnen in Nürnberg heute noch zu sehen: drei Naturwissenschaften, Rechnen, Geometrie, und Astronomie, Musik und drei Geisteswissenschaften, Rhetorik, Grammatik und Dialektik. Also wäre nach Röhrich der Siebengescheite ursprünglich der allseitig Gebildete gewesen. Auch eine dritte Erklärungsmöglichkeit hat viel für sich.

So wie es Fünfer-Gremien in der Rechtsprechung gab, waren auch Siebener, Neuner bei Preisgerichten, Schützen-Jurys und bei der Festsetzung von Flurgrenzen gang und gäbe.[3] In Frankfurt am Main waren z. B. die bürgerlichen Neuner ein Kollegium von neun Personen, welche die Rechnungen des Rates durchzusehen und Verschiedenes bei der Stadtökonomie zu besorgen hatten. Die Siebener hießen in manchen Gegenden die „Feldmesser und Gränzscheider, weil ihrer zur Begehung und Entscheidung von Flurgränzen allemal sieben sein mußten". „In Windsheim ist zu diesem Zweck das Siebeneramt, welches aus vier Ratsherren und drei Bürgern besteht und die Aufsicht über alle Straßen, Äcker und Weinberge hat. An anderen Orten hat man Siebenergerichte."[4]

Abschließend läßt sich sagen, daß sich die Wörter Bauernfünfer, siebengescheit und neunmalklug – ganz gleich, wie sie im einzelnen genau entstanden sind – in ihrer Bedeutung verschlechtert haben und heute nur ironisch und abwertend verwendet werden.

---

[2] E. Reicke, a. a. O., S. 638
[3] Schmeller, a. a. O.
[4] Krünitz, a. a. O.

Was es mit dem Blasarsch von Fürth auf sich hat

Alte Vollmundartsprecher antworten heute noch unwillig auf die neugierige Frage **Wou gäisdn hie? Zum Blousårsch vo Färd.** Auch im Fürther Wörterbuch ist der Blousarsch erwähnt, natürlich ohne den Zusatz ‚von Fürth'. **Wer hat gschellt** (= geläutet)? **Der Blasarsch.** Im Ansbacher Wörterbuch von Hermann Dallhammer ist die Redensart in folgendem Zwiegespräch wiedergegeben. Hier werden die Nürnberger mit dem despektierlichen Neckwort belegt: **Hasts scho ghärt? – Woos? – Die Bromenad homms gsperrt! – Worum? – Wall der Bloosorsch vo Nemberch es Rodfohrn lernt.** Aus diesen Angaben erkennen wir schon, daß es sich um ein Wanderwort handelt, das bevorzugt für Ortsneckereien benützt wird.

Während die norddeutschen, bairischen und österreichischen Wörterbücher sich ausschweigen, treffen wir häufig auf das Wort in den Mundartwörterbüchern für Baden, Südhessen, das Elsaß und im Rheinischen Wörterbuch. Ich gebe hier nur einige Proben: Wer war dann dess: De Dieborger (= Dieburg/Hessen) Blasarsch. Wer het des gseit? Der Blasarsch vom Menschder (= Straßburger Münster). Auf diese Angabe komme ich weiter unten zurück. – Wer war das? Der Blasarsch vo Bitsch, wonn er net gfahrn kimmt, kimmt er geritscht. – Koblenz: Der Blasarsch, der of de Amboss gschess het – Saarbrücken: De Blasarsch und sei Bruder Dünnschiß.

Auch über die Etymologie des Wortes finden wir in den genannten Wörterbüchern die richtige Auskunft. Das Wort hat nichts mit blasen zu tun, sondern muß eigentlich Bloßarsch im Hochdeutschen geschrieben werden. Das wird einmal durch die Parallelen Bleckarsch und Nacktarsch bestätigt wie durch das unter Leck mich am Arsch in diesem Buch auf Seite 91 Erklärte. In der Nürnberger Mundart werden die hochdeutschen Wörter blasen und bloß gleichermaßen zu **ou** diphthongiert: **Des is der ä sauwere Blousn** (= Blase, Gesellschaft) oder **blouß ä weng** nur ein wenig. Eine zusätzliche Bestätigung erfährt diese Etymologie durch das oben erwähnte Blasarsch vom Münster. An den Chorgestühlen einiger deutscher Dome sind häufig kleine Dämonen oder witzige Alltagsfiguren als Knäufe in Holz geschnitzt. Darunter befindet sich auch gelegentlich – so z. B. in Köln – ein Männchen, das sich das Gewand über den Kopf zieht.

Zum Schluß noch eine kleine Erinnerung aus meiner Jugend. Unsere Hausnäherin, eine alte, einfache und devote Person, die mundartliche Ausdrücke ängstlich vermied, fragte meinen Vater, als er eines Tages nach Hause kam, neugierig: „Wo waren Sie denn, Herr Hauptlehrer?" – Schockiert mußte sie hören: „Bam Blasarsch von Fürth."

Die Nürnberger Bratwürste

Würste werden nicht selten nach dem Ort benannt, wo sie zuerst hergestellt wurden. Man denke nur an die Wiener und Frankfurter Würstchen, an die Thüringer Rotwurst, die Göttinger und die Krakauer. Auch die Nürnberger Bratwürste sind weithin bekannt.

In Nürnberg gibt es heute zwei Sorten von Bratwürsten: die etwa 14 cm langen daumendicken Würste, die auch fränkische Bratwürste genannt werden – sie werden meistens in der Pfanne zubereitet –, und die **Broudwärschdla**, etwa 6 cm lange Würstchen, so dick wie der kleine Finger, die seit dem Mittelalter in Bratwurstküchen auf dem Holzkohlengrill gebraten werden. Sie sind eigentlich die weltberühmten Nürnberger Bratwürste oder Rostbratwürste. Wenn auch das bekannte Bratwurst-Glöckle, in dem schon Albrecht Dürer verkehrte und das an der im Norden der Sebalduskirche stehenden Moritzkapelle angebaut war, nicht wieder aufgebaut wurde, so sind doch heute noch das Bratwurst-Rösle, -Herzle und -Häusle Touristenattraktionen ersten Ranges. Wegen ihrer Kleinheit witzelte man schon im alten Nürnberg, daß die Würstchen durch die Schlüssellöcher der Stadttore passen müßten.

Auf den ersten Blick meint man, sie heißen so, weil sie gebraten werden. Das stimmt aber nicht. Zum ersten Mal wurde ich in Fachbüchern der Metzger darauf aufmerksam, daß es heute noch in dieser Fachsprache das Wort Brät für feingehacktes Fleisch gibt. Nach Auskunft etymologischer und mittelhochdeutscher Wörterbücher gab es in der deutschen Sprache in der ersten Hälfte des Mittelalters zwei ganz verschiedene Wörter, die nichts miteinander zu tun hatten. Das erste war althochdeutsch bratan, ein Verbum, das etymologisch mit den Wörtern Brühe und brauen zusammenhängt und ursprünglich ‚erhitzen' bedeutete. Das zweite althochdeutsch brato „Fleisch ohne Speck und Knochen, schieres Fleisch", das schon im 5. Jahrhundert nach Christus von einem byzantinischen Arzt in Westfranken als brado (latinisiert) in der Bedeutung Schinken erwähnt wird. Ein Beleg aus dem mittelhochdeutschen Heldenepos „Iwein" z. B. macht deutlich, wie die beiden Wörter ursprünglich nichts miteinander zu tun hatten: der lewe zarte im cleid und brāt als lanc sō der ruke gāt von den achseln herabe.[1] Die Übersetzung lautet: Der Löwe fetzte ihm Kleider und Fleisch von den Achseln her bis zur Gürtellinie herunter. Im Mittelhochdeutschen war die pratwurst also zunächst die Fleischwurst, die Brätwurst, die mit Schweinefleisch gefüllte Wurst, so wie man andere Wurstarten nach ihrer Füllung Hirnwurst, Blutwurst, Speckwurst nennt. Erst später wurde dann der Name der Wurst an ihre Herstellungsweise, das Braten, volksetymologisch angelehnt, und seit Jahrhunderten versteht man unter Bratwurst die gebratene Wurst. Ein waschechter Nürnberger drückt es so aus: **Di Broudwerschdla haßn asuu, wals broudn wern.** Was kümmern ihn die Spitzfindigkeiten der Sprachgelehrten?

Die Brotzelsuppe, der Sotterhafen und der Pfopferer

Das Schimpfen ist mehr oder minder affektgeladene Reaktion auf unangenehme, störende, belästigende Erscheinungen der Umwelt, Personen und deren Handlungsweise. Die Zahl der Schelten in den deutschen Mundarten ist riesengroß, da auch die Mannigfaltigkeit der Anlässe riesig ist. Eine der störenden Handlungsweisen ist das Schimpfen und Schelten selbst, so daß es für den ewigen Nörgler und Kritikaster zahlreiche negative Bezeichnungen gibt. Drei besonders häufige, in der Nürnberger Mundart sind **Brozzlsubbm, Sodderhoofm** und **Bfobferer,** Bedeutungsübertragungen von Kochgeräuschen, also aus der Küchensprache stammend.

Daß küchensprachliche Vergleiche auch im Hochdeutschen oft verwendet wurde, wenn man allgemeine Erscheinungen benennen wollte, ist bekannt. Hier nur wenige Beispiele: „Es wird etwas nicht so heiß

[1] G. F. Benecke, a. a. O.

gegessen, wie es gekocht wird" bedeutet: gefährliche oder sehr unangenehme Vorkommnisse werden durch kurzen zeitlichen Abstand gemildert. Man „riecht den Braten", wenn man etwas Zukünftiges vorausahnt, man „kocht vor Wut" oder „versalzt einem anderen die Suppe", wenn man den zu erwartenden Genuß stört. Das bekannte Sprichwort „Viele Köche verderben den Brei" umschreibt endlich die Tatsache, daß viele Verantwortliche durch mangelnde Koordination das Gelingen einer Planung zunichte machen.

Zurück zu unseren drei angekündigten Schelten. Man sieht es zumindest den beiden ersten ohne weiteres an, daß sie aus der Küche stammen. Die mit Kochen für die Familie beschäftigte Frau bezeichnete damit vielleicht ursprünglich ihren Eheliebsten, der ständig seine Nase in die Küche steckte, sich über jede Kleinigkeit aufregte, und keine Gelegenheit versäumte, zu schimpfen und zu kritisieren.

Das Verbum brotzeln ist von brodeln „dampfend aufwallen" abgeleitet, das denselben Wortstamm enthält, der auch in den Wörtern brauen und Brühe enthalten ist. So wie neben hochdeutsch schneiden: schnitzeln „in kleine Teile zerschneiden" vorkommt, hat sich auch die Bedeutung von brotzeln, oder brutzeln für die Bratgeräusche entwickelt.

Die beiden Bestandteile des Wortes Sotterhafen sind unter der Berufsbezeichnung Hafner (Seite 56) und unter dem Namen der Krankenstube der Spitäler Sutte (Seite 184) ausführlich erklärt. Suttern und sottern kann einerseits eine Verstärkung von sieden bedeuten, andererseits wird auch das gluckernde Geräusch beim Ausgießen aus einem enghalsigen Gefäß so bezeichnet. Im Schweizer Wörterbuch ist der Bedeutungswandel und die Entstehung des Schimpfwortes anschaulich definiert: suttere, sottere 1. „langes anhaltendes geräuschvolles Kochen und Sieden, z.B. von Wasser, Fleisch, Kartoffeln". 2. Aus Unzufriedenheit zwischen den Zähnen murmeln und brummen wie ein Kessel im Sode. Auch im Elsaß sagt man „hörst du, wie's suttert im Hafe?" oder „er muttert und suttert de ganze Tag". Pfopfern endlich ist schallnachahmend. Andere lautmalende Wörter sind ausführlich im Kapitel Puttlein, Gackelein (Seite 150) erklärt. Der heiße Herd pfupfert, wenn man Wasser darauf schüttet, heißt es anschaulich in einem deutschen Mundartwörterbuch. Zu der lautmalenden Interjektion pff, puff wurde ein Verbum pfupfern oder pfopfern gebildet, ähnlich wie gackern aus gack, klappern aus klapp und meckern aus meck, meck.

Wie unter Laufergasseneckenbeckenbatzenspulengesicht gezeigt wird, ist die Verstärkung eine der Haupttendenzen von Schimpfwörtern. So kann man sich eine Anhäufung von gleichbedeutenden Schelten wie z.B. in der Schimpfwortkanonade einer erregten Köchin gut vorstellen: **Du alder Sodderhoofm, du greisliche Brozzlsubbm, häirsd edz ned aaf mid dein eewichng Gebfobfer!**

Büchse, Schachtel, Pritsche und Schnalle – vier alte Wörter für die weibliche Scham

Das Schelten und Schimpfen verwendet eine ganz einfache Technik: kritikwürdige Eigenschaften, Zustände oder Personen werden dadurch herabgewürdigt, daß man Dingbezeichnungen auf Menschliches überträgt. Da die Dingwelt der menschlichen im Werte unterlegen ist, entsteht automatisch eine herabsetzende, demütigende Wirkung. So nennt man z. B. einen dicken Menschen **Bloudworschd** oder **Blunzn**, einen weichlichen, feigen Mann **Waschlabbm.** Auch die Schelten und Spottwörter für einzelne Körperteile sind nach dieser Methode entstanden: ein runder Kopf ist der **Gniedlas-**, ein länglicher der **Gaggerlaskuubf**; die Gehwerkzeuge werden als **Fårgschdell**, die Augen als **Salzbigsla** und der Mund als **Zuuchbeidlgoschn** bezeichnet. Kein Wunder, daß auch der Körperteil, für den es die meisten Hüll-, Spiel- oder Spottwörter gibt, der Geschlechtsteil, ebenfalls mit Dingen und Gegenständen verglichen wird. Ernest Bornemann hat in seinem Lexikon „Sex im Volksmund“ für die weibliche Scham an die fünfhundert Ausdrücke gesammelt, unter denen viele Dingschelten sind: z. B. Kübel, Futteral, Etui, Koffer, Pfanne, Trichter, Dose, Puderdose, Krater, Schachtel, Schatulle, Büchse, Pritsche und Tasche. Parallel dazu gibt es für den männlichen Geschlechtsteil fast ebenso viele Dingbezeichnungen wie: Balken, Pinsel, Schwert, Rohr, Schaft, Flöte, Hobel und viele andere.

Bleiben wir zunächst beim ersten unserer vier Wörter, dem Ausdruck Büchse. Es ist in seiner sachlichen Bedeutung „kleines, viereckiges oder rundes Gefäß“ ein Lehnwort und bedeutete ursprünglich die aus Buchsbaumholz gedrechselte Arzneibüchse. Das Wort ist mit anderen medizinischen Ausdrücken wie Arzt und Pflaster schon in althochdeutscher Zeit aus dem Griechisch-Lateinischen übernommen worden. Mit seiner ins Sexuelle übertragenen Bedeutung erscheint es schon in den Fastnachtsspielen des 15. Jahrhunderts.[1] „Wann ich kan sie also kützeln unterm üchsen (= Achsel), das sie mich lan greifen zuo der pfefferbüchsen." In der recht deftigen Fastnachtsspiel- Literatur erscheinen auch die beiden anderen Wörter Schachtel und Pritsche: „wenn sie mein polz trifft in ir schatteln (= Schachtel)" und „mocht ir euch mein ein nacht betragen (= mit mir abgeben), ich wollt euch eins die pritzschen schlahen." Die Dingbezeichnung Pritsche – althochdeutsch britizza – ist mit neuhochdeutsch Brett verwandt und bedeutet sachlich ‚aus Brettern zusammengefügte Liegestatt' und ‚aus dünnen Brettchen gefertigtes Schlaginstrument, Narrenpritsche', bevor sie auf die Scham übertragen wurde.

Etwas anders verlief die sprachliche Entwicklung bei Schnalle. **Schnalln** ist in Nürnberg außerordentlich häufig, allerdings weniger als Bezeichnung der weiblichen Scham, sondern für: Hure, Dirne. Den Zuhälter nennt man hierzulande **Schnallndreiwer.** Ich entsinne mich noch einer gelegentlichen Schelte aus der Zeit des Dritten Reiches, als ein Nürnberger seinem Mißfallen mit der Nazi-Partei Ausdruck gab, indem er die dunkelblauen Mützen der Winteruniform von Hitlerjungen als **Schnallndreiwersmidzn** bezeichnete. Das Scheltwort geht nicht direkt auf die Dingbezeichnung für „Schließvorrichtung am Schuh oder am Gürtel" zurück, sondern hat einen kleinen Umweg über die Bezeichnung der Geschlechtsteile von Tieren gemacht. Körperteile von Tieren haben häufig menschliche Schimpfwörter ergeben, wie Flossen für Beine, Klauen und Krallen für Finger. Seit langem kennt die deutsche Jägersprache die Schnalle, das Geschlechtsteil weiblicher Tiere, besonders von Füchsin und Wölfin. Ob der optische Vergleich mit der Schuhschnalle oder die im Erregungszustand schnellende Bewegung namengebend waren, konnte von der Wissenschaft noch nicht eindeutig festgelegt werden. – Auch bei Pritsche kennen übrigens einige Mundartwörterbücher die Bedeutung für tierische Körperteile, so z. B. „Ochsenzunge, Ochsenschwanz, Geschlechtsteil der Kuh".

Mit den Schelten Büchse, Schachtel, Schnalle und Pritsche ist nun etwas ganz Merkwürdiges geschehen, sowohl im Nürnbergischen wie in vielen anderen deutschen Mundarten. Die Bezeichnung des Geschlechts-

---

[1] Die Belege aus den Fastnachtsspielen habe ich dem Buch von J. Müller, a. a. O., entnommen

teils (=lateinisch pars foedissima) wird auf das ganze weibliche Wesen übertragen. Die Wissenschaft spricht von Pars-foedissima-pro-toto-Bildung, zu deutsch: der schlechteste Teil wird zur Bezeichnung des Ganzen verwendet. Ich bringe im Kapitel Schlafhaube ähnliche Beispiele. Dort wird auch auf die männlichen Parallelen Beutel, Zipfel, Säckel, Bibbers verwiesen. Analog versteht man unter einer **Bigsn**, **Schnalln**, **Bridschn** unsolide Frauenzimmer. **Alde Schachdl** ist eine der häufigsten, sehr despektierlichen Bezeichnungen für alte Frau geworden. Büchsenmacher oder **Bigsnmacher** ist in Nürnberg wie in ganz Deutschland umgangssprachlich der Vater, der nur Mädchen und keine Jungen zeugt. Die umgangssprachliche Wendung ‚Kinder machen' ist mit der Bezeichnung für den Handwerker, der Büchsen (= Gewehre) anfertigt, humorvoll gekoppelt. In Hessen sagt man närrische Pritsche, in Österreich Pritsche, eine liederliche, dumme und schwatzhafte Frau. Dieselbe Tendenz liegt vor, wenn man in Nürnberg von einer **aldn Duusn** (= Dose) spricht, da auch Dose (siehe oben!) Hüllwort sein kann. Nicht in Nürnberg, sondern im Westdeutschen ist das Scheltwort Desch (= Tasche) bekannt, das zur Redensart: Leck mich in die Tesch! geführt hat. Auch: steig mir in die Taschen! statt: steig mir auf den Buckel! enthält diesen Wortsinn und nicht zuletzt das Spottwort Plaudertasche für eine Frau, die gerne ausplaudert und andere Leute schlecht macht. Im Gegensatz zu Schnalle und Schachtel, die immer Schelten bleiben, erfolgt bei **Bigsn**, **Bigsla** und **Bridschn**, **Bridschla** der Umschlag zum Kosewort, wie ich unter Hexe ausführlich beschreibe. **Bigsla** und **Bridschla** sind goldige, kleine Kinder.

Ein Letztes: Unter Fotze werde ich auf die Problematik der Übertragung vom Geschlechtsteil auf den Mund aufmerksam machen. Auch bei zweien der eben behandelten Schelten kann man diese Tendenz deutlich erkennen: Schnalle kommt schon im Mittelhochdeutschen in der Bedeutung „Mund" vor, ebenso Pritsche im Südhessischen, wo der im Weinen oder im Trotz verzogene Mund als Pritsche bezeichnet wird.

Die Butzenscheibe ist alt, das Wort Butzenscheibe nicht

Zunächst eine Bemerkung zur Geschichte des Grundworts: Scheibe war ursprünglich die vom Baumstamm geschnittene runde Holzplatte. Das zeigen noch heutige Bedeutungen wie Zielscheibe, Töpferscheibe, Drehscheibe und Sonnenscheibe. Als es im 12. und 13. Jahrhundert üblich wurde, die Fensteröffnungen nicht mehr mit Kalbsfellen zu verschließen, sondern mit bleigefaßten runden Gläsern, nannte man auch diese: Scheiben. Zur Einglasung von Kirchen-, Kemenatenfenstern und später bei den städtischen Bürgerhäusern verwendete man allerdings nicht nur rundes, sondern auch rautenförmig zugeschnittenes Glas. – Benannt wurden diese Fenster – z. B. im Nürnberger Baumeisterbuch von Endres Tucher – damals mit den Wörtern: glasswerk, vensterglesser, scheiben und rauten. In Baurechnungen des 15. und 16. Jahrhunderts heißen sie venedisch schewen oder scheyben, weil sie aus Venedig geliefert wurden.[1] Aufgrund eines Holzschnittes von Jost Ammann in seinem Ständebuch können wir uns eine gute Vorstellung vom Aussehen und der Produktion dieser Gläser machen. Es waren keine glatten Scheiben, sondern in ihrer Mitte befand sich jeweils eine kleine Erhöhung, ein Butzen, der durch die Herstellung entstanden war.[2]

Nun zeigt uns die Geschichte der Glasindustrie, daß man im Laufe des 19. und 20. Jahrhunderts immer größere viereckige Flachgläser bis hin zu den modernen riesigen Schaufensterscheiben herstellen konnte. Der Name Scheibe ging von den einst runden auf die viereckigen Gläser über. Die mittelalterliche Fensterherstellung kam außer Kurs. Allerdings kam mit der Romantik am Anfang des 19. Jahrhunderts der Wunsch auf, das Mittelalter nachzuahmen und – in der nostalgischen Welle dieser Zeitströmung – die Gotik wieder in ihrer Außen- und Innenarchitektur heraufzubeschwören. Nürnberg spielte dabei eine große Rolle, man denke nur an die Namen Freiherr von Aufseß und Heideloff.

Schmeller und Kluge behaupten nun in ihren Wörterbüchern, Butzenscheibe sei ein Nürnberger Wort. Wenn man allerdings die

---

1 Jahrbuch der bayerischen Denkmalspflege, Band 28, S. 109

2 Das fiel schon Zedler im Jahre 1735 auf: „. . . werden noch andere Fenster verfertiget, eines von lauter runden Scheiben mit drey Angeln, daran in der Mitte die Butzen wie an denen Scheiben zu sehen." (J. H. Zedler, a. a. O., Band X, Spalte 1589)

gedruckten Quellen des 19. Jahrhunderts prüft, findet man lange Zeit keine Beweise. Als die deutschen Dichter Tieck und Wackenroder in Nürnberg 1798 die Romantik entdecken, lesen wir „wenn ich in deinen ehrwürdigen Büchersälen, Nürnberg, in einem engen Winkel, beym Dämmerlicht der kleinen rundscheibigen Fenster saß . . ." Auch 1850 erwähnt ein Buch über die Nürnberger Chörlein nur die „runden, in Blei gefaßten Fensterscheibchen".[3] Ja, noch in einem technischen Lexikon aus dem letzten Viertel des 19. Jahrhunderts heißt es wörtlich: „Man braucht diese alten Scheibchen, die man neu produziert, um den mit mittelalterlichem Hausrat gefüllten Räumen die nötige altdeutsche Stimmung zu geben."[4] Erst in den letzten Jahrzehnten des 19. Jahrhunderts wird das Wort Butzenscheibe greifbar. In einem Buch über Glasfabrikation steht es 1875 noch in Anführungszeichen.[5] 1884 kommt es im Meyerschen Konversationslexikon vor. Vor allem wird es durch einen damals viel gelesenen Dichter, Paul Heyse, zum literarischen Schlagwort: Butzenscheibenlyrik, womit er die idyllische Vergangenheitsdichtung à la Victor von Scheffel verspottet.

Wie ist es nun aber mit dem angeblichen Nürnberger Wort Butzenscheibe? Läßt es sich irgendwann vor dem Ende des 19. Jahrhunderts in unserer Stadt nachweisen? In der Tat ist der mit langem U gesprochene **Buuzn** heute noch in unserer Mundart häufig; es gibt den **Abflbuuzn**, das Kerngehäuse, den **Gwidderbuuzn**, eine dunkle Regenwolke, und den **Eiderbuuzn** bei einem Geschwür. Die beiden Idiotika von Häßlein 1782 und von Will 1790 schweigen sich allerdings aus. Auch Stichproben in den Glaserakten des 19. Jahrhunderts im Stadtarchiv Nürnberg verliefen ergebnislos.

Wie so oft hilft allerdings „Kommissar Zufall" bei der Klärung von dunklen Zusammenhängen. Als ich während der Drucklegung dieses Buches im Häßleinschen Idiotikon blätterte, las ich, wie vom Donner gerührt, folgenden Eintrag: „ErdHünlein, ein Phänomen, das sich nach der Theorie alter Weiber gerne in den Kinderstuben, wie ein runder heller Schein sehen läßt, in dessen Mitte etwas dunkleres zu seyn scheint. Seitdem die sogenannten Butzenscheiben in den Fenstern abgekommen sind, wurde diese Erscheinung immer seltener. . ." Hier haben wir es: Das Wort Butzenscheibe war tatsächlich in der Nürnberger Mundart bekannt, einhundert Jahre, bevor es im Hochdeutschen verwendet wird.

---

[3] Verfasser: F. Mayer
[4] O. Schmitt, Reallexikon zur deutschen Kunstgeschichte
[5] Verfasser: H. E. Benrath

Christkindlein und Christbaum

Die Nürnberger Vollmundart kennt die folgenden Ausdrücke und Redensarten: **Housd scho dei Griskindla ausbagd?** Hast du schon dein Weihnachtsgeschenk ausgepackt? **Der schdråld wäi ä Griskindla** er freut sich riesig; **mier hom unsern Grisbaam fei scho budzd** wir haben unseren Weihnachtsbaum schon geschmückt und **wos bringd der den heier is Griskindla?** Was bekommst du heuer zu Weihnachten? Selbstverständlich heißt auch der weltberühmte Weihnachtsmarkt in Nürnberg **Griskindlas-**, nicht Christkindel- **margd.**

Wenn sich der Mensch freut, pflegt er das auch seine Mitmenschen merken zu lassen. Er ist in Festtagslaune besonders aufgeschlossen für Geben und Schenken. Der weihnachtliche Gabentisch ist daher seit langer Zeit eines der wichtigen Attribute des Christfestes geworden. Wenn auch heute ein immenser Einkaufsrummel in der Vorweihnachtszeit, ein Austausch von Gebrauchsgegenständen zwischen den Familienmitgliedern und eine Gebepflicht in der Industrie und Gesellschaft weithin den alten bescheidenen Geschenkritus verwischt und kommerzialisiert haben, so findet man doch immer noch echtes Schenken, besonders wenn es sich um kleine Kinder handelt. Die Sitte zu schenken geht in die Anfangszeit des Christfests zurück. Die Kirche fand in den römischen Saturnalien – Feste zu Ehren des Gottes Saturn – ein umfangreiches Geschenkbrauchtum vor. Diese Tradition vermischte sich allerdings mit den Opfergaben der Germanen an die toten Seelen und den Heischebräuchen in den heidnischen Gebnächten. Später brachten dann Heilige, die man als besondere Gabenspender für Kinder ausersehen hatte, Geschenke ins Haus. Ursprünglich waren es Fruchtbarkeitssymbole wie Apfel und Nuß. Über die fränkischen und nürnbergischen Gabenbringer ist in diesem Büchlein unter Pelzmärtel einiges erwähnt.

Seit der Reformation wurde nun das Schenken auf den eigentlichen Weihnachtstag verlegt. Wie die protestantische Kirche allgemein nichts mehr für die Heiligen übrig hatte, versuchte sie, ihnen auch die Funktion des Gabenbringens zu entreißen und auf die Zentralgestalt des Weihnachtsfestes, das Jesuskind, zu übertragen. Das Christkind flog nun im Kinderglauben von Haus zu Haus und verteilte seine Gaben an fromme Buben und Mädchen. Die Erwachsenen kauften die Geschenke vorher auf den jetzt aufkommenden Weihnachtsmärkten. Die Belege für den Nürnberger **Christkindlasmargd** – früher Kindleinsmarkt genannt – setzen in der Tat erst im 16. Jahrhundert ein, so daß man ihn eigentlich als protestantische Einrichtung bezeichnen kann. Ich habe die ausführliche Beschreibung des Marktes durch Zahn um 1800 bereits in meinem Wörterbuch abgedruckt.

Der Weihnachtsbaum in seiner heutigen Form ist noch viel jünger als die Bescherung durchs Christkind. Zwar sind wir aus dem Elsaß schon aus dem 16. Jahrhundert über einige Vorformen des Weihnachtsbaums unterrichtet. „Dannreis" wird in die Stube gelegt, 1554 wird in Freiburg eine Verordnung gegen „das abhauen der weyhenacht meyen" erlassen usw. In Nürnberg kennen wir den Barbarabaum und seinen Behang erst aus einem Beleg von 1795. Es handelte sich nicht um einen Tannenbaum, sondern um einen blühenden Kirschbaum, der mit Konditor- und Zuckerwaren, wie Engeln, Puppen und Tieren, vergoldetem Obst und vielen vergoldeten Haselnüssen, die zu Schnüren aneinandergereiht waren, behängt wurde.[1]

Daß der Christbaum in seiner heutigen Form in vielen Gegenden Deutschlands erst Ende des 19. Jahrhunderts bekannt wurde, erfahren wir z. B. von dem steiermärkischen Dichter Peter Rosegger, der in seinen bekannten Waldbauerngeschichten über die Neuheit berichtet. Über den Barbara- oder Kindleinsbaum werden wir wiederum durch Zahn unterrichtet: „Zu Vergrößerung der Kinderfreude bey dem sogenannten Kindleins Bescheren an Weyhnachten wurden ehehin einige Wochen vorher und zwar mehrentheils am Barbaratag, dem 4. Dezember, Äste von Frucht- und anderen Bäumen oder kleine Waldbäume in mit Wasser angefüllte Gefäße eingestecket und in geheizten Zimmern, wo sie biß Weyhnachten grüne Blätter und Blüthen bekommen, aufgestellet und somit die Regel: Steckt Barbara-Bäum ein, laßt's blühen beobachtet. Diese blühenden Bäume nun wurden beim Austheilen der Christgeschenke mit daran gehängten vergoldeten Äpfeln, Birnen, Nüssen, Zuckerwerk, kleinen Engeln und auch Spielzeug gezieret und mit vielen kleinen angezündeten Waxlichtern abends und früh erleuchtet, dieses öfter unter dem unrichtigen Ausdruck,[2] den Kind-

---

[1] Simplicianischer Wundergeschichtskalender von 1795

[2] Das Anzünden der Wachskerzen heißt heute noch in der Vollmundart: **in Baam oozindn**

leinsbaum anzünden, wiederholet, endlich nach einigen Tagen abgeblodet (=ableeren) und die daran hängenden Sachen unter die Kinder vertheilet. Weil aber durch das Abhauen dieser Bäume in den Wäldern und Gärten Schaden zugefüget worden, auch bey dem Anzünden der vielen Waxlichter Gefahr zu befürchten war, sind gegenwärtig die Kindleinsbäume und deren Heimbringung in der Stadt gänzlich verboten." Interessant ist, daß man damals schon nicht nur an Brandgefahr, sondern auch an die Erhaltung des Waldes dachte.

Die Wörter Delle und Tullen sind sprachverwandt

Die Stammvokale e—a—u lassen sich bei vielen deutschen Wörtern nachweisen, die sprachlich miteinander verwandt sind und ähnliche Bedeutungen haben: So gehören zum Verbum stellen die Substantive Stall und Stuhl; mit stehen sind der Stand und die Stunde verwandt; Schwall und Geschwulst stehen neben schwellen und zu wenden und gewunden gehört das Substantiv Wand (= eigentlich aus Zweigen gewunden). Ebenso verhält es sich bei den Wörtern Tal, Telle oder Delle und Tulle oder Dulle. In den süd- und westdeutschen Mundartwörterbüchern gibt es dafür zahlreiche Beispiele. So gab es schon im Mittelalter das Wort Dole, auch dule und tulen geschrieben, für den verdeckten Abzugsgraben oder die Kloake. Heute sagt man noch zum Straßensenkloch für Regenwasser im Pfälzischen Dole. Daneben kommt im Bairischen, im Pfälzischen, im Hessischen und im Badischen, aber auch in Nordwestdeutschland das Wort Deln, das ursprünglich Vertiefung bedeutet, in vielfältiger Bedeutungsabstufung vor. Es kann sich um eine flache Vertiefung im Blech, im Hut, im Gummiball, eine Druckstelle an Apfel, Birne und anderen Früchten handeln, aber auch um die ‚Delle am Kopp', eine leichte Verwundung, oder um die Delle, in die sich die Hühner einscharren. Zahlreiche Flurnamen gehen z. B. im Pfälzischen auf die Delle, die talartige Vertiefung im Gelände zurück, so die Moosdelle, die Schnepfendelle, die Mausdelle, die Fuchsdelle und die Dachsdelle. Auch der Flurname Tullnau in Nürnberg-Ost gehört in diesen Zusammenhang.

Damit dürfte die Etymologie des Wortes hinreichend deutlich geworden sein, und wir können die Existenz des Wortes in Nürnberg belegen: Der Kotflügel **houd ä gscheide Delln** sagt man bei uns für: Der Kotflügel ist ziemlich beschädigt; **mei Balln houd ä Delln** jammert das Kind, wenn sein Gummiball nicht mehr prall ist; vor allem war das Wort **Dulln** für den Abzugsschacht am Rinnstein beliebt, bevor das englische Fremdwort Gully in die deutsche Hoch- und Umgangssprache eindrang. **Dullnraamer** hießen daher die Arbeiter der städtischen Grubenentleerung noch in meiner Kindheit. Hermann Strebel, der unvergeßliche Nürnberger Humorist, Vorläufer von Herbert Hisel und dem Spezi Schamberger unserer Tage, hat in seinem bekannten Song „Das ist doch der allerschönste Dialekt" eine Strophe den **Dullnraamern** gewidmet: „**Schdraadn si dou zwaa Dullnraamer, Brouder dou derlebsd dei ‚Drama', daß ban Erwerdn dou kaner zu vil doud. Idz gäisd noo dou und fengsd oo dou, wal doch iech dou aa nu noo mou, sonsder gräich der iech ä rechder groußer Woud. Hald dei Schlebbern rouder Brouder, dou doch du wos, schdingfaals Louder! Maansd gwiß du, daß mier die Erwerd besser schmeggd? Wensd derham vur Noud ka Broud houst und vur Woud in Kuubf blauroud housd.** Ist das nicht der allerschönste Dialekt?"

Depp und Doldi, die zwei häufigsten Schimpfwörter unserer Mundart

Obwohl in Nürnberg heute noch in Kinderschrift an mancher Hauswand mit Kreide geschrieben steht: Dieter ist ein Depp, Heiner ist ein Depp, müßte man, ins Hochdeutsche übertragen, eigentlich ‚Täpp' schreiben. Da der Nürnberger weder im Anlaut noch im Auslaut ein T und ein P sprechen kann, sondern dafür die „weichen" Ersatzlaute D und B verwendet, wird aus dem hochdeutschen Tapp oder Täpp ein **Deb.**

Das Täppische des plumpen Bären, der einen tappenden Gang hat, hat schon im Mittelhochdeutschen das Spottwort Tapp für den Menschen ergeben. Es kommt in den Fastnachtspielen in Nürnberg und andernorts vor und hat in den süd- und westdeutschen Mundarten heute noch Schelten wie Tapp, Tappes, Tappdrein ergeben. In Wien und München ist das Wort, zusammen mit seinem abgeleiteten Adjektiv deppert, gang und gäbe. Hauenstein führt es in seinem köstlichen Wörterbuch auf: teppert, das bekannteste und gebräuchlichste Wort für blöd und beklopft. Bei jedem willkürlichen Anlaß kann man das zerdehnte: ‚bist deppert' hören. Aman führt in seinem Bayrisch-österreichischen Schimpfwörterbuch aus: der Depp – die Deppen dummer, einfältiger, unbeholfener, langweiliger, uninteressanter, närrischer, eingebildeter Mensch. Du Depp du bleda! Du deppada Hundsdepp, du deppada!

In Nürnberg ist die Bedeutungsskala des Schimpfwortes so breit, wie sie Aman geschildert hat. Darüber hinaus kann es zur bloßen Abwehrschelte gegen gerade störende oder auch gegen begriffsstutzige oder störrische Gesprächspartner oder Mitmenschen benützt werden, allerdings nur in der Intimsphäre, wo die Höflichkeit Fremden gegenüber wegfällt. Mit **di Debbm** kann jegliche Obrigkeit, wie staatliche und städtische Organe oder die Betriebsleitung, gemeint sein. Übrigens kann es – wie unter Hexe gezeigt wird – auch zum Kosewort umschlagen. **Mei glans Debberla, mei glans** ist ein häufiger Trost, wenn ein Kind hingefallen ist, sich gestoßen hat und weint. **Is Debberla vo der zweidn Frau** umschreibt – harmlos tadelnd – einen nicht ganz zurechnungsfähigen Geisteszustand.

Auch das Adjektiv **debberd** kann über das geistig Minderbemittelte hinaus weitere Bedeutungsschattierungen aufweisen: ähnlich wie toll oder blöde in der Umgangssprache zu der Bedeutung ‚hektisch, übertrieben und arbeitswütig' erweitert wird: **i zål mi nu debberd; i hou gerwerd wäi debberd; i hob mein Gardn gossn wäi debberd – und nou houds griengd.**

Etymologisch nicht so durchsichtig ist das zweite Schimpfwort: Doldi. Es ist zwar nicht ganz so häufig wie der Depp, aber weithin noch verbreitet: **Scha ner hie, der Doldi koo ned ämool gscheid laafm! Maansd gwiß i mach dein Doldi? Der Doldi soll besser aafbassn.**

Auch in Bamberg und Ansbach ist das Scheltwort nicht minder häufig zu hören. In Fürth ist neben dem männlichen **Doldi** ein weibliches Pendant: **di Dolln** üblich. Im Bayrischen wird bei Ringseis **Doide** für den Trottel genannt; Aman kennt das Wort nicht. In anderen Mundartwörterbüchern Deutschlands tauchen nur Formen auf, deren Stammsilbe die Zugehörigkeit zum Nürnberger **Doldi** verrät: südhessisch Tollack, pfälzisch Tollen und Tolles, badisch Tolle, Schwäbisch allerdings Dolde. Alle

Schimpfwörter scheinen unter dem Quereinfluß der hochdeutschen Schelten Tolpatsch und Tölpel zu stehen. Auch das lautmalende Verbum dalen, tallen ,schwätzen, dumm reden' gehört sicherlich in diesen Zusammenhang. Bei der Nachsilbe -di kann es sich um eine spielerisch angehängte Endung handeln. -i ist bei vielen Kosenamen für Männer üblich: Manni, Ulli, Willi, Sigi, Schorschi und Hansi. Die Nachsilbe -di kommt allerdings nur bei Namen vor, deren Stamm auf -d endet, wie in Poldi, Andi, Waldi, Fredi, Berti.

Die christliche Fastnacht und die heidnische Fosernacht

Statt Fastnacht sagt man in der heutigen Nürnberger Umgangssprache meist Fasching. Es gibt z. B. den Faschingszug, den Faschingsprinzen und die Faschingskrapfen. Allerdings hört man daneben immer noch die alte Form Fasnacht und in der Vollmundart sogar **Foosernachd.**

Die Geschichte des Wortes scheint durch die grundlegenden Ausführungen des Forschers Karl Meisen „die Nacht vor dem Fasten" zu sein.[1] Es handelt sich seiner Meinung nach um eine sogenannte Konsonantenvereinfachung: Die drei Konsonanten s-t-n in der Mitte oder an der Fuge des zweisilbigen Wortes werden wegen der Sprachfaulheit zu zwei Konsonanten s-n erleichtert oder verkürzt. Meisen unterstützt seine inzwischen von den führenden deutschen Wörterbüchern anerkannte Theorie durch die folgenden Argumente: Die ältesten Belege seit 1200 lauten vastenaht, vastnaht, faschenaht, vasenaht, vassenaht, vasnaht und vassnaht. Beim Wort Fasching handelt es sich ursprünglich um den vastschanc = Fastenschank, den Ausschank des Fastenbiers. In zahlreichen Einzelschriften wird in der Tradition von Meisen auf

[1] K. Meisen, Namen und Ursprung der Fastnacht, in: Rheinisches Jahrbuch für Volkskunde, Jahrgang 17/18, 1966/67

die Rolle der Kirche – besonders der Franziskaner – verwiesen, die das Brauchtum der ausgelassenen Faschingszeit unterstützten und sogar steuerten, um dann in der Fastenzeit ihre Schäfchen um so fester wieder in der Hand zu haben. Die christlichen Symbole in den spätmittelalterlichen Faschingsumzügen sind in der Tat häufig. Unter Schembartlauf ist in diesem Büchlein auf Näheres verwiesen.

Nun ist die Wissenschaft – das gilt gleichermaßen für Natur- und Geisteswissenschaft –, so objektiv sie ist, im Hintergrund doch oft von einer Idee, einer großen Überzeugungsrichtung getragen. So gab es vor Karl Meisen und gibt es auch nach seinen Forschungen immer wieder die andere Vorstellung von der alten vorchristlichen, heidnischen Fasenacht. Das Maskenbrauchtum und die Fruchtbarkeitskulte des Voralpenlandes im Alemannischen wurden schon immer als Frühlings- und Winteraustreibungsbräuche interpretiert.

Besonders im Dritten Reich mit seiner antikirchlichen Haltung und germanischen Euphorie erhielt die heidnische Faschingsforschung großen Auftrieb. Auch das Wort Fastnacht wurde deshalb anders gedeutet. Es solle auf ein altes deutsches Wort faseln zurückgehen, das so viel wie ‚gedeihen, fruchtbar sein' bedeutet. Es gibt landschaftlich die Wörter Faseleber, Faselschwein für Zuchteber und Zuchtschwein; Unfasel für ‚Ungeziefer' und frühneuhochdeutsch das Wort fasen ‚Possen treiben'. Althochdeutsch fasal = Nachkommenschaft ist lautgesetzlich mit dem indoeuropäischen Wortstamm *pes, pos verwandt, das unter anderem in lateinisch penis < pesnis und deutsch visel = männliches Glied enthalten ist.

Auch in Franken, z. B. an der Universität Erlangen, hielt man in den dreißiger und vierziger Jahren diese Ableitung des Wortes Fastnacht für unumstößlich. Die Forscher F. Stroh und E. Rühl wiesen in diesem Zusammenhang besonders auf die Nürnberger Form **Foosernacht** und den Namen der Effeltricher Fasalecken hin. Ich erinnere mich noch an das Jahr 1948, wie ich als Student meinem verehrten Lehrer Friedrich Stroh mitteilen konnte, daß es in Nürnberg noch das Schimpfwort **du alder Foosn** für ein schlechtes Frauenzimmer gebe. Er geriet ganz außer sich vor Freude, weil er einen wichtigen Beleg für seine These Fastnacht = Faselnacht zu haben glaubte. Inzwischen ist allerdings durch neuere Forschungen erwiesen, daß es sich bei dem relativ jungen Scheltwort **Foosn** um einen Import von französich faux „ falsch, wertlos", faux femme „Hure" handelt.

Andere Beweise allerdings stellen immer noch die Ausschließlichkeit der Meisenschen Theorie in Frage: Das sind neben der Existenz von **Fooser-**

nacht und Fasalecken die Forschungen Kramers,[2] der darauf hinweist, daß die Form vase der Schwundtheorie aus Fast widerspreche und daß seine fränkischen Quellen seit 1500 überwiegend die Formen vase-, vasse- und vasa- nennen und verschwindend gering die Form fast-. Weiterhin ist auf die germanische Zählung der Tage nach Nächten zu verweisen. Das Wort Weihnachten (ze den wīhen nahten = zu den rauhen Nächten) ist die alte Bezeichnung für das germanische, vorchristliche Sonnwendfest. Englisch fortnight heißt es statt vierzehn Tage. – Das Fremdwort Karneval, das aus italienisch carnevale erst später bei uns eingedrungen ist, wird ebenfalls doppelt gedeutet. Einmal soll es auf carne levale ‚Fleischwegnahme während der Fastenzeit' zurückgehen, was die christliche Benennung unterstützt. Andererseits ist die Deutung: carrus navalis, der an die heidnischen Schiffsprozessionen (Narrenschiff!) hinweist, noch nicht völlig überholt.[3]

Abschließend zum Problem Fastnacht/**Foosernacht** sollte man also sagen, daß zwar die moderne Forschung bisher überwiegend die christliche Benennung Nacht vor den Fasten befürwortet, daß man aber einen Quereinfluß von faseln fruchtbar sein nicht völlig ausschließen sollte.[4,5]

---

[2] K. S. Kramer, Volksleben im Fürstentum Ansbach,
Veröffentlichung der Gesellschaft für fränkische Geschichte, Reihe IX, Band 15

[3] Duden-Lexikon

[4] Für diese Kompromiß-Auffassung setzt sich u. a. Kutter ein.
W. Kutter, Schwäbisch-Alemannische Fasnacht, 1976

[5] Das Wörterbuch von F. Kluge, a. a. O. hat in seiner neuesten Auflage meine oben dargestellten Zweifel bestätigt, die Form Fasnacht als primär und die Form Fastnacht als sekundär bezeichnet sowie auf das von Professor Finsterwalder entdeckte Wort Fosen für männliches Glied des Wildes in der Gegend von Rosenheim aufmerksam gemacht

Das beliebte Flickwörtchen fei

Des is fei ä gscheider Debb; daß der fei nix bleibd; daßd fei ned zschbeed kumsd; i koo ders fei ned gwieß verschbrechng; dou moußd fei aafbassn; dou is fei schäi. Das ist nur eine kleine Kostprobe davon, wie häufig man das Flick- und Füllwort **fei** in Nürnberg auf der Straße, in öffentlichen Verkehrsmitteln, in Geschäften und zu Hause hören kann.

Das bekannteste „literarische" Beispiel ist ein altes Mundartgedicht, in dem ein kleiner Junge dem Herrn Pfarrer einen Geschenkkorb überreichen soll. Die besorgte Mutter spricht ihrem Söhnchen genau den Text vor, den er bei Überreichung des Präsents gebrauchen soll. Das abschließende „und schneiz di fei, du Sau" war natürlich nicht als Zusatz zum Gratulationsspruch gemeint, wird aber prompt dem hocherstaunten Pfarrherrn mit ausgerichtet.

Wie hat sich nun das in Nürnberg so beliebte Allerweltswörtchen **fei** sprachlich entwickelt? Es ist nichts anderes als das hochdeutsche Adjektiv fein. Das auslautende n wird ja bekanntlich in Nürnberg gerne weggelassen. Die Wissenschaft nennt das ‚Nasalschwund', und Wörter wie **schäi** statt schön, **gäi** statt gehen und **mei, dei, sei** statt hochdeutsch mein, dein, sein sind bekannte Beispiele. Die umfangreiche und vielfältige Bedeutung des Wortes könnte man durch die hochdeutschen Adverbien ‚sehr, wirklich, gewiß, tatsächlich' und andere umschreiben. Das Flick-, Füll- oder Verstärkungswörtchen hat sich auf ähnliche Weise entwickelt wie die Füllwörter recht, hübsch und schön in der hochdeutschen Umgangssprache: schön langsam, ganz hübsch frech; recht gut, recht arg usw. Der nachdrückliche Sinn des Befehlens, Wünschens und Widerstreitens ist natürlich auch in vielen anderen Mundarten belegt, z. B. im Schwäbischen, Pfälzischen und Bairischen: des wer i fei bleiwe losse, des gibt's aber fei net, das is fei nicht wahr oder komm fei und kimm fei, gib mir fei ä groß Stück usw. Auch an historischen Beispielen aus dem Mittelalter fehlt es nicht. So heißt es in einem christlichen Lehrgedicht des 13. Jahrhunderts, dem sogenannten Renner, schon: daz wil ich meinen freunden clagen / und wil eu fein immer vertragen (= ertragen) alz ich bisher getan han.

Die ursprünglich positive Bedeutung von fein in Wendungen wie fein säuberlich oder fein still konnte sich später abstrahiert auch auf weniger feine Zusammenhänge ausweiten: fein schmutzig, fein langsam, die Nägel fein lang wachsen lassen, fein naseweise. Ich höre jetzt lieber auf, sonst denken einige Leser: **Edz häir fei aaf mid dein Gschmarri, edz langds mer fei.**

Warum der Klempner heute noch in Nürnberg Flaschner heißt

Nehmen wir folgenden Fall an: Ein Hausbesitzer ist von auswärts nach Nürnberg zugezogen, hat hier Grundbesitz erworben und muß an seinem Haus irgendwelche Blecharbeiten (Dachrinnen, Fensterbänke) ausführen lassen. Er sieht in den gelben Seiten des Telefonbuchs unter Klempnereien nach, und dort heißt es: siehe Flaschnereien! Stammt der angenommene Hausbesitzer aus Südbayern, sieht er unter Spenglereien nach. Auch dort heißt es: siehe Flaschnereien! Wer hat nun recht, heißt es in Deutschland Klempner, Spengler oder Flaschner?

Ein Blick auf die Karte des Deutschen Wortatlasses, der die landschaftlichen Unterschiede in der Bezeichnung des Gewerbes gesammelt hat, bietet uns des Rätsels Lösung (siehe Anhang!). Während Klempner und Klemptner die führende Form in ganz Norddeutschland ist, sagt man im Kölnischen Dachdecker, östlich davon Blick- oder Blechschläger. Für Nordhessen gilt Blechschmied, für den Oberrhein Blechner und für fast ganz Süddeutschland und Österreich sowie für den Mittelrhein und das Maingebiet Spangler und Spengler. In Württemberg und in Mittel- und Oberfranken stoßen wir auf die Bezeichnung Flaschner.

Während die drei Wörter Blechschmied, Spengler und Klempner relativ einfach zu klären sind – die Metallspangen und Klammern waren in den beiden letzten Fällen namengebend –, ist die Bezeichnung Flaschner für den Laien zunächst merkwürdig. Was hat der Flaschner denn mit einer Glasflasche zu tun? Natürlich nichts. Die Glasflasche ist mit den französischen Weinen erst im 17. Jahrhundert nach Deutschland gekommen und hieß zunächst Bouteille. Grübel schreibt Ende des 18. Jahrhunderts noch Botell'n, im Plattdeutschen kennt man die Buddel mit Rum. Früher waren die Flüssigkeitsbehälter aber aus ganz anderem Material. In vorgeschichtlicher Zeit kannte man Weinschläuche und, wie wir aus Gräbern wissen, Holz- und Tonflaschen. Von diesen urtümlichen Gefäßen ist nach Auskunft der Sprachgeschichte auch der Name Flasche abgeleitet. Er soll nämlich mit dem Verbum flechten zusammenhängen, was auf die zum Transport der Flaschen benützten Umhüllungen aus Stroh und Schnur anspielt. Daß man Flaschen aus Holz fertigte, will dem Laien nicht recht eingehen, obwohl man ausgehöhlte Kürbisse als Flaschen kennt. Doch zeigt die Bezeichnung Flaschendreher für den Drechsler in Schwaben, daß es tatsächlich so war.

Und nun zur Zinnflasche, die man heute noch in alten Weinstuben und Museen sieht. Die Wärmflasche – eine flache Metallflasche mit Schraubenverschluß – diente in meiner Jugend noch zur Anwärmung der kalten Betten. Daß die Blechflasche im Mittelalter gang und gäbe war, zeigt uns wieder eine Bemerkung des schon oft zitierten Baumeisterbuchs von Endres Tucher: grosse und kleine verzinkte Speiseflaschen, deren Inhalt 3–33 moß (=Maß) war. Noch 1735 steht im Konversationslexikon von Zedler folgende Definition der Flasche: „Flasche ist ein von Glase oder allerhand Erde und Metall in verschiedenen Formen gemachtes Gefäss mit einem engen Mundloch, welches man mit einer Schrauben zumachen oder mit einem Korck verstopfen und so darinnen allerley Naß füglich tragen und verwahren kann. Weil die bauchigen sich nicht wohl packen und fortschaffen lassen, sind die viereckigen und platten iedesmahl die beliebtesten." Bei Krünitz werden die Metalle ausführlich genannt; es handelt sich meist um Blech, Zinn und Kupfer. Die Beschreibung der platten, nicht runden Flaschen erklärt uns auch die Bezeichnung Flaschenzug. Denn die hohlen Gehäuse, in denen sich die Rollen befanden, waren wie flache Metallflaschen geformt.

Nach dieser ausführlichen Erklärung der Geschichte der Flasche können wir nun die Berufsbezeichnung genau erkennen. Der Flaschner – in Nürnberg einst auch Flaschenschmied genannt – war derjenige Handwerker, der die Blechflaschen herstellte. Da er auch andere Blecharbeiten verrichtete, konnte sich die Bedeutung Bauflaschner, die in unserem Sprachraum bis heute lebendig geblieben ist, zusätzlich entwickeln.

Zwei umgangssprachliche Ausdrücke in Nürnberg **du bisd der villeichd ä Flaschn** „du bist ein Versager" oder **sei ruich, sonds flasch i di!** „Sei ruhig, sonst bekommst du eine Ohrfeige!" müssen allerdings ganz anders erklärt werden. Die erstgenannte Wendung ist noch nicht sehr alt, scheint sich zuerst auf den Sportplätzen um die Jahrhundertwende entwikkelt zu haben, und spielt natürlich auf die leere, wertlose Glasflasche an, die man früher bedenkenlos wegwarf. Beim zweiten Ausdruck handelt es sich um ein viel älteres Wort, das bereits in mittelhochdeutscher Zeit vorkommt. Vlasche hieß soviel wie Hieb oder Schlag. In einem der Wörterbücher[1] lesen wir: ih slahe im eine vlaschen, daz im die hunt daz hirne ab der erde müezen naschen. Übersetzt lautet die recht brutale Wendung: „Ich schlage ihn derart auf den Kopf, daß das Hirn austritt, das dann die Hunde vom Erdboden aufschlecken." In modernen Mundartsammlungen wie dem Hessischen und

[1] G. F. Benecke, a. a. O.

Schlesischen Wörterbuch ist der Ausdruck wie in Nürnberg aufgeführt. Die Erklärung der Wissenschaftler für: jemanden flaschen lautet: ein schallnachahmendes Verbum, das auf das Geräuschwort flatsch oder flasch zurückgeht, so wie ähnliche Verben platschen, klatschen existieren. Wahrscheinlich ist auch das baierische Wort für Ohrfeige: die Watschen – in Nürnberg sagt man häufig **Waadschn** und **Schelln** – von einem Geräuschwort watsch abzuleiten.

Fotze – Pfui! So etwas Garstiges sagt man doch nicht

Die Spuren des uralten Wortes Fotze für die Scheide führen weit ins Indoeuropäische zurück, das vor Abwanderung der Teilvölker, vor rund 4000 Jahren in Europa gesprochen wurde. Nach dem Wörterbuch von Pokorny gab es damals schon den Abwehrlaut *pu zum Ausdruck des Ekels, der heute noch im deutschen Pfui! weiterlebt. Daraus entwikkelten sich das Tätigkeitswort *peua „faulen, stinken“ und das Hauptwort *puto „After, Scham“, also eigentlich „das Stinkende“. In den Tochtersprachen des Indoeuropäischen gehören dazu die folgenden Wörter: griechisch pyos „Eiter“; lateinisch pus, puris „Eiter“ und putere „faulen“, althochdeutsch fūl „faul“ und mittelhochdeutsch vut, votze „Scham“.

Diese alten deutschen Wörter Fut und Fotze sind heute noch in vielen umgangssprachlichen und vor allem mundartlichen Wörtern greifbar, so in Hundsfott und hinterfotzig, im Bairischen, im Schwäbischen, im Pfälzischen usw. Früher, als man noch nicht die vornehmeren Wörter Scham und Scheide im Schriftdeutschen verwendete, scheute man sich nicht, das unanständige Wort sogar in Gerichtsprotokollen zu verwenden. So heißt es z. B. in einer alten Augsburger Quelle aus dem Mittelalter „In der ersten vastwochen ertranckt man ainen zu Ulm, der hett seiner frawen die fotzen verneet mit ainem gewechsten Faden", übersetzt etwa: In der ersten Fastenwoche wurde ein Mann durch Ertränken hingerichtet. Er hatte seiner (wahrscheinlich allzu lebenslustigen) Frau die Scham mit einem gewachsten Faden zugenäht. Auch bei Hans Sachs und in anderen Fastnachtsspielen ist das Wort häufig: Und kündst nit ebener sein sein fuog; Fud, ars und tutten hastu ie genuog. – Das sie sein kumen zu iren tagen, Fut, ars, tutten vergebens tragen. Sinngemäß ins Moderne übersetzt: Und bist eben genau sein Typ, an Fotze, Arsch und Brüsten hast du etwas zu bieten. – Nun, da sie alt geworden sind, taugen Fotze, Arsch und Brüste nicht mehr zum Geschlechtsverkehr.[1]

In vielen Mundarten geschieht nun etwas Merkwürdiges. Die Benennung des weiblichen Geschlechtsteils wird auf den Mund übertragen. So auch in Nürnberg, wo man hören kann: **Hald dei Fodzn!** oder **gäi her, i fodz di** oder **soll i di fodzn?** was ‚auf den Mund schlagen' bedeutet. Im Bairischen hat sich sogar das Wort Fotze auf ‚Mund' eingeengt und wird von Fut „Scheide" unterschieden. Bekannte Beispiele sind der Fotzhobel für die Mundharmonika, ein Fotzbeißer für ein scharfes Getränk, fotzdudeln für „küssen"[2] und die Leseprobe aus einer der besten Kurzgeschichten Ludwig Thomas „Die Dachserin": Der Zuhörer einer Gerichtsverhandlung lobt die Beredsamkeit eines Rechtsanwalts mit der einmaligen Feststellung: „... der kimmt scho in Schwung, bal's amal richtig o'geht. I hon an scho an etlamal g'hört. Er hat a ganz a guate Votzen."

In der Sprachwissenschaft werden oft die gegensätzlichsten Deutungen gegeben. So hat man doch tatsächlich erwogen, daß Fotze in seiner Bedeutung Mund primär und die Bezeichnung der weiblichen Scham sekundär sei. Es wurden andere Übertragungen wie Mutter**mund** und Scham**lippen** zum Beweis herangezogen.[3] Bei diesen Vergleichen handelt es sich aber um die gehobene Sprache der Mediziner und nicht um die Volkssprache. Die Volkssprache verfährt umgekehrt. Ich möchte hier zwei

---

[1, 3] J. Müller, a. a. O.
[2] A. Schmeller, a. a. O.

überzeugende Beispiele anführen: In Nürnberg und andernorts wird dummes Geschwätz als **Geseich** bezeichnet, nach dem Mundartwort **saang**, das für ‚harnen' üblich ist. Ein Schwätzer ist heute noch ein **Seichbeidl** (Seichbeutel). Auch die städtische Umgangssprache kennt einen einschlägigen Vergleich: Du hast wohl die Mauldiarrhöe bedeutet: du sprichst andauernd, als wenn dein Mund den Durchfall hätte. Das sprachliche Gesetz der Übertragung von Bezeichnungen für den Geschlechtsteil auf den Mund im verächtlichen Sinne kommt öfter vor, wie ich unter den Scheltwörtern Schnalle, Pritsche und (Plauder)tasche, Seite 27, gezeigt habe.

Ich müßte mich eigentlich bei meinen Lesern entschuldigen, daß ich einige Kapitel in dieses Buch eingebaut habe, die nicht ganz stubenrein sind. Die Fotze ist eines der deutlichsten. Aber die Sprachwissenschaft darf keine moralischen Maßstäbe anlegen. Das haben schon die Altmeister Jacob Grimm und Andreas Schmeller in ihren bahnbrechenden Werken gezeigt. Andere Germanisten sind von der Prüderie des 19. Jahrhunderts nicht immer losgekommen, doch seit der Erforschung der Sexualsprache im Gefolge der Freudschen Sexualrevolution sind derlei Ausführungen kein Tabu mehr.

Der unsterbliche Gänskragen

Zunächst ein Wort zu dem zweiten Teil von Gänse-Kragen. In mittelhochdeutscher Zeit gab es neben dem Wort hals das Wort krage im gleichen Sinne. Diese alte Bedeutung wird heute noch greifbar in Wendungen wie: es geht ihm an den Kragen, es kostet ihm den Kragen und der Teufel dreht einem den Kragen um. Wie bei den Wörtern Fäustling, Ärmel und Leibchen, wo die Bezeichnung des entsprechenden Körperteils auf seine Bekleidung übergeht, nennt man auch den Teil des Kleides, Hemdes oder Mantels, der den Hals umschließt, Kragen. Die Bedeutung ‚menschlicher Hals' ist bis auf das identische Geizkragen = Geizhals heute in unserer Sprache verschwunden, dagegen ist die Bedeutung ‚tierischer Hals' am Leben geblieben. Der besonders lange Hals der Gänse, der Gänsekragen, wird natürlich wie bei so vielen Schimpfwörtern, die auf tierische Vergleiche zurückgehen, an vielen Orten für einen Menschen mit einem besonders langen Hals verwendet.

In einer Zeit, in der man seinen natürlichen Bedarf an Unterhaltung im Fernsehen an Phänomenen wie Otto, Harald Juhnke oder Didi Hallervorden abdeckt, ist man nicht mehr so wie früher auf lokale Witzgestalten angewiesen. Der **Gmaadebb** – wie man ihn früher in vielen Dörfern kannte – ist kein solcher Unterhaltungsfaktor mehr wie einst. Das Andenken an den Nürnberger **Gensgroong** ist durch einige Umstände allerdings immer noch vorhanden. Zahlreiche Abbildungen sind von ihm noch zu sehen, ich möchte eine der bekanntesten vorführen. Das stadtbekannte Original, das am Ende des vorigen Jahrhunderts gelebt hat, ist auf dem Titelblatt der Gablerschen Schimpfwörter im Jahre 1906 abgebildet worden. In altmodischer Kleidung, mit einem Bauchladen, krummen Beinen und vor allem mit seinem überlangen Hals erhebt der – wohl auch geistig behinderte und im Sprechen gehemmte – arme Teufel die Faust drohend gegen die ihn verspottenden Straßenjungen. Die Szene spielt auf dem Nürnberger Hauptmarkt vor dem ehemaligen Haus der Buchhandlung Edelmann. Auffällig für die damalige Zeit ist, daß die Erwachsenen dem frechen Treiben der Straßenjungen unbeteiligt zusehen.

Von meinem Vater, der 1891 geboren wurde, hörte ich noch die häßlichen Spottreime der Lausbuben. Er wuchs in der Altstadt auf und hat vielleicht noch selbst an diesen Neckereien teilgenommen: **Gensgroong, Gensgroong, housd fir ä Fimferla Baggschdaakees im Moong** oder noch schlimmer: **Geensgroong, Geensgroong, housd dei Mudder im Bedd derschloong.** Es wurde mir noch aus erster Hand erzählt, daß der Verspottete nicht nur in ohnmächtiger Wut die Fäuste ballte, sondern auch spuckte; das war seine Spezialität, die natürlich die Spottlust und Gaudi der Jungen noch erhöhte.

Eine weitere persönliche Erinnerung einer alten Nürnbergerin möchte ich hier noch anführen:[1] „Meine Großeltern hatten ‚zwischen den Fleischbänken' in Nürnberg ein Ladengeschäft für Maßkleidung. Dort war meine Mutter, geboren 1868, als junges Mädchen während der Mittagszeit immer allein. Dieses Gäßchen war sehr schmal, und einer konnte dem anderen in den Laden sehen. So machte sich der Nachbar Eller (Schreibwaren, Gesangbücher, Rosenkränze usw.) den Spaß, als der **Gensgroong** (Johannes Förter) durch das Gäßchen ging, zu ihm zu sagen: **„Hannes, di Frollein Schlegel sichd di gern!"** Der Hanni ließ sich das nicht zweimal sagen, ging in den Laden zu dem jungen Mädchen und stellte gleich seine

---

[1] Frau Lisl Bermüller, Nürnberg, zeichnete die Erinnerung am 6. 3. 1980 auf.

Forderung: **„I mechd än Kuß – i mechd än Kuß"**. Das erschrockene Mädchen versuchte erst, ihn mit guten Worten aufzuklären, als er aber immer zudringlicher wurde, konnte sie sich nur durch einen Sprung aus dem Laden retten, um bei der Nachbarschaft Hilfe zu holen. Herr Grieshammer (Textilgeschäft) bugsierte den Hannes schließlich wieder auf die Gasse, wo der Verschmähte dann seinen Zorn in seiner Weise zum Ausdruck brachte. Spucke, besser gesagt **Schbodzi**, war ja bekanntermaßen die beste Waffe des Hanni, und die hat er dann auch angewandt. Mit den Worten: **du Saumensch** – Spucke – **du Drecksau** – Spucke – **du Saumensch** – spuckte er das ganze Schaufenster von oben bis unten voll. Dieses Fenster mußte später der Anstifter wieder saubermachen. Der **Gensgroong** hat in der Eierried (abgegangene Ortsbezeichnung am Trödelmarkt) in einer Sandkiste geschlafen und ist auch dort gestorben. Das hat mir meine Mutter oft erzählt."

Eine Geschichte aus dem Nürnberg der „guten alten Zeit". Ob diese alten Zeiten wirklich so „gut" waren, bleibt umstritten.

Gaul, Roß und Pferd – das Lutherwort hat gesiegt

Das Nürnberger Wort für hochdeutsch und umgangssprachlich Pferd war: der Gaul, fast wie **Gaal** gesprochen und im Plural **di Geil.** Das zeigen Wendungen wie **mach mer doch mein Gaal ned schei!** (=mach mich nicht irre!); **än gschengdn Gaal schaud mer ned ins Maal** (bei einem geschenkten Gaul prüft man nicht das Gebiß, um das Alter festzustellen); **des kosd kan Gaal** „es kostet nicht viel" und **dou is mer der Gaal durchganger** „ich habe die Nerven verloren, ich wurde wütend". Wenn man die Mundartkarte des

Deutschen Wortatlasses prüft, erkennt man in Deutschland vier Wörter, im Norden ein kleinräumiges Gebiet Hengst, im größten Teil Deutschlands Pferd, in Franken, Hessen und Württemberg Gaul und in Bayern und Österreich Roß.

Die Indoeuropäer kannten bereits das Pferd, wie die griechische Bezeichnung hippos und das lateinische equus ausweisen. Es wurde nach östlichem Einfluß zum Reiten und Ziehen des Streitwagens verwendet. Dieses Wort ist bei den Germanen verlorengegangen. Das gängige Wort war in mittelhochdeutscher Zeit ros oder ors (vergleiche englisch horse). Damals war die Hochsprache noch nicht vom Nord- und Mitteldeutschen bestimmt, sondern von den süddeutschen Fürstenhöfen, an denen die Ritterepen geschrieben wurden.

Warum sich nun das Wort Pferd in Nord- und Mitteldeutschland entwickelt hat, ist kulturgeschichtlich sehr interessant. Es hängt mit der Verwendung des Tiers als Zugtier zusammen. Wir kennen zwar schon Abbildungen von römischen Reisewagen, die von Pferden gezogen wurden, aus Maria Saal in Kärnten aus dem 3. und 4. nachchristlichen Jahrhundert. Das Wort Pferd entwickelt sich aber erst im 6. Jahrhundert im merowingischen Frankenreich. Die Merowinger waren das fränkische Königsgeschlecht vor den Karolingern, deren Machtgebiet im östlichen Frankreich und westlichen Deutschland lag. Sie verwendeten gallische, römische und deutsche Wörter nebeneinander. So bezeichneten sie den nach römischem Vorbild gebauten vierrädrigen Reisewagen mit dem gallisch-keltischen Wort raeda. Mit Hilfe der wiederum keltischen Vorsilbe ve = bei bildeten sie das Wort veredus Postpferd, also eigentlich: beim Wagen, den Wagen ziehend. Davor setzten sie noch das griechisch-römische Wort para, das soviel wie ‚bei' bedeutet und speziell das Postpferd auf Nebenlinien bezeichnete. Die Einrichtung der ältesten Postverbindungen im fränkischen Reich nach dem Vorbild der Römer wird aus dieser Wortgeschichte deutlich. Das gallisch-römische Wortungetüm lautete im Althochdeutschen zunächst mit der sogenannten Lautverschiebung (p wird zu pf, wie in aplus > Apfel, papa > Pfaffe) pfarifrīt und pfarfrīt, in mittelhochdeutscher Zeit pfärvrit, pfärit und pfärt. Damit war zunächst nur das Zugpferd gemeint, während, wie schon gesagt, das mittelalterliche Turnierpferd und Kampfroß weiterhin Roß hieß. Das Alltagswort Zugpferd setzt sich nun teilweise vor Luther schon gegen das Ritterwort Roß durch. Endgültig verhalf aber erst die Bibelübersetzung Luthers, der die deutsche Hochsprache schuf, dem Wort Pferd zum Sieg über die anderen Wörter. Niemand wird heute daher mehr von einem Roßrennen, von einem Renngaul oder einem Trojanischen Gaul sprechen.

Auf die gleiche Weise, wie sich Pferd gegenüber Roß und Gaul in der neuen deutschen Hochsprache seit Luther durchgesetzt hat, geschah es mit den Wörtern Junge, Hahn, Topf, Ziege, Pocken und Talg, die sich gegen süddeutsch Bub (**Bou**), Gockel, Hafen, Geiß, Blattern und Unschlitt behaupteten.

Gestechlein, Geiferkollerlein und andere Erinnerungen an das Rittertum

Alles, was mit Kampf und Krieg zu tun hat, übte schon immer einen großen Einfluß auf andere Sprachbereiche aus. So macht man heute noch einen „Vorstoß" oder einen „Rückzieher", wenn man mit jemandem geschäftlich verhandelt. Man spricht von einem Werbe„feldzug" oder „bombardiert" jemanden mit Fragen. Die Meteorologen verwenden den Ausdruck Gewitter- „Front". Vor allem die Sprache des Sports ist voller militärischer Wörter: Der Mittel„stürmer" übernimmt das „Kommando" und trotz der „Bomben"form des Libero ist die „Deckung" schwach.

Kein Wunder also, daß auch die Sprache der Kriegsführung des Mittelalters auf die übrige Sprache abgefärbt hat. Lange nach dem Niedergang des Rittertums bis in unsere Zeit hinein wirken seine Bezeichnungen nach. So hält man heute noch eine Rede aus dem „Stegreif", ohne an den Steigreifen oder Steigbügel des Ritters zu denken. Ein „höflicher" Mensch benimmt sich nach königlicher oder fürstlicher Hofessitte, auch wenn er heute nur einen Stuhl anbietet oder jemandem beim Besteigen des Busses den Vortritt läßt. Man „dreht den Spieß um", „hält jemandem die Stange" oder man „bricht" für den Freund „eine Lanze" wie weiland Ritter Kunibert für seine Dame beim Turnier. Man schreitet zur „Stichwahl" – im Turnier wurde nach dem Preis gestochen –, rennt „spornstreichs" zum Finanzamt, obwohl die Sporen längst verschwunden sind, und ist über eine unmoralische Handlungsweise „entrüstet". Auch das in Umgangssprache und Mundart häufige Scheltwort Bankert erinnert an die Ritterzeit. Mittelhochdeutsch banchart war das gleichsam auf der Bank und nicht legal im Ehebett gezeugte Kind.

Und nun zum **Gschdechla** in der Nürnberger Mundart. **Mach mer ä Gschdechla** sagten wir in meiner Jugend vor dem Zweiten Weltkrieg; mehrere stämmige Jungen trugen leichtere Genossen huckepack. Sieger war, wer den gegnerischen Reiter vom Pferd zog. Am Boden setzte sich der Kampf oft in Ringkämpfen fort, an denen sich die „Rosse“ wie die „Reiter“ beteiligten. Die Stechen oder Gestechlein waren im ausgehenden Mittelalter eine Gepflogenheit der Patriziersöhne, welche die Turniere der Adeligen – sehr zu deren Mißfallen – auf dem Hauptmarkt in Nürnberg nachahmten. Eines der bekanntesten Turniere war das Stechen von 1446, an das heute noch ein Gipsabdruck im Rathaus erinnert.

Auch das **Gaafergollerla**, der Nürnberger Ausdruck für die Lätzchen der Kleinkinder, erinnert an die aus Frankreich übernommene Ritterkultur. Ein Schwall von französischen Fremdwörtern ist mit den Turnieren und der Kunst der Troubadoure bei uns eingedrungen: Banner, Flöte, Galopp, Kurier, Lanze, Panzer, Posaune und tanzen. Auch das gute deutsche Wort Halsberge, eigentlich der Teil der Rüstung, der den Hals birgt oder schützt, ist durch das französische Wort collier – von lateinisch collum ‚Hals‘ abgeleitet – ersetzt worden. Da in der Nürnberger Mundart manchmal Unsicherheit zwischen anlautendem G und K besteht – man denke an die moderne Aussprache von Garage und Galopp **Karaasch** und **Kalobb** –, hat sich umgekehrt Kakao zu **Gagau**, der Name Jakob zu **Goowl** und Koller zum **Gollerla** entwickelt.

Goller wurden natürlich später auch die nicht aus Metall bestehenden, hochstehenden Halsbekleidungen von Männern und Frauen benannt, was dann auf den Brustlatz der Kleinkinder übertragen wurde. **Gaafern** sagte man in Nürnberg statt hochdeutsch geifern, wie etwa **Schdaa**, **Baa**, **waach**, **haaß** und **naa** statt hochdeutsch Stein, Bein, weich, heiß und nein gilt. Während hochdeutsch geifern hauptsächlich gehässig schimpfen bedeutet, ist die Grundbedeutung ‚Speichel aus dem Mund fließen lassen‘ in der Mundart vorhanden.

Sagt man in Nürnberg Gieker oder Gockel für den Hahn?

Der Name des Hahns im Hochdeutschen geht auf ein uraltes indoeuropäisches Wort *kan = singen zurück, das z. B. in lateinisch canere oder cantare ‚singen' greifbar wird, und bedeutet demnach eigentlich „Sänger" wegen seines unverkennbaren Rufes. Daneben hält sich heute noch in europäischen Kindersprachen ein Wort, das den Ruf des Hahnes lautmalend nachahmt: Kikeriki. Auch dieses Wort ist sehr alt. Kluge führt in seinem Etymologischen Wörterbuch vergleichbare Wörter an: lateinisch cucuru, litauisch kakaryku, russisch kukuriku. Im Kapitel Puttlein und Gackelein habe ich auf gleichartige schallnachahmende Vogelnamen und auf das Gackergeräusch der Henne verwiesen (Seite 150).

In den deutschen Mundarten sind die beiden Formen Gieker und Gockel weit verbreitet. Die Karte aus dem Deutschen Wortatlas zeigt dies sehr deutlich: In großen Teilen Nord- und Westdeutschlands wie in Österreich gilt Hahn und Hohn. In Mitteldeutschland, Hessen und Ostbayern kennt man Gickel und Gickerl, Südbayern und das Schwäbische bevorzugen die Form Gockel, während im Mittelfränkischen Gieker vorherrscht.

Gieker war früher auch das herrschende Wort in Nürnberg, wie drei Zeichnungen Gablers von 1800 verdeutlichen: Der Giekerreiter präsentiert sich als kleines, O-beiniges Männchen, das man glatt auf einen großen Hahn setzen könnte, der Mistngieker ist ein zerlumpter Kerl, der mit der Linken einen geflochtenen Sammelkorb auf der Schulter hält und mit einer Harke nach Brauchbarem auf dem Misthaufen sucht. Das dritte Spottwort ist der Schmausengieker, das einen stolzen, geckenhaften Stutzer charakterisiert. Zahn erklärt dazu: „... ein Mann, welcher sich einen stolzen Gang angewöhnt hat und hoffärtig einhertrabet ... In Nürnberg verstarb im Jahre 1682 Georg Schmauß, Mitglied des Kleineren Raths und Rothbierbrauer. Er war reich und besaß einen bei Mögeldorf gelegenen Vogelherd, der Schmausenbuck genannt. Auch hatte er Hühner und einen Hahn von vorzüglicher Größe und Schönheit." Heute noch sagt man in Nürnberg: **der schdeichd wäi der Gieger in Groos.**

Derselbe Vergleich begegnet uns übrigens in Wien, wo das Gigerl nach Hauenstein ein besonderer, spezifisch wienerischer Geck, überelegant und besonders auffällig gekleidet, ist. – In neuester Zeit hat das amerikanische Lehnwort Playboy teilweise auch die Bedeutung von Gigerl und Modegeck abgedeckt.

Und nun zum Hauptproblem dieses Kapitels: Warum empfindet der Nürnberger Volksmundartsprecher das Wort Gockel trotz des häufigen Gieker nicht als fremde Importware, sondern als ebenso bodenständig? Aus dem Deutschen Wortatlas erfahren wir folgendes: Die Nürnberger Sprachinsel Gieger und Geger ist in drei Himmelsrichtungen von Gockelformen umgeben. Im Norden gilt Göcker, im Osten, in der Oberpfalz und auch im Süden Gockel. Besonders die Zuwanderung aus der Oberpfalz im 19. Jahrhundert hat sicherlich zur Vermischung der Formen im Nürnberger Raum beigetragen. Deshalb konnte sich in Nürnberg seit langem das beliebte Tätigkeitswort **goggern** „herumsuchen, herumstöbern" und das noch beliebtere Substantiv **Goggerer** entwickeln. Der **Maadlasgoggerer** ist der Abwechslung suchende Liebhaber, der **Hoosngoggerer** der Hasenzüchter und der **Daamgoggerer** der Taubenzüchter. Auch für den oben erwähnten Mistngieker gibt es eine Parallele, den **Schuddgroomgoggerer**, den Schuttgrabengockerer. Einige Mundartwörterbücher und vor allem das Deutsche Wörterbuch helfen uns, gockern etymologisch zu erklären. Sie kennen das Verbum für den Laut des Hahnes und sprechen davon, daß nicht nur das Krähen, sondern auch der Lockruf des futtersuchenden Hahnes damit bezeichnet wird. So dürfte also der Gockerer ursprünglich als einer zu erklären sein, der wie der Hahn mit scharfem Blick und scharrend nach Nahrung suchte und „auf etwas aus war".

Die Gießkanne ist bei uns der Gießer

Das Gerät, mit dem Wasser auf Gartenpflanzen gegossen wird, heißt im Hochdeutschen Gießkanne. Es ist an die dreihundert Jahre alt. Nach Kluge gab es am Ende des 16. Jahrhunderts das Gießfaß noch ohne Brause. Dann benannte man im 17. Jahrhundert das Gießgerät ‚gießkann', indem man das Wort für die Zinnkannen, aus denen man das Handwaschwasser in den Schlafräumen ausgoß, auf das neue Gerät übertrug. Die gleichbedeutenden Ausdrücke Gießspritze, Spritzkanne, Spritzkrug aus dieser Zeit weisen schon auf den Gebrauch der Brause hin. Bis zur Plastikrevolution handelte es sich meistens um verzinkte Blechgefäße. Heutzutage gibt es Kannen aller Größen aus Plastik, Metall und Keramik, von den 20 Liter fassenden Gefäßen bis zur Minigießkanne für Blumen am Fensterbrett. In Nürnberg nennt man das Gerät seit langem **Gäißer** und **Gäißerla**, halbmundartlich Gießer und Gießerle gesprochen. **Dou mou i glei mein Gäißer huln, däi Blummer schauer draurich aus.** Beim Sandspielen sagt die Großmutter zu ihrem Enkelein: **Dou moußd dei Gäißerla neemer und ä weng wos in des Luuch neigäißn, nou housd ä schäiner Lebberi.**

Die Karte des nordbayerischen Sprachraums[1] zeigt die verschiedenen Ausdrücke, die sich in den einzelnen Städten und Landschaften entwickelt haben. Im Westen und Norden herrscht das Wort Gießer mit verschiedenen Lautungen vor. Bei unserem Wort **Gäißer** handelt es sich um einen sogenannten gestürzten Diphthong, so wie man in Nürnberg **läib** statt lieb, **Bäir** statt Bier, **fläing** statt fliegen und **schäißn** statt schießen sagt. In der Bamberger Gegend taucht neben Giesä Seiher auf, das man bei uns nur für Sieb verwendet. Im Süden kommen die Wörter Stietze, Spritzbecher und Sprengbecher vor. Österreich und Ostbayern bevorzugen das Wort Spritzkrug. Der Nürnberger Mundartdichter Johann Conrad Grübel schrieb übrigens um 1800 noch Göißkroug.

---

[1] H. Maas, Wou die Hasen . . ., 5. Auflage, S. 42

Gispel, Haspel und Hospers scheinen die gleichen Schimpfwörter zu sein

Ambrosius Gabler hat den **Haschbl** überzeugend dargestellt: ein in der Mode um 1800 gekleideter Mann mit Dreispitz, geknöpfter Weste, langem zweigeteilten Frack und Kniehosen. Seine Haltung und sein Gesichtsausdruck lassen auf einen nicht allzu lebensgewandten und zugreifenden Charakter schließen. Die Arme hängen wie bei einer Gliederpuppe herab, er geht mit weichen Knien und schaut sehr einfältig drein. **Haschbl,** aber auch die gleichbedeutenden **Gischbl** und **Hoschbers** sind heute noch in unserer Stadt beliebte Schelten mit der folgenden Bedeutungsumschreibung: **Haschbl** und **Gischbl** wollen den bedeutungslosen, einfältigen, geistig unbedarften Menschen treffen. Statt **Haschbl** sagt man auch gelegentlich in Anlehnung an den umgangssprachlichen Volkswitz „Hasch mich, ich bin die Waldfee oder: der Frühling": **Haschmich.** Der **Hoschbers** dagegen ist der fahrige, nervöse, geistig nicht sehr effektive Mitmensch.

Auch in anderen deutschen Mundarten, in der Pfalz, in Südhessen, im Elsaß, in Baden, in Württemberg und am Rhein kommen die gleichen Schimpfwörter in derselben Bedeutung vor. Im Pfälzischen Wörterbuch wird der Haspel oder Hospes als ein sich närrisch gebärdender, halb verrückter oder als wilder, leicht erregbarer, fahriger, gutmütiger Trottel umschrieben. Schon 1613 erhielt ein Einwohner der Stadt Kaiserlautern eine Strafe von zwei Hellern aufgebrummt, weil er die Frau eines Mitbürgers Haspel nannte.

Daß alle drei Schelten auf die gleiche Wurzel zurückgehen, ist im Deutschen Wörterbuch überzeugend dargestellt. Die Gaspel oder Haspel war der Drehrahmen, mit dem man Garn von den Spulen zu Strängen formte. Wir haben in diesem Buch öfters gezeigt, wie der Vergleich mit schnell oder dauernd bewegbaren Gegenständen zu Scheltwörtern geführt hat. Der Leser vergleiche etwa, was unter Schneppern oder Waffel geschrieben ist.

Das Deutsche Wörterbuch räumt bei der Form **Gischbl** den Quereinfluß von Gimpel ein. Einen merkwürdigen Umweg ging zunächst das Pfälzische Wörterbuch bei der Erklärung des Ausdrucks **Hoschbers** = Hospes. Man glaubte an das lateinische Wort hospes Gast anschließen zu dürfen und folgerte: „Die Besonderheiten des Gastes in Tracht, Sitte und Sprache konnten ihn als merkwürdig, komisch, als Narren erscheinen lassen." Viel wahrscheinlicher ist nach den oben beschriebenen Belegen und Forschungen, daß es sich einfach um die Nachsilbe -ers statt -el handelt, die auch in anderen Nürnberger Schimpf- und Kosewörtern wie **Lumbers, Waggers, Årschgaggers** und in vielen Wörtern der Nürnberger Schülersprache wie **Füllers** statt Füllfederhalter, und **Komfers** statt Konfirmandenunterricht greifbar wird.[1]

Halt deine Gosche!

Di Goschn ist in Nürnberg die häufigste Scherz- und Schimpfbenennung für den Mund. **Der ier Goschn gäid wäi gschmierd; der is ned af di Goschn gfalln; der ier Goschn mäins ämool exdra derschloong, wens gschdorm is** zeigen eindeutig die Kennzeichnung großer Beredsamkeit. Die Scheltwortverstärkungen **Saugoschn, Rewolwergoschn und Schwerdgoschn** kritisieren allzugroße Schlagfertigkeit und Dauerberieselung durch redselige Mitbürger(innen).

Auch bei Grübel und Hans Sachs ist das Wort schon reichhaltig belegt. Hans Sachs reimt z. B. trefflich: „Wie hat er so ein weite goschen / zwen hetten wol habern (= Hafer) drin droschen." Auch in vielen anderen Mundarten ist das Volkswort zu Hause, so im Schwäbischen, Südhessischen, in der Pfalz (Goschn und Guschn) und im Badischen. Nach Küpper hat sich das einst vorwiegend oberdeutsche Wort in der allgemeinen Umgangssprache durchgesetzt. Redensarten wie eine große Gosche = prahlerische Redensweise; jemandem eine Gosche anhängen = sich mißmutig äußern; eine dreckige oder wüste Goschen haben; die Gosche wetzen sind erst zusätzlich im 19. Jahrhundert aufgekommen und zeigen die Verbreitung des Wortes.

So häufig der Gebrauch, so fraglich ist wiederum einmal die Herkunft. Im Duden-Lexikon steht wie bei vielen Wörtern: H. u. = Herkunft unbekannt. Küpper schlägt – etwas abwegig – Zusammenhang mit italienisch gorcia Kehle vor. Das Wort Gosche ist nach Auskunft der Sprachgeschichte nicht älter als 400 Jahre. Es taucht unvermittelt, ohne sprachliche Vorgänger, im 15. Jahrhundert auf, in der gleichen Zeit, als das Wort Gosse für ‚Abfluß' als Nebenform zu gießen vorkommt. Wohl nicht zu Unrecht wagt daher das Badische Wörterbuch den Zusammenhang Gosse und Gosche.

---

1 H. Maas, Wou die Hasen ..., 5. Auflage, S. 108

Lautlich kommen süddeutsche Sch-Formen neben norddeutschen S-Formen vor, z.B. Gischt neben Gist, Amschel neben Amsel und die Aussprache des Ortsnamens **Anschbach** neben Ansbach. Auch was die Bedeutung anlangt, wäre eine respektlose Benennung eines Körperteils nach einer Sache, die mit Schmutz und Abwasser zu tun hat, möglich. Man denke nur an die Nürnberger Redensart: **ä Moong wäi ä Dulln** (vergleiche Kapitel Delle Dulle!).

Edz haldi läiwer mei Goschn, sunsd gräich i nu ane draf.

Hadern, Lumpen und der Haderlump

Der Hader bedeutet im Hochdeutschen seit alter Zeit zweierlei: 1. Streit und Zank, 2. Lumpen, zerrissene Kleidung. Zur zweiten Bedeutung wurde auch die Nebenform der Hadern verwendet. Ursprünglich hieß Hader eigentlich: (minderwertiges) Ziegenfell. Schon vor Luther begegnen wir dem Wort häufig, z.B. im 14. Jahrhundert: „ē daz ir einem naketen dürftigen einen alten hadern gebet." Luther selbst: „die marterer (=Märtyrer) giengen in haddern und bösen kleidern herein." Erst seit Beginn der Neuzeit kommt das gleichbedeutende Wort Lumpen auf, das im Hochdeutschen Hadern verdrängt hat. Im Ostmitteldeutschen und vor allem im Süden Deutschlands hat sich das Wort zäh gehalten. Im Deutschen Wörterbuch ist ein Aufruf Andreas Hofers erwähnt, den er kurz vor seinem Tode 1810 erlassen hat: „viele meiner guten waffenträger und verteidiger haben geklagt, daß die frauenzimmer von allerhand gattungen ihre brust und armfleisch zu wenig oder nur mit durchsichtigen hadern bedecken und also zu sündhafter reizung anlaß geben."

In Nürnberg ist heute noch das übliche Wort für Putzlumpen – oder wie es in gepflegter Werbesprache heißt: Aufnehmer – **Feechhådern.** Das Scheltwort **Hålderlumb** werde ich später erklären. Zwei Ortsnamen in unserer Stadt haben überdies das alte Wort lebendig gehalten und erzählen Geschichte.

1. Ulman Stromer richtet 1390 nach italienischem Vorbild die erste Papiermühle ein. Zunächst heißt sie Gleißmühle, wird aber später in Hadermühle umbenannt. Während früher das Pergament aus Tierhäuten herge-

stellt wurde, verwendet man seit dem 14. Jahrhundert Lumpen, stampfte und walkte sie in hölzernen Bütten, daher der Ausdruck Büttenpapier. Der wichtige Rohstoff wurde – alles war in Nürnberg städtisch geregelt – von den Haderlumpenweibern gesammelt, die eine nicht sonderlich geachtete, geschlossene Gesellschaft darstellten.

2. Das Hadergäßchen in Wöhrd erinnert noch recht deutlich an die Haderlumpenweiber, wie sie Zahn anschaulich beschreibt: „Unter der niedrigen Volksklasse gibt es in der Stadt Nürnberg und deren Vorstädten Weibspersonen, welche in den Straßen umhergehen und die Worte: Hader Lu(mp)? (= Habt ihr Lumpen zu verkaufen?), in einem singenden oder vielmehr kreischenden Ton aussprechend, Lumpen für die Papiermühle einkaufen und sammeln und daher sich Lumpensammlerinnen nennen. Diese in der Vorstadt Wöhrd größtentheils in dem sogenannten Hadergäßlein beisammen wohnenden Weiber sind wegen des Zankens und Schmähens vorzüglich bekannt, weswegen auch zanksüchtige Menschen mit ihnen verglichen werden, da man sagt, sie zanken wie die Haderlumpenweiber."

Warum spricht man nun doppelt benennend von Haderlumpenweibern, warum gibt es das bekannte Schimpfwort **Håderlump** im Bairischen und Nürnbergischen? „Klassisch" ist das Schimpfwort durch Ludwig Thoma geworden, wenn er z.B. im Einakter ‚Erster Klasse' die Unterhaltung zwischen den bodenständigen Landwirttypen Filser und Gsottmaier schildert: Gsottmaier sehr laut und fröhlich: „Bischt do, du plattata Mistgablbaron? Du gschneckelta Englända?" Filser ebenso lustig lachend: „Du Haderlump, du ganz miserabliger!" Aman charakterisiert ihn in seinem Schimpfwörterbuch: der Hådalump, gesinnungsloser, durchtriebener, nicht vertrauenswürdiger, betrügerischer, innerlich und äußerlich heruntergekommener Mann' (Hådalump fareckta!).

Beim Haderlumpen handelt es sich allerdings nicht um eine bloße Schimpfwortverstärkung, wie ich es unter Laufergasseneckenbeckenbatzenspulenspitzengsicht ausführlich beschreibe, sondern um eine sogenannte verdeutlichende Doppelbenennung. Das Deutsche Wörterbuch und Kluge erklären Wörter wie Lindwurm, Windhund als Beispiele: Wend oder Wind allein bedeutet schon wendische, schnelle Hunderasse, was durch Anfügung von Hund verdeutlicht wird; lint heißt mittelhochdeutsch schon Wurm, Schlange, was durch die Beifügung von Wurm verdeutlicht wird. Ebenso erging es dem Wort Haderlump, wobei das alte, aus der Mode kommende Wort Hader durchs neumodische Wort Lump erklärt wird.

Wissen Sie, warum der Ofensetzer Hafner heißt?

Wenn man die gelben Seiten des Telefonbuches aufschlägt, findet man neben der Berufsbezeichnung Kachelofen- und Luftheizungsbau immer noch die alten Wörter Hafner und Hafnerei. Warum hießen die Ofensetzer Hafner? Die ursprünglichen Kacheln, mit denen die Öfen verkleidet wurden, waren aus Gründen der Wärmeabgabe nicht glatte Fliesen, sondern vertieft. Kachel und Hafen waren im Bairischen identische Wörter. Zwei recht derbe Wörter, die aber in einer Zeit, als die Toilettenfrage sehr primitiv gelöst war, notwendige Gegenstände bezeichneten, sind Brunzkachel oder Scheißhafen für das Nachtgeschirr.

In meinem Wörterbuch habe ich den häufigen Gebrauch des Wortes Hafen für irdenes Geschirr an zahlreichen Beispielen aufgezeigt. **Der aa houd is Heferla, der ander is Schisserla zerbrochng** sagte man lange für „beide sind an dem Streit schuld"; **Heferlasgutzer** war der Küchenschmecker; **ä Heferla Bäir** ist heute noch eine Mengenangabe des Biertrinkers, was sich natürlich auf den irdenen Krug bezieht; **ä Heferlasdarogg** war der schnelle Tarock, der in einer Arbeitspause zu einem Bier gekartelt wurde; der **Heferlasmargd** ist heute noch der Töpfermarkt in Nürnberg zur Osterzeit, wie ihn schon Nopitsch ausführlich beschreibt. Damals wurde er auf einem Platz nördlich der Lorenzkirche abgehalten. Klipp und klar sagt man heute noch in der Nürnberger Vollmundart **Håfm** statt hochdeutsch Topf.

Da nun die irdenen Gefäße aller Art, inklusive der Ofenkacheln, vom Töpfer hergestellt wurden und er diese Kacheln auch beim Setzen der Öfen verwendete, heißt er heute noch der Hafner. Und nun zur Wortgeographie des Wortes Topf in Deutschland: Wer die Karte im Anhang mit der Karte der

Bezeichnungen für Topf in den deutschen Mundarten[1] betrachtet, erkennt unschwer, daß sich die Karte für Topf und die Karte für Töpfer ziemlich ähnlich sind: In Nord- und Nordwestdeutschland gilt Pott/Pötter; im westlichen Mitteldeutschland Düppen/Dippelmacher oder -bäcker; im östlichen Mitteldeutschland Topf/Töpfer – die Lutherwörter sind hochdeutsch geworden – und im Süden Hafen/Hafner.

Das hochdeutsche Wort Handlanger stammt aus Nürnberg

Die 19. Auflage des führenden deutschen etymologischen Wörterbuchs von Kluge kennt in ihrem Sachweiser drei Wörter, deren Ausgangspunkt Nürnberg sein soll: Butzenscheibe, Tand und Handlanger. Den drei Wörtern sind in diesem Buch entsprechende Kapitel gewidmet.

Handlanger soll nach Kluge schon 1420 in gewerblicher Sprache in Nürnberg auftauchen. Alte Nürnberger Quellen, wie z. B. das Baumeisterbuch von Endres Tucher, das in den Jahren 1464–1475 geschrieben wurde, gebrauchen es in der Tat oft und gern. So wird z. B. über die Höhe der verschiedenen Tageslöhne und den Termin ihrer Auszahlung geschrieben: „dem deckermeister jedem ein tag zweintzig und vierundzweintzig pfennig, dagegen den hantlangern jedem ein tag zehen, ailif (=elf) oder zwelf pfennig." An anderer Stelle: „von dem lone der arbeitter und wenn man inen lonnet, samstag früh oder abend, daß sie bei der stange bleiben (d. h. nicht vorzeitig Feierabend machen), steinmetzen und zimmerer zuerst, dann tagloner, dann dagknechte (= Dachknechte) und dann die hantlanger."

Unter ‚Nürnberger Trichter' wird gezeigt, wie Wörter aus der Nürnberger Handwerker- und Geschäftswelt Ausstrahlungskraft für andere Städte und Gegenden Deutschlands haben konnten. So griff auch das Wort Handlanger um sich. Zur Zeit Schillers und der deutschen Klassik wurde es aus der Sprache des Bauhandwerks auf literarische Ebene gehoben, und zwar in der Bedeutung „Helfer". Im 19. Jahrhundert erhält Handlanger wie

---

[1] W. König, a. a. O., S. 228

die Parallelwörter Helfershelfer und Steigbügelhalter einen verächtlichen Nebensinn, vor allem im politischen Bereich. Bekannt ist auch die Äußerung Kaiser Wilhelms II., als er den von ihm wenig geschätzten Bismarck als „Handlanger" seines Großvaters, Kaiser Wilhelms I., bezeichnete. Unter Handlangerdiensten versteht man heute noch in gehobener Sprache Hilfs- oder Bütteldienste bei einem verwerflichen Vorhaben. Im Bauhandwerk wurde das Wort schon lange durch ‚Hilfsarbeiter' oder ‚Gehilfe' verdrängt. So können sich die Bedeutungen von Wörtern verschieben und verändern.

Aufpassen wie ein Heftleinmacher

Die Redensart ist in Nürnberg, in Voll- und Halbmundart, heute noch sehr häufig. Sie wird meist gebraucht, wenn man eine diffizile Arbeit verrichtet, bei der man ganz genau hinschauen muß. Aber auch im folgenden Zusammenhang konnte ich sie hören: Eine Nürnberger Hausfrau schiebt im Supermarkt den Einkaufswagen vor sich her und teilt einer Bekannten ungeniert mit: **Dou moußd alle Breisschildler ooschauer, dou derfsd aafbassn wäi ä Hefdlersmacher, sunsd wersd bschissn.**

Auch in anderen Teilen des deutschen Sprachgebiets kommt der Ausdruck vor. So schreibt Hauenstein in seinem Wiener Wörterbuch: „aufpassen wie ein Haftelmacher, besonders aufmerksam sein. Seinerzeit mußten die in Ottakring und Schottenfeld ansässigen, noch ohne Maschinen arbeitenden Haftlmacher besonders aufmerksam sein. Chiavacci (Wiener Komödienschreiber des 19. Jahrhunderts) ließ Frau Sopherl (Wiener Type vom Obstmarkt) sagen: Nur bei die Haftln hat mir mei Muatta den Unterschied zwischen Manderl und Weiberln erklärt."

Mit dieser Bemerkung der Frau Sopherl sind wir mitten in der Bedeutungserklärung des Wortes Haftel oder Heftlein. Bis auf den heutigen Tag haben die Wörter haften und heften die Bedeutung des Fest- und Gefangenseins oder des Festmachens. Das zeigen neuhochdeutsch Haft „Gefangenschaft", Schnellhefter oder Heftklammer und (zusammengeheftetes) Schulheft. Mittelhochdeutsch heftel und heftelin konnte auch das Häkchen bezeichnen, mit dem besonders Frauenkleidung zusammengeheftet wurde. Die Heftel griff dabei in die Schlinge oder Öse. Früher war das Heftel auch eine gespaltene Spangennadel, in kostbarer Ausführung ein Schmuckgegenstand.[1]

Nürnberg ist einer der führenden Orte in der Drahtfabrikation gewesen und bis heute geblieben. Messing- und Eisendraht wurde von den Draht- oder Scheibenziehern hergestellt und an die Nadler geliefert. Die Nadelindustrie war daher in Nürnberg auch blühend. Heute gibt es noch in unserer Stadt eine Nadlersgasse, und Nadeln aller Art gingen seit dem Ende des Mittelalters in alle Welt. Wir sind[2] genauestens über ihre Tätigkeit unterrichtet. So mußte ein Nadler als Meisterstück eintausend Schusternadeln, eintausend Kürschnernadeln und eintausend runde Nadeln mit viereckigen Öhren herstellen. In der gleichen Handschrift werden die Hefftlein-, Kluftenoder Stecknadelmacher genannt, die Heftlein (= Haken und Ösen), aber auch Steckheftlein = Stecknadeln fabrizierten. Die zweigleisige Produktion dieses Handwerks wird uns aus der Beschreibung aller Stände auf Erden klar, die Hans Sachs 1568 gegeben hat: „Ich mach steckheft aus messin drat, fein ausgebutzt, rund, sauber glatt, mit runden knöpflein gut und scharpf, aller art, wie man der bedarf. Auch mach ich hacken und schleiflein gut, geschwerzt, geziert, damit man thut auch einbüsten weip und auch mann, damit die kleider glatt liegen an." Aus allem geht hervor, daß Heftlein in Nürnberg zweierlei bedeutet: 1. Häklein und Schleiflein, wie beschrieben 2. Stecknadel.

Im Schneidergewerbe des ausgehenden Mittelalters scheint also ein Bedarf an dieser Nadelform aufgekommen zu sein, der durch die Heftelmacher gedeckt wurde. Diese neue Art von Nadeln wird in Deutschland verschieden benannt. Werfen wir einen Blick auf die Stecknadelkarte im Deutschen Wortatlas. In Norddeutschland herrscht das Wort Knöpnadel = Knopfnadel, nach der knopfartigen Verdickung am oberen Ende, vor, in Westfalen Koppnadel. In Ost-, Mittel- und Süddeutschland gilt das Wort Stecknadel, das durch Luther hochdeutsch wird, im Westen sagt man Spengel und Spennel, im Südwesten Guf und Gluf, in Österreich Spennodel. Im nördlichen Württemberg und in Südfranken wie in Nürnberg heißt es Steckheftla.

Damit ist der Zusammenhang ganz klar. Während man in anderen Teilen Deutschlands (siehe Wien) weiterhin das Wort Heftel nur für die Spangen gebrauchte, ging das Wort Heftlein in der nadelfabrizierenden

---

[1] Deutsches Wörterbuch
[2] Von Ursprung und Herkommen samt der Beschreibung aller Handwerker in der Stadt Nürnberg, Handschrift im Germanischen Nationalmuseum Nürnberg

Industriestadt Nürnberg auf Stecknadel über und machte für die Spange den Ausdrücken Häkelein und Schleiflein oder Häkelein und Schlingelein Platz, wie wir z. B. im handschriftlichen Wörterbuch von Will um 1790 lesen: Hackelein und Schleifla, kleine Haken und gekrümmte Schleiflein von Draht, welche von gemeinen Leuten, aber besonders von Weibspersonen an den Röcken zum Einheckeln gebraucht werden.

Nadler und Heftleinmacher waren sich – das kann man sich bei der Ähnlichkeit ihrer Produkte gut vorstellen – nicht besonders grün. Sie gingen schon im 16. Jahrhundert vor den Hohen Rat mit ihren gegenseitigen Beschwerden. Wir kennen den Urteilsspruch von 1536[3], nach dem ab sofort Nadler keine Heftlein mehr öffentlich verkaufen durften. Übrigens scheint es sich bei den Nadlern doch um die bedeutendere Zunft gehandelt zu haben. Das zeigt die Tatsache, daß es in Nürnberg die schon oben erwähnte Nadlersgasse gibt, während das Heftleinmachergewerbe keinen Gassennamen hinterließ, obwohl es bis ins 19. Jahrhundert hinein genannt wird.

Um so mehr erinnert aber unsere Redensart an die Tätigkeit der Heftleinmacher. Daran sind wohl drei Gründe schuld: Erstens ist unsere Mundart als Reservoir für manche andernorts ausgestorbenen Ausdrücke bekannt, das wird z. B. in diesem Buch unter Gestechlein gezeigt. Zweitens entspricht die Bedeutung der Redensart einer der Haupteigenschaften des Nürnberger Volkscharakters, dem Tüfteln und genauen Hinsehen, das dem mittelalterlichen Nürnberger Handwerk Weltgeltung verschaffte und das sich heute noch in den vielen feinmechanischen Industrie-Betrieben der Stadt spiegelt. Drittens hat die Freude an dem viersilbigen Wort Heft-lein-macher, das der Nürnberger auf der Zunge zergehen läßt, wohl auch konservierende Wirkung gehabt.

---

[3] Mitteilungen des Vereins für Geschichte der Stadt Nürnberg, Band 27

Die Heugeige, das Pumpenstöcklein und andere landwirtschaftliche Überbleibsel in unserer Mundart

Landwirtschaftliche Ausdrücke aus einer Zeit, da der Bauernhof noch nicht zum industriellen Kleinbetrieb geworden war, sind in Hülle und Fülle im vergleichenden Sinn in der Hochsprache erhalten geblieben. Man „erntet" heute noch Dank, man „ackert" ein schwieriges Schriftstück durch, Beifall kann „dünn gesät sein", man „spannt" jemanden für seine Zwecke „ein" wie früher das Zugrind, man „sondert die Spreu vom Weizen" und „merzt etwas aus" (= Aussondern überzähliger Schafe im März). Wenn schon die Hochsprache zahlreiche solcher Metaphern (=Sprachbilder) enthält, so erst recht die Umgangssprache und Mundart. Man reimt: **wäi der Herr, su sei Gscherr,** man sagt **derer Gaaß wer aa wider gschdreid** statt das wäre erledigt. Ein Stolzer **schdeichd wäi der Gieger am Misd,** ein Pkw-Fahrer **färd wäi ä gsengder Sau,** ein Ratloser **schdäid wäi der Ogs vurn Scheinerduur** und **di dimmsdn Bauern erndn di greßdn Bodaggng,** womit auf unverdienten Erfolg angespielt ist. **Ä Sauschdall** ist eine unordentliche Wirtschaft, **ä Gschbann** ein ungleiches Ehepaar und **Graudschdambfer** sind heute noch dicke Beine (früher trat man das Kraut mit bloßen Füßen in die Fässer). Die Liste ließe sich noch weiter fortsetzen. Besonders interessante Beispiele sind aber die, die man sich gar nicht mehr so recht erklären kann, weil die namengebenden Gegenstände aus der Welt des Bauern längst verschwunden sind. Ich möchte daher die Mundartwörter **Gråglhågng, zamraddln, Heigeing** und **Bumbmschdeggla** ausführlicher erklären.

1. Unter einem **Grouglhågng** versteht man heute noch in Nürnberg einen aufgeschossenen, sehr schlanken Menschen. Ursprünglich war der Krakelhaken noch im vorigen Jahrhundert nach Schmellers Bayerischem Wörterbuch eine lange Stange mit einem Haken an der Spitze, womit die Krakeln, Krokeln von den hochstämmigen Kiefern der Nürnberger Landschaft gebrochen wurden. Sie waren als dürres Brenn- und Anschürholz sehr begehrt, während sie heute im Zeitalter der Öl-, Gasheizung und Fernwärme von selbst herabfallen und am Boden vermodern.

2. Als man früher das gemähte Korn noch zu Garben band, verwendete man dazu farbige Stricke mit Holzpflöcken am Ende. Ich selbst habe in meiner Jugend als Erntehelfer in Betzenstein noch bei dieser Tätigkeit geholfen. Dieses Holzpflöckchen hieß im Bairischen der Raitel, gesprochen

Raddl. Weil nun die Schnur sehr fest zusammengezogen werden mußte, hieß **zamraddln** fest schnüren. Heute noch – lange nachdem die Mähdrescher diese Ernteart längst überflüssig gemacht haben – sagt man, **däi is zamgraddld,** wenn sich eine Frau ihre Taille sehr eng schnürt.

3. **Di langer Heigeing** ist wie **Gråglhåkng** immer noch eine gängige Bezeichnung für einen langen, dürren Menschen. In vielen Mundartwörterbüchern, so für Kärnten, Vorarlberg, Siebenbürgen, Schwaben, die Pfalz, Bayern und Österreich, ist die Heugeige im übertragenen Sinn für eine lange Frauensperson erwähnt. In einigen Wörterbüchern wird die Heugeige als Heubaum erklärt, die lange Stange, mit der die Heuladung oben auf dem Wagen befestigt wurde. Ebenso wahrscheinlich ist aber der Hinweis auf den mundartlichen Ausdruck Heugeige, der neben Reiter, Heinze und Bock sich auf die Gerüsttrocknung des Heus auf dem Felde bezog. Diese Vorrichtung heißt in einigen Gegenden Deutschlands auch Heuharfe, womit ein anderes Saiteninstrument – neben der Geige – als Sprachvergleich dient. Die Heugeige ist für Bayern,[1,2] für Wien[3] und besonders überzeugend für das Stift- und Egerland erwähnt:[4] „Haageign, ehemals verwendetes Latten- bzw. Stangengerüst zum Trocknen des Grases, das gegenwärtig noch kaum in Gebrauch ist."

4. Beim **Bumbmschdeggla** handelt es sich um eine kleine, unterwachsene und dickliche Frauensperson. Man kennt in Nürnberg deshalb auch das Eigenschaftswort **diggschdoggerd.**

Worum handelte es sich nun bei diesem Stock? Im Deutschen Wörterbuch und anderen Wörterbüchern wird auf zwei mögliche Quellen hingewiesen. Einmal nannte man den Pumpenschwengel, der vom Querarm des Pumpbrunnens baumelte, Pumpenstock. Andererseits hieß auch der in die Höhe ragende Teil der Brunnen, aus dessen Röhre das Wasser in den Brunnentrog fiel und der nichts anderes als ein in der Länge durchbohrter Baumstumpf oder Baumstock war, Stock oder Brunnenstock. Das Wort ist für Nürnberg – wiederum im schon oft zitierten Baumeisterbuch das Endres Tucher – im 15. Jahrhundert bezeugt. Er berichtet über die ausgeklügelte Wasserversorgung des Heilig-Geist-Spitals: „und geet ein röre doselbst in die spital kuchen und hat den stock neben dem hert mit einem hannen,

---

1 F. Ringseis, a. a. O.
2 R. Aman, a. a. O.
3 H. Hauenstein, a. a. O.
4 H. Braun, Großes Wörterbuch der Mundarten des Sechsämterlandes, Stift- und Egerlandes

darauß man mag wasser lassen, wenn man will." Es gab in früher Zeit drei Arten von Brunnen, einmal die Ziehbrunnen, bei denen ein Schöpfeimer an einem langen, um die Winde gewickelten Seil bis zum Grundwasser hinabgelassen und an einer Kurbel wieder heraufgezogen wurde; zum andern strömte das Wasser durch natürlichen Druck aus vielen Marktbrunnen und offensichtlich auch bei dem von Tucher beschriebenen Küchenbrunnen; drittens gab es schon Pumpbrunnen, bei denen ein Kolben im Stock mit Hilfe des Schwengels auf und ab bewegt wurde.

Wenn man sich nun entscheiden muß, nach welchem Stock – dem Brunnenstock oder dem Schwengel – das Schimpfwort **Bumbmschdeggla** gebildet wurde, ist folgendes zu berücksichtigen: Der Pumpenstock = Pumpenschwengel war sicher ein handlicher, ziemlich dünner Stock, den man mit beiden Händen mühelos umfassen konnte, um den Kolben am Pumpbrunnen zu bewegen. Er kommt wegen seiner Form kaum für die Schimpfwortbildung in Frage. Der Brunnen- oder Pump(brunnen)stock dagegen konnte wegen seiner dicken, oft gedrungenen Form durchaus die Entstehung des Scheltworts begünstigen.

Hexe und Hexenschuß

Die Heimat der Germanen, das nebelverhangene, kalte und dunkle Nordeuropa, in dem der Winter viel länger als der Sommer dauert, war von Dämonen und Unholden beherrscht. Im Kapitel: „Leck mich am Arsch!" wird deutlich gezeigt, wie man sich ihrer durch Abwehrzauber erwehrte. Die Macht der Geister – auch Alpen oder Elfen genannt – war groß. Sie konnten den Menschen schwer zusetzen, sie verzaubern oder Mensch und Tier krank machen. Sie hausten im Wald und in der freien Natur. Ein Platz, an dem sich der Mensch vor ihnen ziemlich sicher fühlte, war das Heim, das Haus, das man meist mit einem Zaun oder Hag umgab. Davon leitet sich der Name der Hexen ab, denn sie saßen auf dem Zaun und lauerten auf ihre Opfer. Vor tausend Jahren nannte man sie daher zūnrīta = Zaunreiterin oder hagzissa, hagzussa, was ungefähr dasselbe bedeutet.

Der Hexenglaube des Mittelalters verband sich seit dem Aufkommen der Ketzer mit der sogenannten Inquisition, einer von Staat und Kirche getragenen Ketzerverfolgung. In ganz Europa wurden des Irrglaubens, der Hexerei verdächtige Frauen gefoltert, dadurch zum Geständnis gezwungen und durch Verbrennen oder Ertränken hingerichtet. Daß auch viele unschuldige Menschen betroffen waren, die in ihrer Umgebung unbeliebt waren und denunziert wurden, läßt sich denken. Der Vorwurf, den man den Hexen machte, war vielfältig: Buhlschaft mit dem Teufel, Liebeszauber, Übertragung von Krankheiten aller Art auf Kinder und Vieh, Zauberei aller Art. Über die Hexenverfolgung im alten Nürnberg, die sich bei uns, relativ gesehen, in Grenzen hielt, sind wir genau unterrichtet.[1]

Durch die Grimmschen Märchen, besonders Hänsel und Gretel, ist die Hexenvorstellung bis in unsere Zeit herein lebendig geblieben. Attribute wie der Besen, auf dem das Weib reitet, die Katze, die auf ihrem Buckel sitzt, das Brothäuschen, mit dem sie Kinder anlockt, um sie einzusperren, zu mästen und zu verspeisen, und anderes Zeug sind immer noch bekannt.

Daher belegt man heute noch auch in der Nürnberger Mundart alte wie junge Frauen mit dem Schimpfwort **Hex, alder Hex.** Nicht nur alte, häßliche, verwachsene und zahnlose Frauen, die unordentlich gekleidet durchs Haus schlurfen, werden so benannt, sondern auch jüngere, boshafte Frauen, die Unfrieden stiften und Böses über andere Leute reden, sind die Zielscheibe des scharfen Schimpfwort-Pfeils. Handelt es sich um stürmische, wilde weibliche Wesen, stehen die Schelten **Schloudhex, Wedderhex** zur Verfügung.

Ein anderes Wort, das noch an den alten Hexen-Aberglauben erinnert, ist Hexenschuß, wie man volkssprachlich für Lumbago heute noch sagt. Starke Schmerzen des Ischiasnervs, die ganz plötzlich auftreten, werden so bezeichnet. Im Handwörterbuch des deutschen Aberglaubens sind der Drachenschuß, die Urwaffe der Dämonen, der Pfeilschuß, das Alpdrücken, Messerwerfen, Anblasen und der Elfen- oder Alpschuß in allen Gegenden Deutschlands hinreichend bezeugt. Aus dem Jahr 1562 kennen wir einen besonders deutlichen Beleg: wie die Unhulden und Hexen viech und leute glieder schiessen, hexen und verlehmen.[2]

[1] H. Kunstmann, Zauberwahn und Hexenprozeß in der Reichsstadt Nürnberg
[2] Trübners Deutsches Wörterbuch

Trotz der sprachlichen Erinnerungen meinen wir, daß die Gesellschaft im 20. Jahrhundert erhaben sein müßte über all diesen finsteren Aberglauben. Dem ist nicht immer so. Ich erinnere mich an einen Zeitungsartikel in der Süddeutschen Zeitung aus den fünfziger Jahren. Es war die Zeit, als viele Flüchtlinge oder Vertriebene in fränkischen Dörfern einquartiert waren. Die ethnischen und oft auch religiösen Spannungen fanden in einem Prozeß vor einem Regensburger Gericht Ausdruck. Es mußte gegen einen Kipfenberger Bauern verhandelt werden, der eine Flüchtlingsfrau schwer beleidigt hatte. Folgender Sachverhalt lag der Anklage zugrunde: Die Schlesierin, die täglich ihre Milch im Hause des Bauern holte, war eines Tages über den Abstreifer gestolpert und hatte darunter eine gespreizte Schere entdeckt. Wie sie im Gespräch mit Aufgeklärten erfuhr, handelte es sich um eine Imitation des sogenannten Drudenfußes, des uralten Abwehrzaubers gegen Hexen und Druden. Die Frau brachte heraus, daß sie als Hexe verschrien war, weil die Milch des Bauern nach ihrem Besuch angeblich sauer geworden sei. Daraufhin hatte sie geklagt. Der Bauer wurde zu einer Geldstrafe wegen Beleidigung verurteilt. Atavismus, Hexenglaube im 20. Jahrhundert im Herzen Europas? Sicher lassen sich noch viele ähnliche Fälle aus ländlichen rückständigen Gebieten in europäischen Ländern finden.

Und nun zu einem anderen merkwürdigen Problem, dem Umschlag starker Scheltwörter in Kosewörter, wie es bei Hexe, Luder und Sau in der Vollmundart heute noch üblich ist. **Mei gouder Hex, mei gouder Sau** und **mei gouds Louder** sind in der Intimsprache des Mundartsprechers ebenso häufig wie die stark emotionalen Schelten **du Hex, du Louder, du Sau!** Was ist die Ursache dafür? Von der älteren Psychologie[3] wird darauf hingewiesen, daß der negative Gefühlsausdruck immer stärker sei als der positive. Satire, Karikatur und Verulkung sind in ihrer detaillierten Charakterisierung oft wesentlich deutlicher als Lobsprüche. Für unlustvolle Affekte stehen reichere und intensivere Bezeichnungen zu Gebote als für Lustaffekte. So werden z. B. negative Bezeichnungen zur Verstärkung von positiven Gefühlen verwendet, wenn man von ‚furchtbarem' Glück, von ‚schrecklicher' Freude spricht. Auch von der körperlichen Liebkosung ist in diesem Zusammenhang die Rede. Starke Zuneigung wird bekanntlich nicht nur durch Küsse und Streicheln abgedeckt, sondern durch Drücken, Beißen, Zwicken, ja Schlagen.

---

[3] W. Wundt, Völkerpsychologie

Auch anerkennende Äußerungen wie z. B. **elender Fregger** für einen, der erstaunliche Taten vollbracht hat, sind häufig. Aus Kleists berühmter ‚Anekdote aus dem letzten Krieg' kennen wir ein gutes Beispiel. Der Wirt lobt einen tapferen preußischen Reiter mit folgender Wendung: „Ein Mordskerl, ein verfluchter, verwetterter Galgenstrick."
Jetzt können wir also verstehen, warum der Nürnberger Vollmundartsprecher heute noch formuliert **Des is ä arch gouds Louder, däi geeberd ier ledzds Hemmerd fir di andern heer** oder **edz wous gschdorm is, sichd mer erschd, wos des fier ä gouder Sau wår** oder **genner heer mei glanns Hexla, mei gouds!**

Hiefen heißen bei uns die Hagebutten

Die Benennung der Hagebutte, der Frucht der Heckenrose, ist im deutschen Sprachraum ungeheuer vielfältig. Während grundlegende Dinge wie Ackerbau, Viehzucht, Körperteile, Verwandtschaftsgrade oder Zahlen in Deutschland und manchmal sogar in ganz Europa großräumig benannt sind, d. h. die gleichen Wörter in weiten Gebieten gelten, handelt es sich hier um ein ausgesprochen kleinräumiges Wort. Für nicht lebensnotwendige Dinge, z. B. für bestimmte harmlose Krankheiten wie das Gerstenkorn am Augenlid, für Pflanzen und Tiere, für Eßwaren, die nicht zu den Grundnahrungsmitteln gehören, kann es oft in den deutschen Mundarten Hunderte von verschiedenen Wörtern geben. Unter Pelzmärtel habe ich in diesem Buch ein besonders anschauliches Beispiel gegeben. Die folgende Karte ist wiederum dem Deutschen Sprachatlas entnommen, der mit seinen 200 Karten das führende wortgeographische Werk in Deutschland ist.

Die Hagebutten-Karte (siehe Anhang!) spiegelt durch ihr weitmaschiges Belegnetz im Norden und durch ein engmaschiges Netz im Süden eine Grundtatsache deutscher Geschichte: großflächige politische und kulturelle Gebiete in der norddeutschen Tiefebene (Preußen); Zersplitterung und Territorialismus in Mittel-, Süd- und Westdeutschland. In mittelhochdeutscher Zeit deckten im Norden das Wort Butte, im Süden das entsprechende Butze den Begriff ab. Zwischen 1500 und 1600 trat das Wort Hag (=Hecke) verdeutlichend hinzu. Hagebutte ist demnach die rundliche, butzenförmige Frucht der Heckenrose. Butterfäßlein ist aus Butte spielerisch entstellt. Auf der Beobachtung, daß der Same der Frucht starken Juckreiz hervorruft, beruhen die Bezeichnungen Juck(Jöck)pulver, Kribbelsaat und die derben Wörter Arschkitzel, Arschkratzerl. Das tschechische Wort šipek ist als Lehnwort in ostdeutsche Dialekte eingedrungen: Kipe, Hetschepetsch, Habatsch, Batschn, Haspiz. Auf Kontraktion beruhen die Formen Honbutte, Hoabutte, Honebütte, auf Umstellung der Wortteile Butzhege, Butzigel, Butzhagel. Bei der merkwürdigen Wortbildung Wagroiferla in Nordostbayern handelt es sich um eine Kreuzung zwischen Wagenbutserl (entstellt aus Hagenbutzerl) und Hoiferla (= Hiefe). Volksetymologische Wörter sind Hahnegickel, Hühnerfüße, Hennenfetzen, Haarwutzel. Hierbei wird das ursprüngliche Wort an ähnlich klingende bekanntere Wörter angeglichen. Das fränkische und Nürnberger Wort ist Hiefe, das schon in althochdeutscher Zeit hiafo als Vorläufer hatte und mit dem neuenglischen Wort hip verwandt ist. Ich kann mir noch aus meiner Kindheit denken, daß auf dem Hauptmarkt rohgerührtes Hiefenmark verkauft wurde, ein vitaminreiches Mus, das als Brotaufstrich diente.

Wie viele andere Pflanzen, deren Wert für die menschliche Gesundheit erwiesen war, unterlegte man der Hiefe glück- und segenbringende Eigenschaften. Zahn berichtet in seiner oft zitierten Handschrift: „Drei Hüfen zum Neuen Jahr! – Das Glückwünschen bey dem Wechsel eines Jahres ist aller Orten gewöhnlich und mit verschiedenen Zeremonien verbunden, mithin auch in Nürnberg ... Manche überreichen ein Bux- oder Mortellensträußlein, mit drei, zuweilen vergoldeten Hüfen ... gezieret, unter dem Zuruf Glückseliges Neu Jahr, drey Hüfen zum Neuen Jahr! Hüfen oder die Früchte von wilden Rosen, Heckenrosen, Hagebutten, lateinisch rosa canina, rosa sylvestris genannt, sind in verschiedenen Krankheiten überaus heilsam. Von diesen überreichte man aus Aberglauben drey Stück, weil man in der Meinung stand, daß die Person, die selbige am Neujahrstag geessen, das ganze Jahr über gesund und am Leben verbleiben werde."

Im Gegensatz zu anderen alten Glückssymbolen wie Schwein, Hufeisen, schwarze Farbe des Kaminkehrers, Glücksklee ist das Symbol der Hiefe an Neujahr heutzutage nicht mehr üblich. Die Mundartwörter **Hiefm**, **Hifdn** und **Häifdn** sind allerdings geblieben.

Der Hund und die Sau, zwei alte, ausdrucksstarke Schelten der Vollmundart

Im Kapitel Büchse und Schnalle war schon von der herabsetzenden Wirkung der Schimpfwörter die Rede, die aus der Dingwelt stammen. Dasselbe gilt für die Tierwelt. Viele Säugetiere haben für den wütenden und erregten Halb- und Vollmundartsprecher gängige Schimpfwörter geliefert. Hier nur eine kleine Auswahl: Affe, Büffel, Elefantenbaby, Esel, Frechdachs, blöder Hammel, Kamel, falsche Katze, dumme Kuh, Ochse, Rindvieh, Schafskopf. Auch andere Tierkreise (Vögel, Reptilien) haben ihren Teil beigetragen: Dreckspatz, blödes Huhn, komischer Kauz, Rabenmutter, Schnattergans und närrischer Uhu; Blindschleiche, Dreckkäfer, Protz (= Kröte), Schlange, Stockfisch, Wanze und Zeck.

In der Häufigkeit des Gebrauchs schießen aber Hund und Sau eindeutig den Vogel ab. Selten werden dabei die Worte allein gebraucht, sondern sie sind nach dem Prinzip der Häufung meistens mit anderen Wörtern gekoppelt: **du bläider Hund, du bläider, du Hundsfregger, du Hundsgribbl, du Hundslumb, du Misdhund** oder **du Saubär, du Saubartel, du Sauluder, du Saukerl, du Wildsau, du Drecksau** und last but not least die Kombination der beiden zur Diskussion stehenden Schelten: ***Sauhund***.

Für den heutigen Menschen scheint die Entstehung des Schimpfworts Sau nicht schwierig zu erkären zu sein. Das Schwein hat seit seiner Zähmung und Domestizierung durch den Menschen in der Jungsteinzeit, besonders durch die ihm vom Bauern aufgezwungene Rolle, als Mastvieh im Koben zu leben, immer abstoßend gewirkt. Sein Suhlen im Schmutz war deshalb von vornherein das Abbild des Ferkelhaften, und es ist kein Wunder, daß sich zunächst das Scheltwort für körperliche Unreinheit, sekundär für schmutzige, gemeine Gesinnung entwickeln konnte.

Nicht so leicht zu verstehen ist die Sache beim Hund. Der treue Gefährte des Menschen – ebenfalls seit der Jungsteinzeit domestiziert – hat es eigentlich nicht verdient, ein so häufiges Schimpfwort abzugeben. In seiner Rolle als Begleiter des Jägers, als unentbehrlicher Helfer des Hirten, später als Wachhund, Blinden-, Such- und Lawinenhund hätte er eigentlich durch seine Ausdauer und Treue zum Sinnbild für positive Eigenschaften werden müssen. Reinhold Aman, ein niederbayerischer, nach Amerika ausgewanderter Germanist, hat eine Forschungsstelle für internationale Schimpfwörter in den USA begründet. Er betont immer wieder in seinen zahlreichen Veröffentlichungen, daß Hund das am weitesten verbreitete Schimpfwort in allen Sprachen der Welt sei. Er verweist zum Beispiel auf den Christenhund, den die Araber kreierten, auf den imperialistischen Hund, der in Rotchina z. Zt. Maos kursierte. Hierher gehört auch die vom deutschen Bürgertum und von Faschisten gebrauchte politische Schelte roter Hund für die Kommunisten.

Die Verachtung, die mit dem Hund verbunden ist, wird durch zwei besonders drastische mittelalterliche Volksbräuche unterstrichen. Das Hundtragen war eine sehr entwürdigende Strafe, bei der der Bestrafte einen Hund durch die johlende Menge trug. Aber es kommt noch schlimmer: 1462 wird ein Jude mit den Ketten an den Füßen in der Stadt Halle aufgehängt, weil er ein Dieb war. Zur besonderen Schande werden zusätzlich, links und rechts neben ihm, zwei Hunde aufgehängt, weil sich der Jude nicht vor seiner Hinrichtung taufen ließ.[1]

Zurück zu Reinhold Aman. Er verweist auf die Rolle, die der Hund vor seiner Domestizierung gespielt hat. In uralten Legenden und Mythen wird er nicht nur mit Totenkult und Hölle in Verbindung gebracht, sondern der Wildhund war Aasfresser. Die mutigen Krieger der Horde in prähistorischer Zeit mußten beobachten, wie er die Leichen der Gefallenen fraß und damit schändete und für den Kriegerhimmel unbrauchbar machte. Daß solche uralten Verhaltensweisen und Gefühle heute noch wirksam sein können, ist in diesem Buch unter Hexenschuß und Leck mich am Arsch! (Seite 64, 91) nachgewiesen. Ein anderer Forscher weist in diesem Zusammenhang darauf hin, daß die relative Wertschätzung des Tieres bei indoeuropäischen Völkern von den asiatischen und afrikanischen Völkern mit ihrer negativeren Einstellung zum Tier beeinflußt worden sei.[2]

Bei allem gebührenden Respekt vor den Forschern muß man aber doch auf einige Umstände hinweisen. Der mittelalterliche Bauer und auch noch viele Landwirte der Neuzeit in einsamen, abgelegenen Höfen haben eine negative Einstellung zu ihrem treuen Wachhund. Wer solch einen

---

[1,2] Trübners Deutsches Wörterbuch

‚Bauernköter' schon beobachtet hat, wie er sich an der Kette wütend aufführt, wie sein Fell von Flöhen und Läusen wimmelt und wie vor seiner notdürftig mit Stroh gedeckten Hütte eine schlammige Pfütze steht, meint, daß man für die Entstehung des Schimpfworts Hund nicht so weit in die Geschichte zurückgehen muß. Ein zweiter Gedanke: Das so verachtungswürdige Schwein genoß in der Vorzeit eine sehr hohe Stellung. Der Eber galt bei den Germanen als heiliges Tier. Letzte Reste dieser Einstellung sind heute noch der Schweinebraten als Jul- oder Weihnachtsessen in Nordeuropa, die Redensart vom „Schwein gehabt" und das Glücksschwein im Aberglauben. Ein drittes und letztes: Besonders bei sehr streng erzogenen Hunden herrischer Besitzer kann man kriecherisches, unterwürfiges, im wahrsten Sinn des Wortes hündisches Gebaren beobachten. Auch das könnte in den Gebrauch des Schimpfworts Hund mit eingeflossen sein.

Warum Ingreisch statt Eingeweide?

Das Wort ist in der Mundart – besonders in der Hausfrauensprache – gang und gäbe, wenn z. B. Fische oder Geflügel ausgenommen werden. Schon um 1800 liegt bei Zahn eine deutliche handschriftliche Belegstelle vor: „man nennet bey gebratenen Gänsen die in deren Bäuchen noch übrig gebliebenen Ingeräusche mit Ausnahme der Leber den Gänsepfeffer, weil er als stark gepfefferte, gesottene Speise aufgetragen wird."

Das Wort kommt im Hochdeutschen schon im 15. Jahrhundert vor – mittelhochdeutsch heißt es ingeriusche – und viele moderne Mundartwörterbücher führen es auf: das Bayerische, Schwäbische, Rheinische, Pfälzische, Südhessische und Badische. In der deutschen Jägersprache unterscheidet man seit langem das Gescheide, d. h. Magen und Därme, vom Geräusch = Lunge, Herz, Leber, Nieren beim Hirsch, Reh und Wildschwein.

So weit verbreitet das Wort und so eindeutig seine Bedeutung ist, so schwierig ist wieder einmal seine Etymologie. Rausch (Geräusch) hat im Hochdeutschen verschiedene Bedeutungen. Man bezeichnet mit dem Wort vor allem Klang und Ton, aber auch stürmisches Wesen (Rauschebausch) und Trunkenheit. Darüber hinaus gibt es Rausch als Pflanzenname für

Binsen und für den Almrausch. In früheren Zeiten konnte Rausch auch – besonders im Niederdeutschen – Stück oder Lappen bedeuten, im Schwäbischen Wörterbuch kommt ein ausgestorbenes Wort: Rausch für ‚minderwertige Ware' vor.

An all diese verschiedenen Bedeutungen hat man nun versucht, etymologisch anzuschließen. Zunächst der Versuch des Badischen Wörterbuchs: „Verbindung von Ingereusche mit ‚Geräusch, Laut' ist möglich, da ein Gewirr von Schällen auf ein Gemengsel von Gesichtseindrücken übertragen werden kann; parallele Wortentstehungen wären Gansgeschnader für Gänseklein und Katzengeschrei für ein bestimmte Speise." Ganz anders Andreas Schmeller in seinem Bayerischen Wörterbuch, der an den Namen des Almrausches anschließen will. Der Forscher weist in seinem oft untrüglichen Sinn für etymologische Zusammenhänge auf die ähnliche Bedeutungsentwicklung beim Wiener Wort Beuschel = Lunge hin. Heute noch ist in Wien das Beuscherl = Lüngerl eine beliebte Speise. Scherzhaft überträgt man das Wort auch auf die menschliche Lunge: er hat ä gsunds Beuscherl = er kann ausdauernd laufen; er ist am Beuschl bedient = er ist lungenkrank und Beuschelreißer = minderwertige Zigarette. Wie nun Beuschel zu neuhochdeutsch Büschel gehört, glaubt Schmeller auch das büschelartige Durcheinander von verschlungenen Einzelteilen mit dem gekrausten, büschelartigen Gewächs des heidekrautähnlichen Almrausches vergleichen zu dürfen. Seine Hypothese erhält noch durch einen weiteren ähnlichen Vergleich eine Unterstützung. Gekröse, ein anderes Wort für Eingeweide, wird mit neuhochdeutsch kraus, gekraust in etymologischen Zusammenhang gesetzt. Andere Wissenschaftler[1] halten von diesen Erklärungen nicht allzu viel. Sie beziehen Geräusch, Ingereusche auf das alte niederdeutsche Wort rūsch ‚Lappen, Stück', das oben auch von Fischer für minderwertige Ware angegeben wird.

Es tut mir besonders bei diesem Wort leid, meinen Lesern keine eindeutige, überzeugende Etymologie bieten zu können. Denn die Frage eines alten Freundes „Warum sagt man denn Ingreisch?" war eine der Keimzellen dieses Büchleins.

[1] Kluge, a. a. O.

Jemanden auf die Kirchweih laden

Die Feier der Kircheneinweihung oder des Kirchenheiligen wird in Deutschland unterschiedlich Kirchtag, Kirchweih und Kirchmesse, Kirmes benannt. So wie das hochdeutsche Wort Messe – vom letzten Wort der lateinischen Liturgie: concio missa est (= die Versammlung ist entlassen) benannt – zunächst nur Kirchenfeier und dann Jahrmarkt bedeuten konnte, so ist es auch mit Kirchweih erfolgt. Über die Verweltlichung der Kirchweih klagt schon Zahn um 1815: „Der eigentliche Zweck der Kirchweyhen, nemlich Gott für den verliehenen Schutz zu danken und um deßen Ertheilung zu bitten, fällt heutzutage beynahe ganz dahin, indem selbige bloß zu Volkslustbarkeiten bestimmt zu seyn scheinen, bey welchen öftermalen die größten Üppigkeiten und Ausschweifungen wodurch die Ehre Gottes und die Kirche herabgewürdiget werden, vorgehen und folglich das Wort Kirchweyh sehr mißbrauchet wird . . .

Die an den Kirchweyhen gewöhnlich stattfindenden Feyerlichkeiten und Ergötzungen bestehen hier zu Lande vorzüglich darinnen: Den Anfang macht eine Vormittagspredigt. Sodann wird geschmauset, gezechet, getanzet und gespielet und, um der Kirchweyh ihr Recht zu thun, eine Menge von Bratwürsten und Küchlein verschenkt und verzehret. Es werden gegen Bezahlung eines der Landesherrschaft zufallenden sogenannten Standgeldes Krambuden mit Spielwerk für Kinder und mancherley Bedürfnißen für Erwachsene, ingleichen Glückshäfen, Spiel- und Würfeltische, an denen Geschirr einer geringen Sorte Porzellans gewonnen werden, aufgeschlagen, auf dem Lande Mayenbäume in die Erde gepflanzt, um solche von den Knechten und Mägden herumgetanzet, allerley Geflügel, Hammel etc. ersprungen und gewonnen und geschossen. Es werden auch öfters die sonderbarsten Possen und Kindereyen und zuweilen leib- und lebensgefährlicher Unfug getrieben, welch alles dem ursprünglichen Endzweck der Kirchweyen keineswegs entspricht."

Man kann sich gut vorstellen, daß die Verweltlichung der Kirchweih auch zu einer Verschlechterung der Bedeutung des Wortes geführt hat. Dazu bemerkt Zahn wiederum sehr anschaulich: „In hiesigen Gegenden wird das Wort Körwa gewöhnlich gehöret, solches aber schändlich profaniert. Denn es wird damit jede Sache von geringem Werth oder schlechter Beschaffenheit, welche man verächtlicher Weise ein Körwa-Waar nennet, bezeichnet. Aus eben dieser Ursache erhalten auch Musiker, welche es in der Tonkunst nicht weit gebracht haben, den Namen Körwa-Geiger, Körwa-Fiedler und

Personen geringen Standes, welche die Kirchweyhen häufig besuchen, nennt man die Körwa-Laufer. Ferner bedienen sich diejenigen, welche nicht in eine weitausstehende Sache gezogen werden wollen und einen ungünstigen Ausgang derselben befürchten des Ausdrucks: damit lasse ich mich nicht ein, die Körwa könnte an mir ausgehen. Am allerschändlichsten aber wird das Wort Kirchweyh herabgewürdiget und gemißbrauchet von dem ungesitteten Pöbel, wenn Personen im Zorn aneinander zu einer abscheulichen und unflätigen Handlung, welche zu nennen die Erbarkeit nicht erlaubet, einladet, so man insgemein auf die Körwa laden nennet, ingleichen wenn muthwillige Jungen Schläge ad posteriora (= auf das Gesäß) bekommen und man sagt: sie haben Körwa gehalten."

Ähnliche Bedeutungsverschlechterung schildert A. Schmeller in seinem Bayerischen Wörterbuch, allerdings sachlicher ohne die Prüderie des Nürnberger reichsstädtischen Syndikus' und Mitglieds des Pegnesischen Blumenordens: „Du kim fei in Kirte! – Was habts denn da für an Kirta auszmacha? ruft man Zankenden zu. Des is an andere Kirta (= das ist eine andere Sache); ä schlechter Kirta = ein übler Umstand; mit dir is ka Kirta zhabn = nicht auszukommen, und Weibspersonen haben den Kirta oder d'Jungfer Katl is in Kirta kemma = ihre Regel ist eingetreten."

Die minderwertige Bedeutung des Wortes Kerwa und Kirta ist aus dem Bisherigen klar geworden. Das erklärt aber noch nicht genügend die Entstehung der Redensart: einen auf die Kirchweih laden im Sinn von: zu jemandem Leck mich am Arsch! sagen. Im Gegensatz zu Schmellers direkter Aufforderung: Du kim fei in Kirta! wird die Redensart überwiegend indirekt verwendet. Es handelt sich dabei um eine der vielen Verhüllungen des Götz-Zitats, wie sie auf Seite 91 aufgezählt sind. Die Redensart ist bereits im 17. Jahrhundert und früher belegt, wie die folgende Quellenstelle zeigt. 1679 hat eine Magd eine Bäuerin unter Schmähungen zur Kirmes gebeten, dabei den Küttel aufgehoben.[1]

Für die Erklärung der merkwürdigen Redensart ist noch etwas anderes wichtig, was in deutschen Wörterbüchern oft aus dem 15. und 16. Jahrhundert erwähnt wird. Es galt als Kriegslist, den Feind zu überfallen, wenn Truppen zum Kirchweihschutz in einem

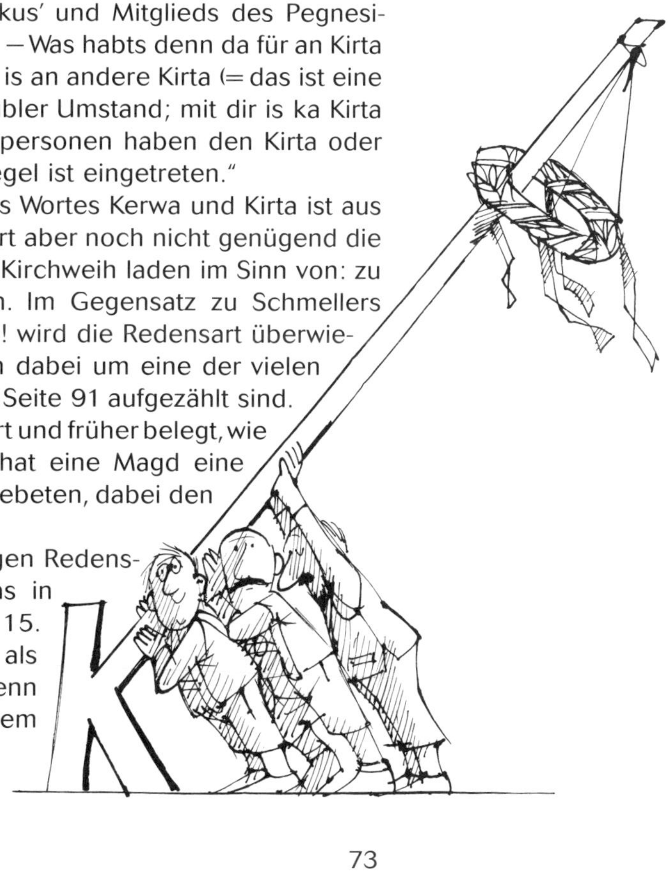

[1] K. Müller Fraureuth, a.a.O.

bestimmten Dorf zusammengezogen wurden. Die Soldaten waren dann meist betrunken und der Feind hatte leichtes Spiel mit ihnen. So heißt es z. B. 1542 „sind dem fromen man zu fru auf die Kerbei kumen" im Laufe der kriegerischen Verwicklungen des Landgrafen Philipp von Hessen.[2] In einem alten Landsknechtslied ist davon die Rede, daß Nürnberg den Markgrafen Casimir zum Kirchweihbrei eingeladen hat. Der Texter des Liedes, der auf seiten des Ansbachers steht, reimte: „Woll auf ihr werten Reutter gut / Auf der von Nürnberg Übermuth / Der hat sich so hoch erhaben / Sie hätten den werden Adel gut / Zu einem Kirchtag-Brey geladen."[3] Vor allem aber ist ein denkwürdiges Ereignis von 1502 zu nennen, als es zwischen der Reichsstadt Nürnberg und dem Markgrafen zu einer regelrechten Schlacht wegen des Kirchweihschutzes des Dorfes Affalterbach zwischen Ochenbruck und Burgthann gekommen war. Götz von Berlichingen hat auf seiten des Markgrafen an diesem Treffen teilgenommen. In seiner Lebensbeschreibung von 1517 heißt es deutlich genug „kurtz danach begab sich, daß man einander vff die kirben lud". Und Götz war ja an der Verbreitung der berüchtigten Einladung bekanntlich nicht unbeteiligt.

Der Name des Knoblauchslands

Trotz aller Strukturveränderungen des Gemüseanbaus trägt der nördlich von Nürnberg gelegene Landstrich mit den Dörfern Klein-, Großreuth, Almoshof, Buch, Kraftshof und Schnepfenreuth heute noch den Namen Knoblauchsland. In der Vollmundart sagte man früher **Gnuuwerlasland** und zum Gemüsebauern **Gnuuwerlasbeierla.** Ortsnamen, d. h. Siedlungsnamen und Flurnamen, die sich von Nutzpflanzen ableiten, sind keine Seltenheit. Sennfeld bei Schweinfurt wird im 11. Jahrhundert Senephfeld geschrieben und geht demnach auf den Anbau von Senfpflanzen zurück.[1] Ähnlich sind Ortsnamen wie Flachslanden, Rüblanden, Hopfgarten, Henfenfeld, Pollanden (= Bohnenäcker), Weingarten, Klebheim (= Kleeheim) und Effeltrich (= Apfelbäume) entstanden.

---

[2] Deutsches Wörterbuch [3] F. v. Soden, Der Sturm auf Velden, Nürnberg 1844

[1] A. Bach, Deutsche Namenkunde

Auch die Bezeichnung Knoblauchsland ist alt. Wir begegnen ihr bereits vor der Mitte des 15. Jahrhunderts in einem Verzeichnis der wehrfähigen Bauernschaft auf dem Lande und in den Stadtrechnungen.[2] Über die einzelnen Feldfrüchte, die dort angebaut wurden, sind wir bereits aus dem 14. Jahrhundert informiert: Es werden Blaukraut, Kohlrabi, Wirsing, Salat, gelbe Rüben, rote Rüben, Lauch, Mangold, Rettiche, Gurken und die Küchenkräuter Petersilie, Schnittlauch, Majoran, Dill und Fenchel aufgezählt. Auch der Knoblauch wird bereits im 14. Jahrhundert erwähnt. In einem Besitz- und Einkünfte-Verzeichnis der Pfarrei Großgründlach, das zwischen 1381 und 1386 geschrieben wurde, heißt es wörtlich: „Das gehört zu der pfarre zu Grindlach: Item die behausung daselbst und vierzehn morgen ackers vnd vier einhalb tagwerk wismats (Wiese). Item der zehend (Kirchensteuer) zu dem reutleins (heute Reutles) bey gryndlach gelegen, der zehend korn, zwifal, zwifalsomen, ruben, rubsamen, knoblauch, kraut, krautsomen, pflantzen, pflantzensomen, swein vnd genns von zehen eins vnd kelber von einem ein kese. auß yedem hause ein herbsthuhn ..."[3]

Die uralte Kulturpflanze, die aus dem Orient zu uns gekommen ist, wurde mit dem deutschen Wort klobeloche schon im Mittelalter benannt. Der zweite Wortteil ist Lauch, der erste bedeutet Zehe. Althochdeutsch chlobo ist mit neuenglisch clove ‚Zehe' und dem Nürnberger Wort gläim = klieben = spalten verwandt. Der Knoblauch wurde somit ursprünglich nach seiner zehenartig gespaltenen Zwiebel benannt. Weil sich zweimal L hintereinander schwer sprechen läßt: Kloblauch, wurde das Wort später zu Knoblauch dissimiliert. Der bekannte Forscher F. Schnelbögl hat die Meinung vertreten, es handle sich bei dem Knoblauch um die gleiche Pflanze wie die Zwiebel.[4] Seine Ansicht fußt auf einer Quellenstelle des 17. Jahrhunderts, wo es heißt „... wird das Knoblauchsland genannt aus Ursach, daß vil Zwifel und Rubsamen diß Orts gepauet ...". Auch bei Luther

[2,3] H. Rusam, in Erlanger Bausteine, Jg. 36/1988, S. 197 ff.
[4] F. Schnelbögl, Die wirtschaftliche Bedeutung des Landgebiets für die Reichsstadt Nürnberg, in: Beiträge zur Wirtschaftsgeschichte Nürnbergs, 1967

und Hans Sachs taucht das Sprichwort auf: haben knoblauch getragen auß, bringen zwiefel wider zuhausz, woraus die Bedeutung ‚eins wie das andere' zu erschließen wäre. Ein anderer Forscher wollte gar den Namen von einem Grundbesitzer namens Knoblauch ableiten, der sich urkundenmäßig belegen läßt. Beide Ansichten sind nicht richtig. Zum einen werden in der oben genannten wichtigen Quellenstelle Zwiebel und Knoblauch deutlich voneinander unterschieden, zum andern war der Knoblauch eine wichtige Pflanze für sich. Man kannte bereits seit ältester Zeit seine lebenskraftsteigernde Funktion und benützte ihn als Schutzmittel gegen ansteckende Krankheiten. Auch würzte man die Speisen – wegen der geringeren Haltbarkeit als heute – im Mittelalter viel stärker.

Daß die Juden seit alters den Knoblauch bevorzugten, zeigen nicht nur die Namen für diese Pflanze: am Niederrhein Joddelok, bei Koblenz Juddezeh,[5] sondern auch eine wichtige Quellenstelle in der Handschrift Zahns. „Die die Stadt Nürnberg biß zwei Stunden weit umgebende, durch außerordentlichen Fleiß und Geschicklichkeit des Landmanns angebaute Felder-Flur, welche alle Arten von Feld- und Gartenfrüchten – unter anderm auch Knoblauch – reichlich hervorbringet, hat schon von alten Zeiten her und wahrscheinlich vor der Ausschaffung (= Austreibung) der Juden, die bekanntermaßen den Knoblauch häufig genießen, das Knoblauchsland, nach Nürnberger Mundart das Knuwerla-Land ... geheißen."

Zahn stellt seine Behauptung ohne historische Quellen auf. Die große Judenverfolgung im mittelalterlichen Nürnberg fand ja bekanntlich 1348 statt, also vor der ersten urkundlichen Erwähnung des Namens Knoblauchsland, die uns bisher bekannt ist. Zum Schluß sei noch auf eine andere, recht vernünftige Vermutung hingewiesen: J. Müssenberger[6] meint, daß die Bezeichnung ursprünglich ein Spottname gewesen sei. In der Tat sind Spottnamen nach landwirtschaftlichem Anbau wie unter Peterlesbou, Seite 128, gezeigt wird, sehr häufig. So sind die Bamberger die Zwiefeltreter, die Einwohner eines Dorfes in der Pfalz die Gälerüweschwänz, eines Ortes in Baden die Krautsäck und die Bewohner des Sollings in Niedersachsen die Heidelbeerhengste. Der konzentrierte Anbau und die Freude am seltsam klingenden Namen der Lauchart gleichermaßen haben also namengebend gewirkt.

---

5 Trübners Deutsches Wörterbuch

6 J. Müssenberger, Das Knoblauchsland, in: Mitteilungen der fränkischen Geographischen Gesellschaft, Band 3

Was der Straßenname Kontumazgarten alles erzählen kann

Die furchtbare Volksplage der Pest ist im mittelalterlichen Deutschland reichhaltig in den Quellen bezeugt. Auch in Nürnberg wütete „der große sterb“, besonders im 14. und 15. Jahrhundert, gnadenlos. Daran erinnern uns einige Überbleibsel: Im Schrein des Rochus-Altars in der Lorenzkirche deutet der Pestheilige St. Rochus immer noch auf seine Pestbeule am Oberschenkel; der Dudelsackpfeifer-Brunnen am Unschlittplatz ist der legendären Figur gewidmet, die die Ansteckung durch die Pest wegen eines zünftigen Rausches überwunden haben soll; die Pestfriedhöfe St. Rochus und St. Johannis wurden Anfang des 16. Jahrhunderts vor die Stadtmauern verlegt, und zu dieser Zeit errichtete man bei der Großweidenmühle ein Lazarett für Pestkranke, das nach dem heiligen Sebastian benannt wurde. Auch der Kontumazgarten gehört in diesen Zusammenhang.

Ausgesprochene Isolierungsmaßnahmen und Warensperren hatten die Italiener, besonders Venedig, schon im 14. Jahrhundert ergriffen. In Ragusa, dem heutigen Dubrovnik, das damals zu Venedig gehörte, sind schon 1377 Hafensperren unter dem Namen Quarantäne bekannt geworden. Quarantäne geht auf das romanische Zahlwort quaranta ‚vierzig‘ zurück und bedeutet also ursprünglich eine vierzigtägige Isolierung. Die Hafensperren reichten bis zum 18. Jahrhundert, in dem die Seuche in Europa aufhörte. Neben der Bezeichnung Quarantäne gab es noch ein anderes italienisches Wort: Contumacia. Unter Contumacia versteht man heute noch in der Fachsprache der Juristen Widerspenstigkeit der Angeklagten, besonders das Nichterscheinen vor Gericht. Man konnte einen Angeklagten in contumaciam, d. h. in Abwesenheit verurteilen. Contumacia, eingedeutscht Kontumaz, hieß aber auch „zeitweilige Isolierung von verseuchten Waren“. Zwischen Venedig und Nürnberg bestanden seit dem Mittelalter intensive Handelsbeziehungen. Aus Italien stammt auch – allerdings relativ spät – die Anregung, sich gegen Seuchenübertragung zu schützen. Wir verdanken den Nürnberger Geschichtsforschern Siebenkees und Mummenhoff genaue Angaben.

1665 spielte sich bei uns folgendes ab: Für Menschen und Güter wurden Kontumazanstalten errichtet, da wieder einmal Pestfälle aus Holland und England gemeldet worden waren. Man ließ vor allem Güter, die aus diesen Ländern angeliefert wurden, nicht mehr in die Stadt, sondern lagerte sie außerhalb, z. B. in Fürth, Buch, auf dem Thumenberg, im Lazarett an der Weidenmühle und auf der Bärenschanze. Um diese Zeit wurden auch im Garten des Schauamtmanns – die Schau war die städtische Warenprüfungsbehörde – Rohlederer in Johannis durch hohe Palisadenzäune eine Quarantänestation abgegrenzt. Ebenso in einem Garten, der einem gewissen Georg Vargeten gehörte und der sich vom Pegnitzufer gegenüber der Hallerwiese bis zur heutigen Erler-Klinik erstreckte. Dort wurden ein Haus, ein Stadel, Durchfahrtstore im Palisadenzaun mit starken Schlössern gebaut. Die personelle Ausstattung waren ein Schreiber, zwei Ballenbinder, ein Bauer für die Handdienste, eine Köchin. Zentnerweise wurden die Ladungen der Kaufleute im allgemeinen drei Wochen zwischengelagert. Spezerei- und Kolonialwaren wurden wegen der Verderbungsgefahr bereits nach drei Tagen freigegeben, andere Waren lagerten vierzehn Tage, Wollwaren drei Wochen. Beigepacktes Geld wurde sofort herausgenommen und den Besitzern über den Zaun gereicht. Die Fremden mußten sich ausweisen und Gesundheitsatteste vorlegen. Erst dann erhielten sie die Erlaubnis, sich in einem Gasthaus der Innenstadt einzumieten.

Die Quarantänestation oder der Kontumazgarten blieb bis 1714 neben anderen Anstalten in Pillenreuth, beim Dürrenhof, im Bleiweißgarten und auf dem Judenbühl in Betrieb, als die Gottesgeißel der Pest langsam aufhörte und keine Isolierung mehr nötig war. So erinnert heute nur noch der Name des Kontumazgartens an die wichtigen gesundheitspolitischen Aufgaben, die der ‚weise und fürsichtige Rat' der Stadt Nürnberg in früheren Zeiten wahrnahm.

Das merkwürdige Wort koperneckisch

Häufig hört man noch in unserer Stadt bei einfachen wie bei gebildeten Mundartsprechern **des kumd mer kobberneggisch vuur,** das kommt mir koperneckisch vor; **des is ä kobberneggischer Wår** „eine verzwickte, unverständliche, schwierige Angelegenheit". Das Volk liebt einfache und naheliegende Erklärungen und schätzt erzählende Deutungen. Es lag nicht allzu sehr außer Reichweite, das „koperneckische" Wort **kobberneggisch** etymologisch vom Namen des großen Mathematikers und Astronomen Kopernikus abzuleiten, dessen Entdeckung des Umlaufs der Erde um die Sonne in der Tat eine sensationelle, neuartige und zunächst unverständliche Sache war.

Auch im Schwäbischen Wörterbuch wird das Wort erwähnt und Fischer bemerkt eigens dazu, daß das Wort koppernäckisch „schwierig, verzwickt, rätselhaft" ihm aus Füssen und Pfronten gemeldet worden sei und der Gewährsmann es auf den Namen des Kopernikus bezogen habe.

Koperneckisch wurde mir auch aus vielen anderen Städten Nordbayerns gemeldet, so aus Amberg, Ansbach, Bamberg, Bayreuth, Cham, Coburg, Ebern, Hof, Marktredwitz und Weiden. Auch das Südhessische Wörterbuch und Küpper führen das Wort an. Die Klärung der Herkunft ist in diesem Fall äußerst schwierig. Fest steht, daß es sich um ein relativ junges Wort handelt. Küpper gibt als Entstehungszeit das 19. Jahrhundert an. Für den Nürnberger Raum liegt der erste Beleg aus einem handschriftlichen Idiotikon von 1890 vor, dort heißt es: kopernikisch; kommt mir kopernikisch vor = wunderlich, sonderbar.[1] Es gibt vier Möglichkeiten der Erklärung:

1. Küpper und Südhessisches Wörterbuch schließen an das Wort Koppernickel an, ein Pferd, das herumbeißt und nach Luft schnappt. Das Verbum koppen bedeutet in vielen Mundarten, auch im Nürnbergischen: aufbegehren, widerspenstig sein, neben der Grundbedeutung rülpsen.

---

[1] G. Arnold, a. a. O.

2. Das Deutsche Wörterbuch – und hier muß ich die einzelnen Fundorte genau zitieren – weist einen ganz anderen Weg.[2] Es könnte sich um sogenannte Sproß- oder Spielformen von kauderwelsch „unverständlich" handeln, weil es die Wörter gafernatschig, kieferneckisch, kindernatsch, kinderwelsch, nipperpäpsch, krautwelsch und uckerwendsch gibt.

3. Arnold weist in seinem oben erwähnten Wörterbuch auf die hennebergische Wortform doberneckisch hin, was „im Kopf nicht ganz richtig" bedeutet. Das Wort toberneckisch ist auch in anderen Wörterbüchern ausdrücklich erwähnt, so bei Müller-Fraureuth im Wörterbuch der obersächsischen und erzgebirgischen Mundarten: toberneckisch „hirnverrückt" und wird von toben, ‚irre reden' und neckisch „possenhaft" abgeleitet. Das Thüringische und Hessen-Nassauische Wörterbuch erklären tobernekkisch als unsinnig und rasend.

4. Das Schlesische Wörterbuch von Mitzka führt unter tapern ‚langsam, unsicher gehen' folgende Schelten an: Taperarsch, Tapergreis, Taperhannes, Taperliese, Tapermann und – man höre und staune – Tapernickel aus Breslau, für jemanden, der herumtapert.

Wir haben hier ein besonders handfestes Beispiel, wie schwer es manchmal ist, die genaue Herkunft von Wörtern zu erklären. Gesprochene Sprache entwickelt sich oft spielerisch und entzieht sich den Gesetzen der Sprachwissenschaft. Sollten tatsächlich die Möglichkeiten 3 oder 4 mit eingeflossen sein, so wurde das Anlaut -t oder -d von taperneckisch oder doberneckisch spielerisch an den Namen Kopernikus angeglichen. Mehrere Möglichkeiten könnten auch zusammengewirkt haben. Auf alle Fälle hat die fünfte, eingangs erwähnte volksetymologische Erklärung das umgangssprachliche Wort beeinflußt, es sogar stabilisiert. Erst dann ist es um 1900 in die fränkische Mundart eingedrungen.

---

[2] Deutsches Wörterbuch, Band 5, Spalten 309, 671 und 2125

Die lange Geschichte des Wortes Kränzlein

Der Nürnberger Mann geht heute noch wie überall in Deutschland zu seinem Stammtisch, die Nürnbergerin zu ihrem Kaffeekränzlein. Im Zeitalter der berufstätigen Frau stirbt diese Sitte zwar langsam aus, doch sieht man in den Cafés der Altstadt immer noch Reste dieser Einrichtung. Meine Mutter pflegte sich noch vor dem Krieg regelmäßig mit ihren Schwägerinnen jeden Mittwoch zum Kaffeekränzla zu treffen, das wechselweise in einer Wohnung der Beteiligten abgehalten wurde. Wenn man sich als Laie über die Entstehung des Wortes Kränzlein oder Kränzchen Gedanken macht, denkt man zunächst an eine Runde von Personen, die wie im Kranz um einen runden Tisch zusammensitzen. Ableitungen der Grundbedeutung von Kranz: gewundene Blumen oder Zweige, die man sich z. B. als Jungfernkranz auf den Kopf setzte, gibt es ja in Hülle und Fülle: den Haarkranz, den Gebäckkranz, den Strahlenkranz und viele Ausdrücke im technischen Bereich, z. B. Radkranz.

Nun taucht seit Beginn des 18. Jahrhunderts die Bedeutung: Vereinigung zu gesellschaftlichem Zweck auf. Sowohl die Gesamtheit der versammlungswilligen Personen wie die einzelne Zusammenkunft werden Kränzchen und Kränzlein genannt. Es gab reine Männerzusammenkünfte, wie das Tabakkränzlein, den Schießkranz, aber auch gemischte Geselligkeiten wie das Singekränzlein, den Spielkranz, das Tanzkränzle, den Lesekranz, das gelehrte Kränzlein und vor allem immer wieder den Schmauskranz, der bereits 1707 in Frankfurt bezeugt ist.

Wenn auch Nürnberg nicht als Wiege des Kränzleins anzusehen ist, gibt es doch drei wichtige Belege aus dem 18. Jahrhundert, die unsere Stadt als repräsentatives Beispiel für den Kränzleinkult ausweisen. Auch die Herkunft des merkwürdigen Wortes wird dabei deutlich erklärt. Da wäre zunächst einmal das handgeschriebene Nürnberger Idiotikon von Johann Heinrich Hässlein, das Schmeller in sein Bayerisches Wörterbuch übernommen hat. Nach ihm ist das Kränzlein eine geschlossene Unterhaltungsgesellschaft, bei deren Mitgliedern gewisse Obliegenheiten reihenweise herumgehen. Hässlein erwähnt ein wirkliches Kränzlein, das zu seiner Väter Zeiten mit den Anfangsbuchstaben der Namen der Mitglieder beschrieben war und als Zeichen des Vorsitzes herumgewandert sei. Für dieses Weitergeben des Kranzes zum Zeichen einer Obliegenheit liegt schon ein wertvoller Beleg aus dem Jahr 1697 vor. Der Altdorfer Professor Wagenseil berichtet über die Nürnberger Meistersinger-Schule und erzählt wörtlich: „Dem nechsten nach dem Übersieger (ersten Sieger) wird ein von seidenen Blumen gemachter Krantz zutheil, welchen er aufsetzet... Ein Krantzgewinner sol die nechste Schul (=Schulveranstaltung) an der Thür stehen und das Geld einnehmen."[1]

Auch die oft zitierte Handschrift von Zahn erklärt Kränzlein ausführlich: „Es ist in Nürnberg gewöhnlich, daß Handwerksleute und andere Personen geringen Standes sich und ihren Gattinnen zuweilen ein Vergnügen außerhalb der Stadt machen. Zu diesem Ende kommen die Männer öfters in der Stadt zusammen, spielen um geringen Preiß mit Karten, legen das verspielte Geld zusammen und verzehren solches, sobald die ohngefähr erforderliche Summe zureichet, unter der Direktion eines aus ihrer Mitte gewählten sogenannten Kranzherrren in Gesellschaft ihrer Weiber in einer benachbarten Dorfschenke, wohin sie sich nebst Musikanten auf Bauernwagen begeben und wenn sie sich mit Essen und Trinken und Tanzen einen vergnügten Tag gemachet haben, jubelnd auf gleiche Weise wiederum heimbringen lassen, vor dem Thor absteigen und froh nach Hause gehen. Eine dergleichen Gesellschaft heißet nun ein Kränzlein."

Vor allem aber gehört hierher eines der einst populären Gedichte des ersten Nürnberger Mundartdichters, Johann Conrad Grübel, das die Überschrift „Das Kränzlein" trägt. Es beginnt mit der Frage des Kranzherren: No, Fra Bos, wöi g'fällt's ra denn heunt ba unsern Kränzla? Wenn i ner kan Brummer (=Kater) häit, machet mer a Tänzla? Wenig später meint er „Su wäi i ä Kranzherr bin, mouß meinad kan gebn/ Denn für meine Kränzlesleut lauß i scho des Löbn". Lang und breit werden nun die einzelnen Gespräche geschildert, es werden die gemeinsame Kasse, das Trinkgeld für den die Gesellschaft heimkutschierenden Knecht und der humorige Abschied erwähnt: „Kranzerr: No, Fra Bos, löb s wuhl und gsund – Frau Base: Er ah, alter Schneckla! – Kranzherr: Göb s mer no a Schmätzerla – Frau Base: Wenn i mog – a Dreckla." Das Kränzlein war in Nürnberg kennzeichnend für die behäbige und gemütliche Zeit des Biedermeier; es wird im 20. Jahrhundert durch ganz andere Geselligkeitsformen zusehends abgelöst.

[1] J. Ch. Wagenseil, De civitate Norimb. commentatio, S. 545

Kennen Sie das Nürnberger Spezialwort Läpperi?

Erst vor kurzem wurde ich wieder einmal gefragt: Woher kommt denn das Wort **Lebberi**? Hat es etwas mit Lehm zu tun? **Lebberi** ist wegen seines komischen Klangs heute noch ein ungemein beliebtes Wort mit der Bedeutung „weicher Boden, Lehmpfütze; Mischung von Wasser und Sand zu einer breiartigen Masse". **Obachd, schdeich ned in däi Lebberi nei!** lautet die Mahnung besorgter Mütter und Väter. Gern wird in den Sandkästen von Kindern **ä Lebberi** fabriziert. Zunächst zur Wortendung -i. Diese verkürzte Nachsilbe entspricht hochdeutsch -icht in den Wörtern Dickicht, Kehricht und kommt in Nürnberg häufig vor: **Biezi**, eigentlich Gebützicht für Gemüseabfälle; **Gschlaadri** „minderwertiges Essen"; **Gmandschi** „Gemengsel"; **Zamgradzi** „Essensreste" usw. Demnach müßte man nürnbergisch **Lebberi** als Läppericht ins Hochdeutsche transponieren. Läppern oder leppern ist ein altes, in vielen mitteldeutschen Mundarten verbreitetes Verb. Es bedeutet 1. schlecken und schlürfen, besonders das Trinken des Hundes mit der Zunge. 2. in kleinen Teilen etwas ansammeln oder ausgeben. Daher sagt man in allgemeiner Umgangssprache es leppert sich etwas zusammen, oder in Nürnberg: **des houd si zamglebberd** „da ist vieles zusammengekommen". Auch den geschäftlichen Fachausdruck Läpperschulden gibt es in Franken für kleine Schuldposten.

Im Schwäbischen gilt die zusätzliche Bedeutung für läppern: mit dem Wasser spielen, Wasser verschütten. Im Pfälzischen, Badischen und Südhessischen taucht zum Verbum ein zugehöriges Adjektiv lapperig und läpperig auf. Die Bedeutungen sind einschlägig: dünnflüssiger Straßenkot; dünnflüssige, breiartige Speise; entrahmte Milch, dünne Limonade; Geschwätz. In Nürnberg unterscheidet man dagegen sprachlich deutlich zwischen der nicht eßbaren **Lebberi** und dem eßbaren, sprachlich verwandten **Gschlabberi.**

Das Laufergasseneckenbeckenbatzenspulen-spitzengesicht oder wie der Nürnberger schimpfen kann

Als Sprache des Affekts haben viele Schelten, wenn sie in besonders starker Erregung hervorgebracht werden, die Tendenz zur Verstärkung, d. h. zur Vergrößerung des Wortkörpers durch Wiederholung oder Zusätze. Als Beispiele für Wiederholung seien genannt: **saudumms Luder, saudumms** oder **bläider Debb, bläider** oder **Dreegsau dreggeder**. Einen oder mehrere Zusätze enthalten folgende Schimpfwörter: **Mordsdrumfedzndebb, segseggerds Rindviech**, eine **Regimendsschlebbern** und der bekannte **Greizdunnerweddersagramender. Raadschn** genügt nicht, sondern es muß eine **Quadrådradschn** oder **Kårfreidoogsradschn** sein, **Hex** wird verstärkt durch **Schloudhex, Goschn** durch **Schwerdgoschn, Kaschber** durch **hulzgschnidzder Kaschberkuubf** und **Sulln** durch **Malefidzbrandsulln verschwidzder** (wie der bekannte Nürnberger Kabarettist Hermann Strebel um 1940 dichtete). Die Anhängung oder Reihung von Scheltwörtern war schon im Mittelalter häufig. So kennen wir aus einem Fastnachtsspiel des 15. Jahrhunderts[1] folgende Schimpfkanonade:

Das Weip: Du fuller, fresser, saufer und slaucher,
Du heimlicher tückischer diebstaucher,
Du speier, zututtler, lotter und schmaicher,
Du trieger, teuscher, bescheißer und besaicher,
Du erzschalk, pfabentreiber und leistreter,
Du wurfelleger, poswicht und verreter . . .
Du plintenfurer, erensteler, posheitsengel,
Du scheuentag, du galgenschwengel
(es folgen noch viele Verse in der gleichen Art)

Der Man (revanchiert sich folgendermaßen):
Du fegenteufel, rollfaß und schimmelkast,
Du merwunder, ungelucksnest, du falldubel,
Du murfeltier, du herhur, du lasterschubel,
Du kupplerin, geittiger schlund und nasenrimpf
Du spulnapf, hebenstreit, wentenschimpf,

---

[1] Fastnachtsspiele des 15. Jahrhunderts, herausgegeben von A. v. Keller

Du fiper, nater, du weter, donder und plitz,
Du wulfin, preckin, unhold, pilbitz usw.

Auch aus späteren Jahrhunderten bis in die Gegenwart herein sind wir aus Nürnberger Quellen gut über Schimpfworttiraden unterrichtet. Das ist zum einen das im Titel angeführte Wortungeheuer des Laufergassenekkenbeckenbatzenspulenspitzengesichts. Es ist uns in dem handgeschriebenen Wörterbuch des Altdorfer Professors Georg Andreas Will vom Ende des 18. Jahrhunderts überliefert. Zur Erklärung ist folgendes zu sagen. So notwendig man den Bäcker, in Nürnberg **Begg,** brauchte, so viele Schelten gab es früher für ihn. Eine kleine Auswahl: **Beckenbatzen, Beckendatschen, Beckenkrumpen, Beckenknatscher, Beckennabel** und **Beckenzipfel**. Batzen = ursprünglich Klumpen weicher Masse ist auch im obigen Riesenschimpfwort erhalten. Spulenbart war eine alte Bezeichnung für eine bestimmte gewickelte Bartmode, Laufer Gassenecken reimt sich einerseits auf Becken, andererseits erklärt es die Herkunft des Schimpfworts. Entweder wohnte der Mann, der Bäcker, der der Ausgangspunkt für die Schelte ist, in der Laufergasse in einem Eckhaus oder es wird auf eine Fratze, ein Hauszeichen angespielt, das dieses Eck einst schmückte. Genau läßt sich der Ursprung leider nicht mehr rekonstruieren.

Besser informiert sind wir über die Schimpfwörterflut der Nürnberger Marktfrauen – **Häiglerinner** oder **Hieglerinner** genannt –, die bis in unsere Zeit herein Musterbeispiele für Nürnberger ‚Schimpfkunst' waren. Man denke nur an Strebels **Gäi i noo an Margd an gräiner zu erer Obsdleri ä schäiner...** oder an die endlosen Prozesse der Marktfrau Gunda in den siebziger Jahren. Toni Burghart hat der schimpfenden Marktfrau in meinem Wörterbuch ein schönes Denkmal in Form eines Linolschnitts gesetzt, unter den er schrieb: „**Wos bin iech? Iech? Ä Bauernsau? – Wos glabsdn nacherd, wos du bisd, du verlouderds Schdaddmensch, du Fabrigschliedn, du, du Zuchdl, du hundsverregder.**"

Die Ahnfrau jener Nürnberger Marktfrauen war die berühmt-berüchtigte Bäuerin Zwoo im 18. Jahrhundert. Zahn berichtet ausführlich über sie: „In der ersten Hälfte des 18. Jahrhunderts lebte nahe bey der Stadt Nürnberg in einem Garten vor dem Laufer Thor eine alte Bäuerin, welche daselbst auf dem Grünen Markt Gartengewächse und Blumen öffentlich verkaufte. Sie hatte wahrscheinlich einen beträchtlichen Leibesschaden oder wurde einer Sage nach durch die Tortur, die sie wegen angeschuldigter Vergiftung ihres unsichtbar gewordenen Ehemannes ausgestanden, so übel zugerichtet, daß sie auch einen ausgezeichneten Gang führte, welcher durch die

Nürnberger Bauernkleidung, deren sie sich bediente, noch auffallender wurde. Der Pöbel, besonders die muthwilligen Gassenjungen, verspotteten sie (wegen ihres Zwittertums) als Bäuerin ‚Zwoo'. Diese Nachrede brachte sie nun in den wüthendsten Zorn, so daß sie dagegen in die gröbsten und unerhörtesten Schimpfwörter ausgebrochen, damit aber den Muthwillen der Knaben zu ihrer großen Plage noch mehr gereizet hat. In der Folge nannte man sie nicht mehr die Bäuerin Zwoo, sondern befragte sie nur, wieviel ‚zwoo' Schnecken oder ‚zwoo' gelbe Rüben kosten. Das Wort Zwoo aber, welches sie am Ende gar nicht mehr hören konnte, zog ihrerseits noch mehr die aller abscheulichsten Schimpfworte nach sich, an denen sich der Pöbel zu ihrem Ärgernuß je länger, je mehr ergözte."

Wir sind aus einer anderen Quelle über Proben ihres Schimpfwortarsenals unterrichtet, z. B. Du Dieb, du Stadt- und Landverräter, du Galgengeschmeiß, du Schelmenleder, du Boden-simes-rackersknecht, du Kupfer- Zinn- und Meßgwanddieb.[2] –

Das Scheltwort Lauskrawatt und die Schwedenschanze bei Weiherhaus erinnern an den Dreißigjährigen Krieg

Der Dreißigjährige Krieg hinterließ bei den Nürnbergern noch viele Generationen später eine lebhafte und schreckliche Erinnerung. Zunächst war ja Gustav Adolfs Einzug – wie die Historiker berichten – ein Anlaß zu großem Jubel, da die evangelische Reichsstadt durch die Schweden vor dem auf der Alten Veste lauernden Wallenstein und seinen kaiserlichen Truppen beschützt wurde. Doch bald wurde die Überschwemmung mit schwedischen Soldaten vor den Toren der Stadt eine furchtbare Plage. Reicke berichtet in seiner farbigen Erzählweise: „Hunger und Seuchen rafften im schwedischen Lager Tausende hinweg, für viele war Pferdefleisch die einzige Nahrung . . . Seit Wochen, ja Monaten waren die Lazarethe überfüllt, Hunger und ansteckende Krankheiten – Ruhr und Typhus – forderten

---

[2] Das bösmaulige bäuerliche Marktweib auf dem Nürnberger Markt; Kupferstich im Germanischen Nationalmuseum

täglich zahllose Opfer, die aus Mangel an Totengräbern tagelang in den Häusern liegenblieben und mit ihrem Gestank die Luft verpesteten. Auch auf den Straßen stieß man nicht nur auf gefallenes Vieh, auch menschliche Leichname lagen herum, darunter solche, die schon halb verwest und von den Schweinen angefressen waren." Kein Wunder, daß die Erinnerung an die „Freunde", die sich nach dem Tod ihres Königs immer grausamer aufführten, erhalten blieb. Nicht nur zahllose Flurnamen wie Schwedenschanzen – z. B. bei Weiherhaus –, Schwedenbrunnen, Schwedengraben und Schwedenwege zeugen davon, sondern auch der berüchtigte Schwedentrunk, eine besonders bestialische Foltermethode der Soldateska, die dem am Boden liegenden, festgehaltenen Opfer Jauche in den gewaltsam aufgesperrten Mund goß. Bis in unser Jahrhundert hinein hat sich bei Nürnberger Großmüttern ein Kinderlied gehalten: **Di Schwedn sen kummer, ham alles miedgnummer, ham di Fensder neigschloong, hams Blei dervoodroong, ham Kuuchln draus gossn und alle derschossn.**

Erst recht blieb natürlich die Erinnerung an den „Feind" erhalten. Kroatische Reitertruppen galten als besonders kaisertreu und führten sich im Feindesland nicht minder grausam auf als die Schweden. Während im Hochsprachlichen nur die Sachbezeichnung der Krawatte erhalten blieb, die auf dem Umweg über das Französische gekommen ist und an die Halsbinden des Reitervolks erinnert, ist der Nachhall in den Mundarten sehr deutlich. Der bekannte mecklenburgische Dichter Fritz Reuter schrieb z. B. im 19. Jahrhundert „Dat is jo grad, as wenn de Krabaten einen int Hus fallen." Im Rheinischen existiert noch die Redensart „supe wie en Kroat" = saufen wie ein Kroat, und das Jahr 1635 hieß lange Zeit das Kroatenjahr. Auch in den Mundartwörterbüchern für Südhessen, Schlesien und Sachsen wird das Schimpfwort Krabate mit den Nebenformen Krawatz und – vermischt mit dem deutschen Wort Butzen – Krawutz aufgeführt. Es handelt sich dabei um wilde, unartige, unerzogene, aber auch, verharmlost, um kleine lebhafte Jungen. Im Deutschen Wörterbuch wird auf die Erinnerung an den Dreißigjährigen Krieg, im Schlesischen Wörterbuch an den Siebenjährigen Krieg als Ausgangspunkt des Scheltworts aufmerksam gemacht. Friedrich der Große kämpfte ja damals gegen Maria Theresia um Schlesien, wobei auf österreichischer Seite die Kroaten standen. Soweit das Grundwort der Schelte Lauskrawatt.

Nun zum Bestimmungswort: Laus-. Läuse sind – wie Flöhe und Wanzen – seit langer Zeit ein Zeichen für Verwahrlosung. So gebraucht man schon seit dem späten Mittelalter das Eigenschaftswort lausig im Sinne von

‚unsauber, erbärmlich'. Das galt bis an die Schwelle des 19. Jahrhunderts, als die Zeichnung zum Schimpfwort Lausia in Gablers Sammlung erscheint: Eine ärmlich gekleidete Frau kratzt sich im Ausschnitt, weil sie von Ungeziefer geplagt wird. Da Gassenjungen verwahrlost und frech zugleich waren, verschob sich die Bedeutung des Wortes Laus- im 19. Jahrhundert mehr und mehr auf ‚ungezogen und dreist'. Besonders durch die Lausbubengeschichten Ludwig Thomas trat dann eine Milderung zum Gutmütigen hin ein. In Nürnberg gibt es den Zusatz Laus- heute noch in den Schelten, die oft gutmütig gebraucht werden: **Lausfradz, Lauszibfl, Lausbou, Lausmaadla, Lausbridschn, Lausgrawadd** und natürlich **Lauser.** Damit dürfte hinreichend erklärt sein, warum man heute noch in Nürnberg die folgende ernsthafte Drohung hören kann: **Des wensd mer nu ämool magsd, dan gräigsd ä gscheide gschmierd, du Lausgrawadd, du eléndicher!**

Die Nürnberger Lebkuchen

Die Nürnberger Lebkuchen sind weltbekannt. Man kennt auch die Ursache, warum Nürnberg die Lebkuchenstadt wurde. Das Zeidler- oder Imkerwesen konnte sich im Mittelalter im Reichswald gut entwickeln. Auch in anderen Gegenden Deutschlands reicht die Sitte des Lebkuchenbackens weit zurück.[1] Schon aus dem Jahre 1339 können wir in einem Brief an die Dominikanernonne Margarete Ebner im Kloster Medingen an der Donau lesen: „Gott danke dir für deinen beutel, die kertzlin und deinen lebkuchen. Du sollst mir aber keinen so großen senden!" In den mittelalterlichen Klöstern war der Honigkuchen für Nonnen und der Pfefferkuchen für Mönche ein bekanntes Gebäck. Auch den Ausdruck brauner Kuchen gab es früher sowie ein häufiges Synonym Lebzelte (= flach wie eine Zeltplane).

In Nürnberg ist das Wort Lebkuchen seit dem 14. Jahrhundert belegt.[2] 1392 kommt die Berufsbezeichnung Hermann Lekucherer vor. Die hier erwähnte Wortform lekuche statt lebkuche hat schon lange schlaue Deuter auf den Plan gerufen. Heute spricht man übrigens das Wort in der Voll-

---

[2] Ch. Scheffler-Erhard, Alt-Nürnberger Namenbuch

mundart noch **lekoung** aus. Es handelt sich aber natürlich nicht um den Leckkuchen, wie die Volksetymologie es wahrhaben wollte, sondern nur um die berühmte Nürnberger Sprachfaulheit, die die schwierige Konsonantenhäufung bk zu kk auflöste, ähnlich wie man den Stadtpark mundartlich **schdabbarch** spricht. Die zweite Erklärung, der Anschluß an das lateinische Wort libum ‚Fladen', ist ernsthafter. Tatsächlich zeigen die alten Quellen, daß die mittelalterliche Klosterbäckerei eine bedeutende Rolle gespielt hat, ähnlich wie die Mönche und Nonnen ihrer bäuerlichen und städtischen Umwelt Anregungen im Gartenbau, in der Arzneimittelzubereitung und vielen Handwerken gegeben haben.

Ein dritter, wiederum volksetymologischer Versuch ist die Ableitung vom neuhochdeutschen Wort Leben. 1698 erklärt der Nürnberger Kupferstecher Christoff Weigel:[3] „Wo aber eigentlich der Name Lebkuchen herkomme, ist zu muthmaßen, weil dass Honig, sowol innerlich wie äußerlich gebraucht, ein zur Lebens-Unterhaltung sehr heilsames Mitel ist und viel 100 Jahr bewährt befunden worden, daß mancher dadurch sein Leben sehr hoch gebracht und nechst Gottes Beyhülf ein hohes Alter erlanget, so mag der von Honig bereitete Kuchen hiervon den Namen Lebkuchen bekommen haben, als welcher das Leben gleichsam stärke und mit neuer Kraft begabe." Ganz anders argumentiert nun aber das Klugesche Wörterbuch in seiner neuesten Auflage. Die Ableitung von lateinisch libum ‚Fladen' erscheint aus lautlichen Gründen fragwürdig. Nicht ganz sicher erscheint ebenfalls die Anlehnung des Bestimmungsworts Leb- an neuhochdeutsch (Brot-)Laib, eine Ableitung von germanisch *kloibha, *klibho, das vor der Entdeckung des Sauerteigs ‚das in der Pfanne gebackene Brot' war. Die Wichtigkeit des täglichen Brots geht aus der Geschichte des Wortes Laib hervor, im Gegensatz zu Leib mit ai geschrieben. Alt- und mittelhochdeutsch wird es leib, hleib, und leip geschrieben, gotisch hlaifs. Daß dieses Wort ins Slawische entlehnt wurde, zeigen heute noch weißrussisch chleb, tschechisch chleb und jugoslawisch hleb für ‚Brot'. Im Altenglischen entsprach das Wort hlaef. Aus ihm sind – ob man's glaubt oder nicht – die neuenglischen Wörter Lord und Lady abzuleiten. Der Lord, der Hausherr war einst der hlāfward, der Brotwart, die Lady die hlāefdīge, die Brotteigkneterin.

[1,3] M. Ebert-Wolf, Geschichte des Nürnberger Lebkuchens in Mitteilungen des Vereins für Geschichte der Stadt Nürnberg, Band 52 (1963/64), S. 491 ff.

Leck mich am Arsch!

So unfein die Redensart ist, so häufig kommt sie beim Voll- und Halbmundartsprecher vor. Ja sogar sehr höfliche und wohlerzogene Personen lassen sich unter Umständen zu dieser Äußerung hinreißen. Die Anlässe können dabei ganz verschieden sein; schlechte Laune, störendes und belästigendes Verhalten von Familienmitgliedern oder Freunden und Arbeitskollegen, die Widerspenstigkeit der Materie bei irgendwelchen häuslichen Reparaturen. Um die Hemmschwelle Fremden oder Nachbarn gegenüber zu überschreiten, bedarf es schon schlimmer Herausforderung und starker Emotionalisierung. Eine umgangssprachlich häufige Erweiterung ist z. B.: Der kann mich kreuzweis, spiralenförmig und nach allen Marschrichtungszahlen . . .! Die letzte Ergänzung ist vom Kompaß hergenommen und zeigt den Ausgangspunkt der Redensart, die Soldatensprache. – Oft wird das Götz-Zitat auch nur humorvoll im vertrauten Umgang verwendet, z. B. zum Ausdruck der Verwunderung: **Mi legsd am Årsch, Schorsch, edz bisd du aa dou!** Ludwig Thoma, der unübertroffene Darsteller der Verhaltensweise und Mundart der Südbayern hat in seiner Kurzgeschichte „Die Dachserin" in „klassischer" Weise Hintergrund und Umfeld der Redensart geschildert. Übrigens kommt die humorvolle oder boshafte Aufforderung nicht nur in Bayern und Franken vor, sie ist über ganz Deutschland verbreitet. In Niederdeutschland z. B. gab es die Variante ul den spigel = wische mir das Hinterteil, was den Namen des Narren Eulenspiegel ergeben hat. Auch in vielen anderen europäischen und außereuropäischen Sprachen kennt man ähnliche Wendungen.[1]

Daß die Redensart alt ist, wissen wir nicht nur aus dem bekannten Schauspiel des Götz von Berlichingen, das Goethe 1773 geschrieben hat. Es heißt dort im dritten Akt: Götz: „Sag deinem Hauptmann, vor Ihro kaiserlicher Majestät hab ich, wie immer schuldigen Respekt. Er aber, sag's ihm, er kann mich – – – (schmeißt das Fenster zu)." Götz von Berlichingen, der fränkische Ritter, der im Bauernkrieg eine Rolle spielte, kommt auch im Zusammenhang mit der Redensart „Auf die Kirchweih laden" in diesem Buch vor (siehe Seite 74!). Viel älter ist aber ein Beleg von 1454[2] in einer

[1] Müller-Jabusch, Götzens grober Gruß, 1956
[2] L. Röhrich, a. a. O.

Bamberger Beleidigungsklage „Auch sprache sie, er solle sie im Arse lecken und an ihre Brüche (Unterhose, lederne Schambinde) küssen."

Eigentlich ist die merkwürdige, ungemein deftige Einladung viel älter, sie geht auf Zeiten zurück, in denen man noch nicht schreiben konnte, und ist nur vor dem Hintergrund der Handlungsweise unserer heidnischen Vorfahren, der Germanen, zu verstehen und damit wie Hexenschuß (siehe dort!) ein Überbleibsel aus vorgeschichtlicher Zeit. Im Fastnachtsbrauchtum in den Alpen, im Schwäbischen und am Rhein ist es heute noch üblich, die Winterdämonen auszutreiben. Zu diesem Frühlingszauber gehörte die Maske als Abwehrmittel. Man pflegte die bösen Geister, die an Krankheit, kaltem und schlechtem Wetter wie an allem Unglück schuld waren, mit eigenen Mitteln zu erschrecken und abzuwehren, gewissermaßen den Teufel durch Beelzebub auszutreiben, wie man später verchristlicht sagte. Mit gräßlichem Lärm, Teufels- und Hexenmasken rückte man dem Feind zuleibe. Heute ist von diesen einstigen Abwehrfunktionen nur noch die Gaudi, die Freude am Bunten, Lauten und Gruseligen übriggeblieben. Auch in der kindlichen Verhaltensweise gibt es heute noch atavistische Reste. Dazu gehört vor allem – wenn man keine Maske zur Verfügung hat – die Entstellung der normalen Gesichtszüge durch eine Fratze. Man verlängert seine Nase durch die gespreizten Finger beider Hände, wenn man dem anderen seine Verachtung zeigen will, oder streckt ihm die Zunge heraus. Zum Zeichen der absoluten Ablehnung drehte man sich um und zeigte dem Gegner das Hinterteil. Diese Geste, die man früher durch Hochheben des Rockes oder durch Herunterlassen der Hose verstärkte, wurde sprachlich von der Aufforderung: Leck mich am Arsch! begleitet. So kann primitives Urverhalten noch nach Jahrtausenden überlagernder christlicher und gesellschaftlicher Erziehung gelegentlich durchschlagen.

Natürlich ist man sich seit langem der Unanständigkeit und Roheit der Sprachgeste bewußt. Das zeigt die große Anzahl von Verglimpfungen oder Verharmlosungen der deftigen Einladung. Über Verglimpfung habe ich schon im Kapitel Armleuchter ausführlich gesprochen. Nun seien hier die in unserer Stadt und andernorts häufigen Entschärfungen des Götz-Zitats wiedergegeben. Zunächst die sogenannte elliptische Form: Du kannst mich ... Das Entscheidende wird zwar weggelassen, der Empfänger weiß aber genau, was gemeint ist. Eine erweiterte Variante ist z. B. auch „**waßd, wos du mich kannsd? – ned leidn kannsd du mich**". Häufig sind auch Ersatzformulierungen, die nur das anlautende L von Leck übernehmen, dieses allerdings sehr deutlich verzögert wiedergeben, z. B. **Leih mer doch**

ä Mark! Lou mi doch in Rouh, lou mi doch aus, dou legsd di nieder! Viel häufiger sind allerdings bildhafte Umschreibungen wie: **Schdeich mer am Buggl! Du koosd mer in Buggl runderrudschn** und **schdeich mer in die Daschn!** Auch das A von Arsch wird natürlich für Varianten benützt, z. B.: du kannst mich am Abend besuchen. Damit sind wir bei den sehr höflichen Abarten des Götz-Zitats angelangt: du kannst mich gern haben, du kannst mir gewogen bleiben, oder, scheinbar verwissenschaftlicht, vermutlich aus der Studentensprache stammend, l m a^2 oder lex mihi Mars. Die häufige indirekte Ersatzform: jemanden auf die Kirchweih laden ist in einem eigenen Kapitel behandelt.

Eine der merkwürdigsten und nicht leicht zu erklärenden Verhüllungen ist fünfern. Für uns Nürnberger liegt es zunächst nahe, einen Zusammenhang mit dem Fünferplatz herzustellen. Das Fünfergericht (siehe Seite 20) verhandelte ja Beleidigungssachen, und in Fachkreisen wird heute das Amtsgericht, das sich mit ehrenrührigen Beleidigungen befaßt, kurz und treffend: Leck-mich-am-Arsch-Gericht benannt. Das ist aber nicht so. Du kannst mich fünfern oder fünferln ist auch in anderen Mundarten, z. B. im Schwäbischen und Elsässischen, belegt. Dort gibt es auch die erweiterten Formen: du kannst mich fünferlen, dann hast du um sechs Feierabend oder du kannst mir mit fünf Fingern den Buckel kratzen. Zur Erklärung muß man von der höflichen Umschreibung Setz dich auf deine vier Buchstaben! für Popo ausgehen. Arsch hat fünf Buchstaben, und davon hat die Redensart sicher ihren Ausgangspunkt.[3]

---

[3] H. Fischer, a. a. O., und Küpper a. a. O.

Das Männleinlaufen

Das Nürnberger Männleinlaufen ist eine der Hauptattraktionen für die Touristen. Im Sommer stehen oft weit mehr als hundert Fremde auf dem Hauptmarkt und schauen zum Glockenspiel hinauf, das nach dem Zwölfuhrschlag abläuft. Zwei Heroldfiguren heben ihre Posaunen, ein Männlein läutet mit einer Schelle, und ein Trommler schlägt mit seinem Schlegel aufs Fell. Dann öffnen sich neben der sitzenden Figur des Kaisers zwei schmale Türen, sieben steife Figuren umwandern dreimal den Herrscher. Jedesmal wenn sie vor ihm stehen, wenden sie sich dem Kaiser zu. Dieser dankt huldvoll, indem er sein Zepter bewegt. Es handelt sich um einen recht bedeutenden Anlaß, der das Glockenspiel ins Leben rief. 1356 wurde eines der wichtigsten Reichsgesetze, die Goldene Bulle, wie sie nach ihrer vergoldeten Siegelkapsel heißt, erlassen. Sie regelte die Wahl des Kaisers durch die sieben Kurfürsten.

In einer vergoldeten Schrift steht gut zu lesen, daß die „or" (=Uhr) im Jahr 1509 „volpracht" worden sei. Inzwischen wurde sie wegen ihrer Bedeutsamkeit immer wieder restauriert. Wir sind allerdings gut unterrichtet, daß vor dem Jahre 1509 ein älteres Uhrwerk existiert hatte. Eine alte Quelle vom 6. Mai 1509 erzählt:[1] „In einem Erbern Ratt ist verlassen vnd befolhenn, das altt orlein in unser lieben frawen kirchen stindt, abzuprechen vnd eine newe schlagendtt ore mitt seiner zugehörung mit einem Kayser und den kurfürsten zu machen, wie dann vor ann der alten or das auch gewest und iren gangk gehabt habenn ..." Dann folgt eine genaue Aufstellung der Herstellungskosten, die der Kirchenmeister – ein Patrizier namens Harsdorff – den Handwerkern gezahlt hat, z. B. dem Hersteller der Figuren, dem Meister Sebastian Lindenast: „Item fur den grosen Kayser der da wug an kupfer 35 Pfund für kupfer, machlon, silbern und vergulden im fewr an die 70 Gulden."

Uns interessiert hier aber vor allem der Name des Kunstwerks. Nach Bock[2] galt bis ins 19. Jahrhundert hinein immer in der gedruckten Literatur die Bezeichnung: das künstlich Uhrwerk oder das schöne Uhrwerk. Aus dem 17. Jahrhundert liegt allerdings zum ersten Mal die Bezeichnung Männleinlaufen vor, die dann von Zahn 1815 deutlich beschrieben wird. „... noch in diesem Jahrhundert wurde oftgedachtes Uhrwerk und Figuren dem Volk, das sich daran sehr ergözte, und solches aus Unverstand Männleinlaufen

---

[1] J. Baader, Beiträge zur Kunstgeschichte Nürnbergs

nannte, jährlich an Festtagen öffentlich gezeiget, die künstlich gearbeiteten kupfernen Figuren aber von dem Uhrwerk neuerlich abgenommen und verkauft. Der Ausdruck Männleinlaufen fand auch statt bey dem im 15. und 16. Jahrhundert gewöhnlichen Schönbartlaufen, wo die vermummten Personen Männlein geheißen, und gesagt wurde, in diesem Jahr sind so und soviele Männlein gelaufen ... In figürlichem Verstand bedienet man sich in Nürnberg dieser Redensart wenn mehrere Personen gleichen Standes an einen und denselben Ort öfter mal hin und wieder gehen."

Die Angaben Zahns werden durch historische Quellen bestätigt. In der Tat heißt es z. B. in den alten Schembartbüchern: dieses Jahr lief der 1. Schönbart, waren der Menlein 73.[3] Auch von den wilden Mendlein ist in Ratsverlässen die Rede.[4] Das **Menlaslaafm** im übertragenen Sinn ist heute noch durchaus üblich. So gebrauchte ich selbst als junger Lehrer den Ausdruck, wenn mehrere meiner Schüler während des Unterrichts austreten wollten: **Wos is denn heid fir ä Mennlaslaafm?**

Männlein, die Verkleinerungsform von Mann, deckt in der Umgangssprache nicht nur die Bedeutung ‚kleiner Mann', sondern auch ‚männliches Tier' ab, z. B. bei Hasen und vom Hund. Vom Tier, das bettelnd auf den Hinterbeinen steht, ist auch der in Nürnberg noch übliche Ausdruck **sei Mennla machng** „seinen Antrittsbesuch, seine Aufwartung machen" abgeleitet. **Mennla** sind darüber hinaus die Spielfigürchen. Schmeller informiert uns, daß früher in katholischen Gegenden die Heiligenkalender Mannl-Calender geheißen haben. Heute noch malt der kleine Nürnberger mit seinen Farbstiften **Mennla** aufs Papier. Auch müssen in diesem Zusammenhang die berühmten Nürnberger Zwetschgenmännlein (siehe Seite 211!) genannt werden.

Warum nennt nun der Nürnberger wohl das Uhrwerk an der Frauenkirche Männleinlaufen? An und für sich waren die Nürnberger in alten Tagen, und damit ist nicht nur die herrschende Adelsschicht gemeint, sondern auch Kaufleute und Handwerker, stolz auf ihre Reichsfreiheit und verehrten den Kaiser. Die gesetzlichen Bestimmungen der Kurfürstenwahl dürften allerdings das Volk weniger interessiert haben. Geschichte bestand für den kleinen Mann von damals überwiegend aus Legenden und Anekdoten. So sprach er denn auch frühzeitig etwas despektierlich vom **Mennlaslaafm.** Zwischen der Sprache der Wissenschaft und des einfachen Mannes besteht und bestand schon immer ein riesengroßer Unterschied.

[2, 3] Mitteilungen des Vereins für Geschichte der Stadt Nürnberg, Band 52
[4] H. U. Roller, Der Nürnberger Schembartlauf, 1965

Der Massel, das Schlamassel und anderes Jiddisches in unserer Sprache

Dou habi än Massl ghad = da habe ich aber Glück gehabt und **dou bin i in ä sauwers Schlamassl neikummer** = die Situation ist völlig verfahren, hört man in Nürnberg häufig. Es handelt sich bei diesen Redensarten zwar nicht um Ausdrücke der Vollmundart, sondern jener Großstadt-Umgangssprache, die man z. B. auch in Wien, München und Frankfurt spricht. Die beiden Wörter Massel und Schlamassel sind hebräischen Ursprungs. Masel heißt der glückbringende Stern. Heute noch wünschen sich die Juden statt Glück auf! Maseltow! Schlamassel geht nach neuesten Forschungen auf hebräisch schelo masal = Unglück zurück.

Wie sind nun diese jüdischen Wörter ins Deutsche gelangt? Das Zusammenleben von Juden und Christen war in Deutschland einerseits von Haß und Feindschaft geprägt. Die Judenpogrome vom Mittelalter bis ins Dritte Reich sprechen ihre eigene Sprache. Andererseits darf man die vielen positiven Kontakte, das friedliche, freundliche Miteinander im Geschäftsleben nicht vergessen.

Besonders im 19. und 20. Jahrhundert gab es zwischen Christen und Juden durchaus gesellschaftliche Kontakte. Ich denke etwa an das Miteinander von jüdischen Kleinhändlern und deutschen Geschäftsleuten in unserer Nachbarstadt Fürth, wovon in der Festschrift für Grete Schickedanz deutliche Zeugnisse vorliegen. Ferner kämpften im Ersten Weltkrieg Christen und Juden nebeneinander im Schützengraben. In den Kriegsküchen lernten sich Christinnen und Jüdinnen kennen. Das Interesse der Deutschen am fremdartigen, ulkigen Klang und an den mit Gesten unterstrichenen Judenwörtern war oft groß. Jiddisches wurde auch in den beliebten Judenwitzen – die keineswegs antisemitisch waren – nachgeahmt und so in die deutsche Umgangssprache eingeschleust.

Was ist eigentlich dieses Jiddische, das die meisten hebräischen Wörter ins Deutsche gebracht hat? Wenn Juden im Mittelalter aus den Städten vertrieben wurden, gesellten sie sich auf der Straße zu den outlaws der bürgerlichen Gesellschaft, zum fahrenden Volk, Schaustellern, Bettlern, die das sogenannte Rotwelsch, eine Geheimsprache der Unterwelt, sprachen.[1] Aus diesem Rotwelsch gelangten viele Wörter, darunter die jiddischen, in die niedere Sprache der kleinen Leute in Stadt und Land. Auch die saloppe Sprache der Studenten hat dabei eine Vermittlerrolle gespielt.

Ich wähle hier aus der großen Zahl jiddischer Wörter nur etwa zwanzig aus,[2] die heute noch in Nürnberg zu hören sind:

ausbaldowern = auskundschaften, mit Geschick ausfindig machen geht auf jüdisch baal = Herr und dawar = sprechen zurück.

Bafel **(gäi, red kan Båfl daher!)** von jiddisch babel, bafel = alte, minderwertige Ware, Gerede, Geschwätz.

betucht = reich, vermögend, ist von hebräisch betuche = sicher, sorglos abzuleiten.

Dalles = Armut, Elend gehört zu jiddisch dalles = schlapp, arm und ist von Frankfurt aus besonders ins Hessische und Fränkische eingedrungen.

Ganove = Gauner wird von hebräisch ganaf = stehlen abgeleitet.

Geseires = Geschwätz, leeres Gerede **(der machd villeichd ä Geseires zamm)** ist nach Kluge aus neuhebräisch gezera = Behauptung, erregtes Gespräch entstanden. Das Duden-Lexikon verweist auf jiddisch gesera = Bestimmung, Verordnung. Dann wäre die Entstehung so zu erklären „Amtliches Gequassel", an das sich der kleine Mann nicht hält.

Kassiber = verschlüsselte Botschaft aus dem Gefängnis. Zu hebräisch kethiba = Geschriebenes.

koscher **(des kumd mer ned ganz kooscher vuur** = es ist nicht sauber, nicht astrein). Geht natürlich auf die hebräischen Speisegesetze zurück. Kasar hieß ‚einwandfrei, den Speisegesetzen entsprechend'.

mauern = beim Kartenspiel verdeckt spielen. Hat nichts mit deutsch Mauer zu tun, sondern ist von hebräisch mora = Angst, Furcht abzuleiten.

meschugge = verrückt, meist im harmlosen Sinn. Nach Kluge von hebräisch meschuggo = nicht bei Verstand und erst im 19. Jahrhundert in den Großstadtjargon gelangt.

---

[1] E. Nierhaus-Knaus, Geheimsprache in Franken – Das Schillingsfürster Jenisch, Rothenburg 1984

[2] Meine Angaben stammen aus drei Werken: F. Kluge, a. a. O., Deutsches Wörterbuch der Duden-Redaktion, S. Landmann, Jiddisch, Abenteuer einer Sprache, dtv-Taschenbuch, 1964

Mischpoche abschätzig für ‚große Verwandtschaft'. Etwa in folgendem Zusammenhang: Ein Freund will einen anderen besuchen, läutet an der Haustüre. Sein Kamerad macht einen etwas mitgenommenen Eindruck, als er öffnet und sagt: **Wilsd reikummer, dou hogd mei ganz Mischbooche drin**. Zu jiddisch mischpocho = Familie, Stamm, Sippe.
mies **(ä mieser Kerl, ä mies Wedder, ä miese Wår)**, dazu auch die Personenschelte: Miesepeter. Ursprung des Wortes: hebräisch meis = schlecht, verächtlich, widerlich, ekelhaft.
Moos, ein Studentenwort für Geld, das in die Mundarten und in die allgemeine Umgangssprache eingedrungen ist. Auf hebräisch maos ‚Geld, Pfennige' zurückzuführen. Auch die merkwürdige Redensart: wissen, wo der Barthel den Most holt, gehört in diesen Zusammenhang. Sie hat weder mit St. Bartholomäus noch mit dem Most etwas zu tun, sondern stammt aus rotwelsch: wissen, wo das Brecheisen das Geld holt.
Pleite, Pleitegeier. Er ist pleite sagt man umgangssprachlich viel häufiger als er ist bankerott oder zahlungsunfähig. Wird von hebräisch peleta = Entrinnen, Flucht abgeleitet. Flucht vor Schuldhaft nach dem Bankerott ist also die eigentliche Erklärung. Die Wendung taucht erst im 19. Jahrhundert in Berlin auf. Aber schon im Mittelalter hat dieses jiddische Wort um sich gegriffen, und zwar in der heute noch üblichen Redensart: flöten gehen.
Reibach, Rebbach = Profit, Gewinn, auch ein jiddisches Wort. Das Fürther Wörterbuch von Berthold kennt die Mundartformen Revach und Reivich.
Schmu, einen Schmu machen, unreelle Geschäfte machen. Von hebräisch schmus = Gerücht, schmeichelnde Worte sind die deutschen Wörter schmusen = dumm reden; schmusen = schmeicheln und Schmu abgeleitet.
Schickse. Die Geschichte des Wortes ist recht verworren. Zunächst bezeichneten die Juden die Christenmädchen, besonders Dienstmägde, mit der Schelte Schickse. Dann drehte die deutsche Umgangssprache die Bedeutung einerseits um und bezeichnete Judenmädchen als Schickse und Schicksel. Andererseits wurde das Scheltwort auch zu Flittchen verallgemeinert, ganz gleich, ob es sich um ein jüdisches oder christliches Mädchen handelte.
Stuß **(der red wider än Schduß daher)** = Unsinn. Von hebräisch stuth „Dummheit".
schofel = geizig. Zu jiddisch schophol = gemein, niedrig.
Toches = Hinterteil. **Hog di hie af dein Doochers!** Aus hebräisch tachath = unten abzuleiten. Die Juden in Süddeutschland sprachen das anlautende T wie D aus, daher **Doochers**.

Der Name der Mauthalle

Es gibt für die Abgabe, die nach uraltem Handelsbrauch an Grenzen für Waren aller Art verlangt wird, in unserer Sprache zwei Wörter, bairisch-österreichisch: Maut und im übrigen Deutschland: Zoll. Zoll ist ein sogenanntes Lehnwort, das mit anderen Wörtern der römischen Verwaltungssprache, wie Münze und Zins, aus lateinisch telon/tolon ins Frankenreich eindrang. 837 heißt es in einer lateinischen Urkunde des karolingischen Herrschers Ludwig des Deutschen: „nullum theloneum neque quod lingua theodisca muta vocatur," zu deutsch: weder Zoll, noch was in der deutschen Volkssprache Maut heißt.[1] Mit der deutschen Volkssprache ist hier das Bajuwarische oder Bairische gemeint. Die Baiern verwendeten nämlich nicht das römisch-fränkische Wort, sondern hatten ihre Bezeichnung von den Goten übernommen, die unter mota: Zoll, unter motareis: Zöllner und motastaths: Zollhaus verstanden. Dabei handelt es sich um einen germanischen Wortstamm, der mit dem deutschen Wort messen verwandt ist. Die Goten und Bayern berührten sich im 5. und 6. Jahrhundert an der Donau; der Ort Mautern war eine gotische Zollstätte am Südufer der Donau und bedeutet ursprünglich „bei den Zöllnern". So lebt auch in den bairischen Urkunden des Mittelalters dieses Wort weiter, z. B. lesen wir aus dem Jahr 1460 „das wier frei sein und in dem landt zu Österrich fuer zol und fuer mauth auf wasser und landt". Auch in Nürnberger Quellen von 1352 und 1488 kommt die Wendung zoll und mauth vor.[2] Mautgebühr und Mautstraße sind heute noch in Österreich gängige Wörter.

Die Reichsstadt Nürnberg lag an der Grenze des bairischen und fränkischen Sprachgebiets. Die große Halle, die 1499 vom Stadtbaumeister Hans Behaim als Kornhaus errichtet wird und die seit 1572 das Zollamt beherbergte, könnte also eigentlich seit langem Mauthalle und die – im alten Stadtgraben befindliche – Gaststätte Mautkeller heißen. Dem ist aber nicht so. Das Kornhaus wird in alten Nürnberger Quellen durchwegs anders benannt: neue Waage, obere Waage, new Kornhauß und noch 1803 „das gemeiner Stadt zustehende Zollhaus oberhalb St. Lorenzen". Die Reichsstädter bevorzugten offensichtlich das fränkische Reichswort. 1801 hat C. Nopitsch einen Wegweiser für Fremde verfaßt, der den breiten Untertitel trägt: „topographische Beschreibung der Reichsstadt Nürnberg nach

---

[1] nach F. Kluge, a. a. O.
[2] Meisterlins Chronik in Chroniken fränkischer Städte

ihren Plätzen, Märkten, Gassen, Gäßchen, Höfen, geistlichen und weltlichen öffentlichen Gebäuden". Darin werden auch die elf damals noch vorhandenen Kornhäuser beschrieben. Nopitsch kennt den Ausdruck Mauthalle nicht, sondern unterscheidet deutlich die obere, große oder neue Waage bei St. Klara, die als Waagamt und Zollamt (!) eingerichtet wurde, von der unteren, kleinen und alten Waage oder Fronwaage in der Winklerstraße bei der St.-Sebaldus-Kirche. Auch der heutige Mautkeller heißt bei Nopitsch noch Rats- oder Herrenkeller.

Die Namen Mauthalle und Mautkeller haben sich also erst unter bayerischer Herrschaft im 19. Jahrhundert durchgesetzt. Wir können den Einfluß der bayerischen Verwaltungssprache ermessen, wenn wir die Akten über die Verwendungsmöglichkeiten des Waag- und Zollhauses im Jahre 1808 lesen. Die zuständige bayerische Behörde nannte sich – man höre und staune! – General-Maut- und Zoll-Direktion.[3]

Manchem selbstbewußten Nürnberger mag es heute noch ein Dorn im Auge sein, daß der baierische Name den alten fränkischen verdrängt hat, aber eine fast 200jährige Tradition läßt sich nicht mehr so leicht rückgängig machen.

Warum das Gerstenkorn am Augenlid bei uns Meerigel heißt

Ich kann nicht umhin, der komplizierten wissenschaftlichen Untersuchung eine Anekdote vorauszuschicken. Im Jahre 1957 unterrichtete ich am Hardenberg-Gymnasium in Fürth eine Klasse von zwölfjährigen Jungen. Einer von ihnen litt offensichtlich an einem Gerstenkorn, rieb sich ständig das eine gerötete Auge und vergrößerte dadurch nur den Schmerz. Mitleidig fragte ich ihn vor versammelter Klasse: „Hast wohl einen Meerigel?" Fragende Gesichter, Grinsen, Gekicher der Schüler. Ihre Antwort: **„Meerigel? Des haßd doch Bierigel."** Nun mag ich meinerseits ein ziemlich verdutztes Gesicht gemacht haben. Zwischen dem Nürnberger Lehrer und den Fürther Schülern war eine sprachliche Differenz, eine Sprachbarriere aufgetaucht, die für mich der Ausgangspunkt zu genaueren

[3] Mitteilungen des Vereins für Geschichte der Stadt Nürnberg, Band 47 (1956), Seite 462 ff.

Untersuchungen war. Telefonische Anrufe bei mir bekannten Ärzten in Schwabach, Altdorf und Hersbruck konnten mich dazu nur ermutigen, denn es wurde mir aus Schwabach für Gerstenkorn am Augenlid **Aungritzel,** für Altdorf **Wurmdreckl** und für Hersbruck **Urigel** genannt.

Das Ergebnis meiner Touren in Nordbayern während der nächsten Ferien wie das reichhaltige Material der Wörterbuchkommission der bayerischen Akademie der Wissenschaften in München und Erlangen haben die Karte ergeben.[1]

Zwischen dem bairischen Wort Wern und Werl im Süden und dem fränkischen Wort Wegscheißer im Norden und Westen taucht eine Fülle von Übergangsformen auf. Die sprachlich ungenaue und schlampige Weitergabe des Wortes für ein zwar lästiges, aber relativ geringfügiges Übel brachte eine Zerredung und Zerfaserung der ursprünglichen Wörter mit sich. So wird in der ersten Silbe Wern zu Würg-, Wurm-, Ur-, Birn, Zwerg und Bier-, die zweite Silbe verändert sich von -äugel zu -löchel, -häuslein, -igel, -dreckel und -nickel. Andererseits wird die erste Silbe von Wegscheißer zu Weh- und Meer- entstellt, statt des anstößigen -scheißer wird -hölzel und -itzel verwendet. Im Norden erkennen wir, von Thüringen eindringend, die hochdeutsche Bezeichnung; das Wort Hundsfotze oder Hundsfetzla gebraucht man, weil es sich um etwas Nebensächliches und Nichtiges handelt. Wie ist nun das merkwürdige Wort Meerigel in und um Nürnberg entstanden? Offensichtlich sind die beiden Wortteile Meer- aus dem südwestlich von Nürnberg geltenden **Meer**itzel und -igel aus dem nördlich und westlich gültigen Bier**igel** kombiniert worden. Ähnliche Fälle erkennen wir bei Wurmlöchel, das aus Wern**löchel** und **Wurm**dreckel zusammengesetzt ist und Werrenickel, das sich aus **Werr**dreckel im Osten und Bier**nickel** im Westen ergab. Solche Wortkreuzungen werden in diesem Buch unter koperneckisch, Pelzmärtel und Trempelmarkt vorgeführt.

Auf meinen Erkundungsreisen konnte ich eine Fülle von Beobachtungen machen, die auch für den Laien nicht uninteressant sind. Hier seien einige Erfahrungen aus der sogenannten Volksmedizin wiedergegeben. Wie wir unter Hexe und Leck mich am Arsch! sehen, steckte die Vorstellungswelt unserer Vorfahren voller Dämonischem und Aberglauben. So wird der Wegscheißer z. B. von alten Leuten heute noch so erklärt: Wer seine Notdurft auf öffentlichen Wegen verrichtete, statt sich in die Büsche zu schlagen,

---

[1] Karte in: H. Maas, Wou die Hasen . . ., 5. Auflage, S. 43

störte damit das Zusammenleben in der Gemeinschaft und wurde von übernatürlichen Mächten mit einem Gerstenkorn bestraft. Auch wenn man neugierig durch ein Schlüsselloch blickte und sich durch punktuellen Luftzug ein Gerstenkorn zuzog, erklärte das Volk die Augenreizung als Strafe.

Ebenso interessant sind die abergläubischen Heilmethoden. In Tirschenreuth wird empfohlen, mit dem kranken Auge durch ein Astloch zu sehen und dazu den Zauberspruch ‚Werredreckel – Vergehdreckel' zu murmeln, und schon war man geheilt. – In Effeltrich, das ja durch seine Traditionen bekannt ist (Tracht, Georgiritt, Fasalecken und Strohmänner), sprach ich mit einer alten Bäuerin. Sie erzählte mir, daß sie als Mädchen noch in den Schweinestall gegangen sei, den Riegel zum Öffnen und Schließen des Holzschlages in die Hand nahm und gebetet habe: **„Seischdallrigel helf mer vo mein Bierigel: Gott, Vater, Sohn und Heiliger Geist.“** Schmunzelnd ergänzte sie: **und wers glabd, dem hilfds.**

Zwei andere Beobachtungen seien noch angefügt, die zeigen, wie schwierig Wortkartenarbeit ist. Aus dem Rahmen fallende Einzelmeldungen müßten eigentlich immer auf ihren Hintergrund abgeklopft werden, indem man die Herkunft des Sprechers erfragt. So ging es mir z. B. in dem Dorf Kleinweingarten bei Pleinfeld. Ich erwartete aufgrund meiner Erfahrungen den Ausdruck Zwerglein und sprach eine zwanzigjährige Bäuerin an. Sie selbst kannte das Wort nicht – anscheinend hatte sie keine einschlägige Erfahrung mit einem Gerstenkorn gemacht – und rief ihre etwa 50jährige Mutter zu Hilfe. Diese nannte mir das nicht für die Gegend typische Wort Meeritzel. Die Tochter hörte bei dieser Gelegenheit das Wort ihrer Mutter zum ersten Mal und war sehr erstaunt darüber. Auf meinen Einwand hin gab die Mutter zu, daß sie nicht von hier stamme, sondern aus Wolframs-Eschenbach zugezogen sei. Dieser Ort liegt im Meeritzel-Gebiet, und die Bäuerin verwendet heute noch ihr Kinderwort. Auch an anderen Orten konnte ich feststellen, daß innerhalb einer Familie, je nach Herkunft der einzelnen Mitglieder, verschiedene Wörter vorkommen können.

Noris – ein vornehm klingender Name

Unter dem Ortsnamen Nürnberg auf Seite 104 wird ausführlich geschildert, wie in den lateinisch geschriebenen Geschichtsquellen seit dem 12. Jahrhundert neben dem volkstümlichen Namen Nuremberg schon das gelehrte Noricum vorkommt. Diese lateinische Namentradition setzte sich in den folgenden Jahrhunderten fort und hat im 15. Jahrhundert zur Zeit des Humanismus zu einer merkwürdigen Blüte geführt. Die Humanisten, die statt ihrer deutschen Muttersprache das Latein bevorzugten, haben durch ihre Rückbesinnung auf die geistigen Werte der Antike zweifellos ihre großen Verdienste in der europäischen Kulturgeschichte. Sie haben z. B. durch ihren Kampfruf „ad fontes!" (= Zurück zu den Quellen!) eine neue Ära der Geschichtsschreibung eingeleitet und damit auch die reformatorische Grundhaltung gefördert. Wie alle extremen geistigen Bewegungen wiesen ihre Bemühungen auch manches auf, was wir Modernen als schrullig empfinden. So opferten sie z. B. ihre deutschen Familiennamen und latinisierten oder gräzisierten dieselben: Aus den schlichten Namen Königsberger oder Schwarzert wurden z. B. die Humanistennamen Regiomontanus und Melanchthon (= schwarze Erde).

Ein Gelehrter mit dem Namen Koch nannte sich, weil er aus Hessen nach Nürnberg zuwanderte, vollmundig Eobanus Helios Hessus. Dieser Mann, der die Ilias vom Griechischen ins Lateinische übersetzte, war ein hervorragender lateinischer Schriftsteller. Er hielt sich als Lateinlehrer des 1526 gegründeten ersten Gymnasiums Deutschlands, am Melanchthon-Gymnasium in Nürnberg, sieben Jahre lang auf und hat unter anderem Gedichte über unsere Stadt verfaßt. So erschien von ihm 1531 ein sogenanntes Epicedion, eine in griechischem Versmaß verfaßte Trauerrede. Da der Name Norimberga, der im Gedicht öfter vorkam, nicht in das Hexameter-Versmaß: rám-tam-tam paßte, erfand er ein neues griechisches Eigenschaftswort noridus und das dazu gehörende Hauptwort Noris. So dichtete er z. B.: poeta, quorum non paucos Noris amoena fovet = „Dichter, deren nicht wenige das liebliche Nürnberg hegt".[1] Diese von Hessus geprägte Bezeichnung für Nürnberg wird immer wieder von lateinischen Geschichtsschreibern aufgegriffen. Ein Jahrhundert später wird das Wort von den Pegnitzschäfern – einer von Philipp Harsdörffer gegründeten Vereinigung – verwendet. Eines der Mitglieder dieses Dichter-Clubs war der Arzt Dr. Johann Hellwig (1609–1674), der 1650 ein Gedicht mit dem breiten barocken Titel erscheinen ließ: „Die Nymphe Noris, in zweyen Tageszeiten vorgestellet, darbey mancherley schöne Gedichte und warhafte Geschichte nebst unterschiedlichen lustigen Rätzeln, Sinn- und Reimbildern, auch artigen Gebänden mit angebracht durch einen Mitgenossen der Pegnitzschäfer."[2]

Hier wird nun zum ersten Mal im Deutschen der Name Noris als Personifikation für die Stadt Nürnberg verwendet. Das gefiel den Gebildeten der damaligen Zeit, die sich vom niedrigen Volk abzusetzen verstanden, so gut, daß es zum geflügelten Wort wurde. Im 18. und 19. Jahrhundert kursierte das Bildungswort in der gehobenen Sprache, während das Volk weiterhin von **Närmberch** sprach.

Selbst im 20. Jahrhundert spukt das Kunstwort immer noch. Nicht nur daß die trauernde Noris auf dem Westfriedhof gegenüber der Aussegnungshalle von Professor Kittler gestaltet wurde (siehe Foto!). Vor allem, wenn es um Werbewirksamkeit und um das Aufwertungsbedürfnis der Geschäftswelt geht, erinnert man sich an das vornehm klingende Wort: Der Name der Wohnsiedlung am Wöhrder See, Norikus, und das Norisringrennen sind zwei herausragende Beispiele. Im Telefonbuch von 1989/90 gibt es über fünfzigmal den Firmennamen Noris, darunter Bezeichnungen wie Noris Kommerzial, Noris Leasing, Noris Philatelie, Noris Racing Centre, Noris-Invest, Norimex, Norina und Noriplana. Im Kapitel Patrizier- und Losunger-Bier habe ich ähnliche Tendenzen aufgezeigt. Daß der Name Noris in pathetischer Sprache und bei feierlichen Gelegenheiten verwendet wird, zeigt ein Beispiel aus dem Vorwort des bekannten Büchleins ‚Nürnberger Sagen und Geschichten' von Th. Aufsberg, das vor rund einhundert Jahren erschien: „ . . . dann wird sein Inhalt auch Eingang finden in Herz und Gemüt, Verstand und Gedächtnis der Jugend und wecken und fördern die rechte Liebe zur Heimat und Vaterstadt, anbahnen das rechte Verständnis der hohen Bedeutung und großen Vergangenheit unserer ruhmreichen Noris."

[1, 2] Mitteilungen des Vereins für Geschichte der Stadt Nürnberg, Band 71, Seite 208, und Band 52, Seite 55 ff.

Ist der Name der Stadt Nürnberg endgültig geklärt?[1]

Viele deutsche Stadt- und Dorfnamen sind relativ durchsichtig. Man muß sich zwar als Laie hüten, von der heutigen Namenform auszugehen, aber wenn man Schreibungen aus dem Mittelalter kennt, kann man oft mit Sicherheit eine Deutung aussprechen. So ist München z. B. die Siedlung bei den Mönchen, Frankfurt die Flußübergangsstelle der Franken und Weißenburg die Siedlung beim Römerkastell, das aus hellem = weißem Gestein erbaut war. Das nach Nürnberg eingemeindete ehemalige Dorf Fischbach lag ursprünglich an einem fischreichen Bach, Günthersbühl im Nordosten von Nürnberg war einst der Sitz eines Gundahar auf einem Bühel oder Hügel, und Höchstadt an der Aisch ist eigentlich: die hochgelegene Siedlungsstätte.

Andere Namen wurden oft falsch gedeutet, lange bevor die wissenschaftliche Erklärung einsetzte. So führt Forchheim Forellen im Wappen, die früher Forchen hießen, während es eigentlich als Heim im Föhren- = Forchenwald zu erklären ist. In Hersbruck steht ein Hirschbrunnen auf dem Marktplatz, weil man früher nicht wußte, daß es im Mittelalter Haderichesbrucca = Brücke des Haderich hieß.

Allerdings gibt es auch eine große Zahl von Ortsnamen, bei denen die Deutung schwierig und heute noch umstritten ist. Zu ihnen gehört der Name unserer Stadt. Einfach ist noch der zweite Namensteil -berg zu erkennen: Burg und Berg waren früher identische Ortsbezeichnungen, weil man sich auf dem Berg in einer Burg „bergen" konnte. Die heutige Stadt Siegburg wird in alten Quellen abwechselnd Siegberg und Siegburg geschrieben, ebenso wie man Dillenberg statt Dillenburg schrieb.

Anders der erste Namensteil Nürn-. Immer, wenn etwas nicht einfach zu erklären ist, können die abenteuerlichsten und phantastischsten Geschichtchen entstehen. Ich will hier nur einige aufzählen: ‚Nur ein Berg' ist eine uralte Fehldeutung durch das Volk, die heute noch oberflächlich erzählt und sogar von Lehrern den Kindern der Unterstufe aufgetischt wird. Weiter wurde von Neu-Rom-Berg, Neroberg und Nahrungsberg gefaselt, auch Norix, ein Sohn des sagenhaften Herkules, der Name des keltischen Volks-

---

[1] Es handelt sich hier um die Kurzfassung meines ausführlichen Aufsatzes in den Mitteilungen für Geschichte der Stadt Nürnberg, Band 77 (1990)

stamms der Noriker und die Bezeichnung der römischen Provinz Noricum mußten herhalten. Noch im 19. Jahrhundert hat man einen Neu-Rennberg zum Schutz der alten Rennstraße, den ‚von Schweinen durchwühlten Berg' – mittelhochdeutsch gibt es ein Verbum noren = wühlen – und die Ableitung von slawischen Wörtern erwogen. 1908 erschien ein Aufsatz, der in besonders deutlicher Weise zeigt, wie man in der Heimatforschung mangelnde exakte Wissenschaft durch theatralische und predigthafte Deutung ersetzte. In dem von einem Ringwall umschlossenen Nuro-Berg soll eine Göttin verehrt worden sein, deren Name mit den nordischen Schicksalgöttinen = Nornen verwandt gewesen sei. Es heißt dann wörtlich: „Ehrfurchtgebietend und ehrwürdig sind sowohl die Stelle, auf die sich ursprünglich der Name bezog, als auch der Name selbst. Bei dem Klang dieses Wortes tönt es dem Wissenden aus dem Schoße längst entschwundener Zeiten wie geheimnisvolles Rauschen und Raunen entgegen, das ihn mit ahnungsvollen Schauern erfüllt. Und für jeden, der Nürnberg als seine Heimat ansprechen kann, gelten im buchstäblichen Sinne die Worte der Bibel: Das Land, auf dem du stehst, ist heiliges Land."

In unserem Jahrhundert hat einer der renommiertesten bayerischen Geschichtsforscher, Professor Bosl in München, wieder die alte These von der Stadt in Noricum ausgegraben und Nürnberg als ‚Baiernburg' erklären wollen. Auch zwei andere bedeutende Forscher wie August Gebhardt, der Verfasser der Nürnberger Grammatik, und Wilhelm Kraft lagen falsch, wenn sie Nürnberg als „schmalen Berg" oder „Neuenberg" interpretierten. Allerdings gibt Kraft am Ende seiner Ausführungen wissenschaftlich diszipliniert zu, daß nicht er als Historiker, sondern die Namenforscher das letzte Wort zu sprechen haben. Das haben diese inzwischen getan, aber statt des letzten die letzten zwei Wörter. Es gibt die Noro-These des bekannten Namenforschers Henning Kaufmann, der einen Burggründer namens Noro vermutet, und die Fels-These Hermann Schreibmüllers, der vom mittelhochdeutschen Wort nuor Fels ableitet.

Wem soll man nun recht geben? Die erste Erwähnung des Namens Nürnberg in der berühmten Sigena-Urkunde vom 16. Juli 1050 lautet nōrenberc. Auch alle späteren Schreibungen wie Nuremberch, Norenberch, Nuornberc und Nuerinberc lassen auf einen langgesprochenen Stammvokal ū oder uo schließen. Und das ist das Hauptargument der Vertreter der Noro-These, daß der Personenname Nōro lang und nicht wie das Wort für ‚Fels' Norre, Nürre kurz gesprochen wurde. Die Koseform Nōro ist aus Vollnamen wie Norbert entstanden, ähnlich wie ein Kuno aus Konrad und ein

Eppo aus Eberhard. Sprachlich wäre also gegen die Noro-These nichts einzuwenden. Leider ist aber in den Geschichtsquellen früherer Zeiten nie ein Mann namens Noro erwähnt. Die Versuche der bayrischen Geschichtsschreibung, eine bayrische Burg vor der Burg der fränkischen Salier im 11. Jahrhundert durch Grabungen festzustellen, sind bisher als gescheitert zu betrachten.[2]

Die Fels-These hat, wie schon bemerkt, einen Schönheitsfehler: Mittelalterliche Belege fehlen, und die heutigen mundartlichen Wörter in Hessen, Franken und Bayern lassen meist einen kurzen Stammvokal nŭr, nŏr oder năr erkennen. Allerdings gibt es einige Ausnahmen. Vor allem spricht aber für die Fels-These der Lokalbefund vieler ähnlicher Örtlichkeiten: Die Nürburg in der Eifel liegt auf einem Basaltkegel, Nurn bei Kronach in Oberfranken befindet sich an einem felsigen Abhang und Nordstetten, eigentlich Norstetten bei Gunzenhausen weist steinige Äcker auf. Vor allem aber hat der leider viel zu früh verstorbene Heimatforscher Fritz Schnelbögel bei Günthersbühl eine Flur ‚Nürnrangen' entdeckt, die den offen zutage tretenden Keuperfels in überzeugender Art zeigt. Der Nürnrangen kann unmöglich mit einem Personennamen wie ein Burgname in Zusammenhang gebracht werden. Das Erscheinungsbild der Nürnberger Landschaft im 11. Jahrhundert ist auch ein Beweis für die Fels-These: Aus dem Meer von Föhren im Pegnitzgrund ragte im Norden ein charakteristischer, hoher Keuperfels auf, der einfach zur Benennung reizte.

Einige der erwähnten Aufsätze und Abhandlungen haben – vor einem halben Jahrhundert – die Überschrift getragen: Zum letzten Mal: der Name Nürnberg; Noch einmal Nürnberg; Doch noch einmal Nürnberg. Es sieht fast so aus, als sei 1990 auch noch nicht das aller-, allerletzte Wort gesprochen. Solange aber kein Noro in der Geschichte auftaucht, wird man Nürnberg – mundartlich **närmberch** und weiter östlich **niernberch** gesprochen – als Stadt zu Füßen einer Burg, die auf einem Felsberg erbaut wurde, deuten dürfen.

---

[2] Während der Drucklegung wurden bei Grabungen unter der Kaiserburg Grundmauern eines runden Gebäudes entdeckt.

Ging Nürnberger Tand oder Nürnberger Hand durch alle Land?

Am Gebäude der Industrie- und Handelskammer am Hauptmarkt in Nürnberg ist ein Wandgemälde zu sehen, das sich über die ganze Breite des Eckhauses erstreckt, ein Kaufmannszug. Darunter steht der bekannte Spruch: Nürnberger Tand geht durch alle Land (siehe Foto!). Tand bedeutet demnach Handelsware, Kaufmannsgüter. So selbstverständlich das Sprichwort heute ist, so schwierig und problematisch ist seine Geschichte.

Als unsere Vorväter, die Germanen, die fortgeschrittene Wirtschaftsform der Römer kennenlernten, übernahmen sie viele Einrichtungen und Gegenstände zusammen mit den römischen Namen. Das zeigen heute noch Wörter wie kaufen (von lateinisch kaupo „Schankwirt und Krämer im Umfeld der Römerlager"), Markt (von lateinisch mercatum), Pfund (von lateinisch pondus „Gewicht") und Münze (von lateinisch moneta). Auch das Fragewort des römischen Versteigerers: quantum? „wieviel?" und die Antwort: tantum „so viel" ist zu Zeiten des Limes-Handels und später in unsere Sprache eingedrungen und hat bairisch Gant „Versteigerung" und Tand „Trödelware" ergeben. Neben Belegen wie tendeler „Trödler" und tendelmarkt „Trödelmarkt" kommt tant im Mittelhochdeutschen vor allem im übertragenen Sinne vor. So heißt es z.B. im Nibelungenlied: die trieben manegen tand. Die Bedeutung ist hier „überflüssiger Zeitvertreib, Geschwätz, Unsinn". Möglicherweise darf auch der folgende Zusammenhang erwogen werden: Im berühmten Liebeslied Walthers von der Vogelweide lesen wir das Spielwort tandaradei, das ähnlich wie papperlapapp gebildet ist: „Unter der Linde, auf der Heide, da unser zweier Bette war, da könnt ihr finden geknickte Blumen und plattgedrücktes Gras, am Waldrand in einem Tal. Tandaradei!, schön sang die Nachtigall" und in der Schlußstrophe: „Was er mit mir trieb, weiß kein Mensch außer ihm und mir und einem kleinen Vöglein. Tandaradei! Das verrät aber nichts."

Auch der erste Beleg von Nürnberger Tand ist keine direkte Bezeichnung der Kaufmannsware, sondern es handelt sich um ein Spottwort. Auf dem Reichstag von Konstanz 1414–1418 wird bekanntlich der Nürnberger Burggraf Friedrich I. vom Kaiser mit der Mark Brandenburg belehnt, um dort Ordnung zu schaffen. Die märkischen Herren, an eigenes Schalten und Walten gewöhnt – man kann sie als Raubritter bezeichnen –, waren darüber nicht begeistert, lehnten den neuen Herren ab und verspotteten ihn. Aus einer Magdeburger Chronik wissen wir, daß sie ihn als „Tand von Nürnberg" bezeichneten.

Im ausgehenden Mittelalter allerdings wird Tand in vielen Quellen in seiner kaufmännischen Bedeutung greifbar. Tandler und Tandelmarkt sind im Bairischen bis auf den heutigen Tag Trödler und Trödelmarkt. In Nürnberg ist von kindstendern = „Spielzeug" die Rede, und vor allem wird das Zang- oder Zankeisen, eine Erfindung des Kunstschlossers Hans Ehemann, als Nürnberger Tand bezeichnet. Es handelt sich bei diesem Spielzeug um ein sogenanntes Vexierspiel, um eine an einem Stiel angebrachte eiserne Gabel, an der dreizehn Ringe befestigt waren, die man mit viel Geduld und Geschick entfernen und wieder aufstecken konnte. Weil man dabei leicht die Geduld verlor und zornig wurde, veränderte sich das Wort Zangeisen zu Zankeisen, was sogar zu einem Schimpfwort für keifende Frauen wurde.[1]

So weit, so gut. Nun aber zum Problem der Wortgeschichte von Tand. Eigentlich müßte dieses Wort in den Kaufmannsbüchern und Warenlisten, die es seit dem 14. Jahrhundert in Nürnberger Archiven und den Archiven anderer deutscher Städte in Hülle und Fülle gibt, öfter erwähnt sein. Aber man höre und staune! Tand oder Nürnberger Tand ist nicht genannt. Dafür lesen wir gleichbedeutende Ausdrücke wie Nürnberger Waren, Nürnberger Kramwaren, Nürnbergerei, Kramerei, Pfenwert (Waren, die nur Pfennige wert sind). Dieses letztgenannte Wort hat sich bis heute in der Mundart erhalten. **Ä Bfemfern** oder **ä Bfemferer** sind geizige Kunden, die um den Pfennig feilschen. Auch für Spielwaren wird das Wort Tand nicht verwendet, sondern man spricht von Kramerei, Docken- und Holzarbeit, Puppen- und Kinderwerk. Aus der Tatsache, daß Tand offensichtlich vermieden wird, kann man schließen, daß es früher wegen seiner abfälligen Bedeutung nicht gern als Fach- und Sachwort gebraucht wurde. Tand im Sinne von „vergängliche irdische Güter" wurde im 18. und 19. Jahrhundert durch große deutsche Dichter bekannt. So heißt es in der 1. Szene von Goethes Faust: „Ist es nicht Staub, was diese hohe Wand / aus hundert Fächern mir verenget? / Der Trödel, der mit tausendfachem Tand / in dieser Mottenwelt mich dränget?" Fontane reimt in seinem bekannten Gedicht „Die Brück am Tay": „Tand, Tand ist das Gebild von Menschenhand."

---

[1] Auch Zahn beschreibt das Zankeisen.
Siehe Schriftprobe im Vorsatz!

Und nun zum Sprichwort Nürnberger Tand geht durch alle Land. Das Deutsche Sprichwörterlexikon von Wander aus den Jahren 1867–1880 führt folgende Redensarten auf: Ehrliche Hand geht durchs ganze Land; Fleißige Hand geht durchs ganze Land und Getreue Hand geht durchs ganze Land. Für die Jahre 1709, 1716 und 1837 gibt er auch das Sprichwort Nürnberger Hand geht durchs ganze Land an und bemerkt dazu „... bezieht sich nicht nur auf Spielwaren, sondern auf den regen Eifer der Nürnberger auf allen Gebieten der Kunst, Wissenschaft, des Handels und der Industrie". Auch im schon oft zitierten Lexikon von Zedler heißt es 1740 unter dem Stichwort Nürnberger Hand: „... weshalben das gewöhnliche Sprichwort Nürnberger Hand gehet durch alle Land gar füglich stattfindet, kleine Bagatellen, insonderheit Holtzwaaren betrifft." Dann erfolgt ein Hinweis auf die Nürnberger Kaufleute, die Nürnberger Waren wie Messer, Spiegel, Schellen und dergleichen in Afrika und Amerika vertreiben. Nürnberger Tand kennt das Lexikon nur im Sinne des oben erklärten Zangeisens. Werner Schultheiß, der frühere Direktor des Stadtarchivs Nürnberg, hat also recht, wenn er die Entstehung des heutigen Sprichworts „Nürnberger Tand geht durch alle Land" erst ins 19. Jahrhundert verlegt.[2,3] Wie man in dieser Sammlung unter Butzenscheibe und Patrizier sieht, hat erst das vorige Jahrhundert, in dem man sich der mittelalterlichen Geschichte bewußt wurde, Ausdrücke geprägt, die man für viel älter hält. Das eingangs erwähnte Wandbild am Haus der Industrie- und Handelskammer stammt aus dem Jahre 1910.

---

[2] Mitteilungen des Vereins für Geschichte der Stadt Nürnberg, Band 53

[3] E. Kusch möchte in seiner Geschichte Nürnbergs die Redensart von der Bezeichnung der berühmten Nürnberger Tantes = Rechenpfennige ableiten, die seit dem 16. Jahrhundert in unserer Stadt in Massen hergestellt wurden. Diese Erklärung ist nicht richtig, da das Wort Tantes erst im 18. Jahrhundert in der deutschen Sprache auftaucht – aus dem Spanisch-Französischen entlehnt –. Vorher gab es nur die Bezeichnung Rechenpfennige

Der „Nürnberger Trichter" hat mehrere Vorläufer

Zunächst etwas zur Geschichte des Wortes Trichter. Dieses Lehnwort ist uralt und hängt mit der römischen Weinkultur zusammen, die die Germanen im frühen Mittelalter am Rhein und am Limes kennenlernen. Da sie für Gegenstände und Tätigkeiten in diesem Bereich naturgemäß keine eigenen Wörter haben, übernehmen sie einfach die römischen Bezeichnungen zusammen mit den Dingen. So wird aus lateinisch vinum deutsch Wein, aus (vinum) mustum (=junger Wein) Most, aus acetum Essig, aus cellarium Keller und aus pressa, torculum und calcatura die Namen für die Weinpresse Torkel und Kelter. Das Gerät nun, mit dem man Wein aus dem Faß, Bottich oder Eimer in kleinere Gefäße wie Schlauch oder Kanne goß, nannten die römischen Weinbauern traiectorium, eigentlich „Umschütter, Umgießer". Dieses fünfsilbige Wort wurde, wie so oft, im Laufe der Zeit abgeschliffen und zum zweisilbigen süddeutschen Wort Trachter und Trechter. Bis auf den heutigen Tag sind das die Wörter in der bairischen und alemannischen Mundart geblieben. Die Tonerhöhung zu Trichter, die sich später im Hochdeutschen durchgesetzt hat, erscheint bereits im 13. Jahrhundert zum ersten Mal in Nürnberg. Als Kaiser Friedrich III. sich in Nürnberg im Jahre 1442 aufhält, führen die Nürnberger gewissenhaft Buch über die nicht geringen Ausgaben, die sie anläßlich der Ausgestaltung eines Tanzfests hatten. Die einzelnen Posten sind genannt: viele Eimer, Wein, Wachslichter, Unschlittlichter, Obst, Datteln und zwei triechter.[1] Die Nürnberger Metallwarenherstellung und Produktion von Haushaltsgeräten war im Mittelalter und in der beginnenden Neuzeit so umfangreich, daß man sich gut vorstellen kann, daß das Nürnberger Wort Trichter sich gegen Trachter und Trechter durchgesetzt hat.

Und nun zum Nürnberger Trichter, bei dem eine Übertragung des Ausgießens von Flüssigkeiten auf den Fluß der Gelehrsamkeit und des Wissens vom Lehrer oder Buch in den Kopf des Schülers stattgefunden hat. In allen Andenkenläden Nürnbergs wird heute die Szene – aus Porzellan, Zinn, Holz, Marzipan und Schokolade – dargestellt, wie ein bebrillter Professor dem altmodisch mit Halskrause bekleideten Schüler den Trichter auf den Kopf hält und ihm Weisheit eingießt.

---

[1] Fränkische Städtechroniken, Band 3

Schuld an diesem etwas zweifelhaften Ruhm der Nürnberger Gelehrsamkeit ist das Buch des berühmten Nürnberger Patriziers Philipp Georg Harsdörffer, das 1647 im ausgehenden Dreißigjährigen Krieg erschienen ist. Sein Titel lautet in barocker Weitschweifigkeit: Poetischer Trichter / Die Teutsche Dicht- und Reimkunst / ohne Behuf der Lateinischen Sprache / in VI Stunden einzugießen.

Wenn dieses Lehrbuch des Reimens auch der Ursprung des Nürnberger Trichters ist, den Vergleich vom Eintrichtern hat Harsdörffer von viel älteren Vorbildern übernommen. Wir sind darüber durch den neu bearbeiteten Band des Deutschen Wörterbuchs genau unterrichtet. Einmal ist der Buchtitel Abklatsch einer Lateinfibel, die vierzig Jahre vorher in Tübingen erschien. Sie trug den Titel: „der hebräische trächter, die Sprache leicht einzugießen". Aber schon 1541 wird bereits die Wendung ‚mit eim trechter eingieszen' von dem berühmten Sebastian Franck in seiner Sprichwörtersammlung aufgeführt. Es muß sich um eine Redensart gehandelt haben, die damals schon durchaus üblich war.

In der Tat stammt der früheste Beleg, den das Deutsche Wörterbuch abdruckt, aus dem Jahre 1521. Er ist nicht nur sprachgeschichtlich, sondern auch religionsgeschichtlich so interessant, daß ich ihn hier im vollen Wortlaut wiedergebe. Luther hat bereits 1520 einen ungeheuren Einfluß auf Mönche und Laien ausgeübt. So wissen wir, daß der Franziskanermönch Eberlin von Günzburg, der um 1468 in Günzburg geboren und 1533 in Leutershausen bei Ansbach gestorben ist, frühzeitig die Gedanken Luthers in Wort und Schrift propagierte. Bereits 1521 ließ er ein Büchlein über das Lob der Pfarrer in Basel erscheinen, in dem folgender Satz steht: „der heylige geyst schüt es mit keynem trichter eyn wunderbarlich, so man eyn ding wol natürlich haben mag." Modernem Verständnis entgegenkommend müßte man, wie folgt, aus dem Frühneuhochdeutschen übertragen: „Wenn man etwas auf rationale Weise erklären kann, soll man nicht den Wunderglauben an den Heiligen Geist bemühen, der es einem auf irrationale Weise eintrichtert." Diese Äußerung zeigt, wie schon die ersten Reformatoren eine Portion gesunden Menschenverstand und fast aufklärerisches Denken hatten und damit das mittelalterliche abergläubische und mystische Heilsgeschehen kritisch beurteilten.

Der Nürnberger Witz ist gar nichts zum Lachen

Der Name unserer Stadt hat sich in einigen Redensarten erhalten, die weit über Nürnberg hinaus bekannt sind oder waren: Nürnberger Trichter; Nürnberger Tand (Hand) geht durch alle Land; die Nürnberger hängen keinen, sie hätten ihn denn zuvor (was sich auf die legendäre Flucht des Raubritters Eppelein von Gailingen bezieht); die Nürnberger gehen unterm Regen weg; es gibt nur ein Nürnberg und: Wenn Nürnberg mein wäre, wollte ichs in Bamberg verzehren.

Bekannt ist auch der ‚Nürnberger Witz' geblieben. Worum handelt es sich dabei? Althochdeutsch diu wizzi und mittelhochdeutsch diu witze bedeutet soviel wie „Verstand, Wissen, Klugheit und Weisheit". Das Substantiv hat sich aus dem Verbum wizzen entwickelt, nach demselben Lautgesetz wie Ri**tz**e neben rei**ß**en oder Si**tz** neben gese**ss**en steht. Altmodisch klingende Wörter wie Aberwitz, Mutterwitz, Wahnwitz, gewitztes Bürschchen halten noch die ursprüngliche Bedeutung fest. In neuhochdeutsch Vorwitz, vorwitzig ist sie noch vorhanden, ebenso in den germanischen Schwestersprachen: schwedisch und dänisch vett und vet, neuenglisch wit, wits. Die verschiedenen Bedeutungen, die dafür im modernen englischen Wörterbüchern angegeben sind, zeigen gut die Entwicklung des Wortes: „geistige Fähigkeiten, Intelligenz"; to be at one's wits' end „mit seiner Weisheit am Ende sein"; to have one's wits about one „seine fünf Sinne beisammen haben"; out of one's wits „von Sinnen, verrückt sein", dann aber auch: „geistreich, witziger Einfall".

In unserer Sprache galt dieselbe Entwicklung. Um 1350 heißt es z. B. bei Konrad von Megenberg, „diu zwei sint underschaiden, weisheit und witz, wann weisheit aigentlich ain spiegelschauen götlicher und übernatürlicher ding und witz ist ein umbsichtigkeit in menschlichen werken, daz ze halden und daz ze lazen (= Weisheit und Witz sind unterschiedliche Begriffe. Weisheit die Einsicht in göttliche und übernatürliche Dinge, Witz ein kluges Vorgehen im praktischen Bereich, das eine zu machen, das andere gehen zu lassen)". An dieser Textstelle merken wir ganz deutlich die Einengung des Wortes Witz auf: praktische Klugheit, auf Lebensklugheit und technisches Know-how, wie es z. B. auch ein einstmals bekannter Reim aus der Blütezeit des Nürnberger Handwerker- und Unternehmergeists zeigt: „Hätt ich Venedigs Macht / und Augsburger Pracht / Nürnberger Witz, Straßburger Geschütz und Ulmer Geld, / so wär ich der reichste auf der Welt." In einem Manuskript des 15. Jahrhunderts in der Dresdner Bibliothek steht eine Variante: Het ich Hertzoch Jorgen von Beyern gud / Und der von Ulem mud / Und Hertzoch Christoffels von Mönchen leip / Und Hertzoch Siegmuntz von Oesterreich weip / Und der von Norenberchg witz / Ich geb um alle Sachsen nicht ein switz (... könnte ich auf alle Sachsen leicht verzichten).[1]

Der Nürnberger Witz wird um 1544 genau von Sebastian Münster in seiner Cosmographia umschrieben und als ‚spitzige vernunfft' bezeichnet: „Diese mechtige und reiche statt ligt gantz und gar uff einem ongeschlachten und sannichten (= sandigen) boden, aber hat dester sinnreicher werckmeister und kauffherren. Dann so sie mit dem ertrich (= Boden) nichts mugen anfahen (= nicht viel anfangen können), schlagen sie ihre spitzige vernunfft dester fleißiger uff subteile werck und künsten."

Gleichzeitig kennt auch Hans Sachs diese Bedeutung in seinem bekannten Schwank „Der Roßdieb zu Fünsing", der heute noch von vielen Laienbühnen und in den Schulen gespielt wird: Drei dumme Bauern machen sich gegenseitig Komplimente. Sie sind auf die schlaue Idee gekommen, einem zum Hängen verurteilten Dieb einstweilen Urlaub zu geben, weil im Augenblick die gaffende Menge das zum Schnitt anstehende Korn um den Galgen niedertreten würde. Es heißt wörtlich: „Lindel Fricz spricht: Schaw Gangel Dötsch, der Steffel hat vns geben ein spicigen rat. – Gangel Dötsch spricht: Ich het warlich, mein Liendel Fricz, pey im nit gesuecht so vil wicz."

Erst im 17. und 18. Jahrhundert verschiebt sich unter dem Einfluß von französisch ésprit die Bedeutung des deutschen Worts Witz zu ‚Satire, geistreicher Spott', um dann im 19. Jahrhundert in ‚Scherz und Spaß' überzugehen, wie z. B. die Wörter Witzblatt und Witzbold es zeigen.

So hat also die Redensart vom Nürnberger Witz wie so oft in unserer Stadt ein Stück alter Bedeutung über den heutigen Sprachgebrauch hinübergerettet und lebendig erhalten.

---

[1] Nach Siebenkees, Materialien zur Nürnberger Geschichte

Odel wurde durch das slawische Wort Jauche verdrängt

Oodl ist in der Nürnberger Gegend das häufige Volkswort für Jauche. **Oodlgroum** ist die Jauchegrube, der **Oodlwoong** das Gefährt, das die Mistjauche auf dem Feld verspritzt, und **Oodlbräi** die Mistbrühe. **Oodl-Kolon** kann man immer noch scherzhaft für Eau de Cologne hören. Das Wort ist in ganz Bayern, in Oberösterreich, bei Egerländern und Böhmen bekannt. Nach E. Schwarz[1] müßte man es eigentlich hochdeutsch als Atel wiedergeben, was in der Tat ein altes deutsches Wort ist. Schwarz führt überzeugend an, wie schon unsere Vorfahren vor langer Zeit erkannten, daß das Gras in der Nähe alter Kuhfladen üppig gedieh und dadurch die Düngung entdeckten.

In den deutschen Mundarten gibt es viele andere Wörter für die Jauche. Die Verhältnisse in Nordbayern, im sogenannten Ostfränkischen, sind in einer Karte erfaßt.[2] In anderen Gegenden gelten z. B. im Schwäbisch-Alemannischen Gülle, im Westmitteldeutschen Mistpfuhl, in Hessen Sutter und in Westfalen Al(e). Merkwürdig ist nun, daß für weite Teile Ostdeutschlands, und damit durch den Einfluß Luthers, der ja bekanntlich die Meißener Kanzleisprache zum Schriftdeutschen erhob, für das Hochdeutsche das slawische Wort Jauche eingeführt wurde. Die deutsche Geschichtsschreibung betont immer wieder die Überlegenheit der deutschen Zivilisation, die

---

[1] E. Schwarz, Sudetendeutsches Wörterbuch

[2] E. Straßner, in: Jahrbuch für fränkische Landesforschung, Band 25; vereinfacht bei H. Maas, Wou die Hasen . . ., S. 42

den slawischen Nachbarn durch die vielen Zuwanderer aus deutschen Landen aufgedrängt wurde. Die Sprachforschung dagegen hat auch von vielen umgekehrten Fällen zu berichten. Tausende von deutschen Familiennamen, viele Ortsnamen und auch einige bekannte Wörter der Hochsprache sind lange vor der Vertreibung der Deutschen nach dem Zweiten Weltkrieg aus dem Slawischen entlehnt. Kluge zählt in seinem Sachweiser zum Etymologischen Wörterbuch an die einhundert Wörter auf, von denen ich hier einige Paradebeispiele auswähle:

1. Das alte deutsche Wort marca Mark für die Grenze – es hielt sich lange in dem Titel Markgraf – wurde durch polnisch granica, čechisch hranice verdrängt. Luther bevorzugte das slawische Lehnwort, das zuerst im 13. Jahrhundert im Deutschordensland als greniz erscheint.

2. Die Gurke wird in Schwaben, Bayern, Hessen und Franken mundartlich als Gugummer, Gugommer, Gommer und Kümmerling bezeichnet. In Nürnberg sagt man **Kimmerling,** was alles auf das lateinische cucumer zurückgeht. Für ganz Norddeutschland und große Teile West- und Mitteldeutschlands gilt dagegen das slawische Wort Gurke, das in Polen ogorek heißt. In Freiberg in Sachsen ist schon 1362 der Spitzname eines Mannes belegt: Johannes, genannt Kurke, was auf seine merkwürdige Nasenform zurückgehen dürfte. Heute noch sagt man übrigens auch in Nürnberg **Kimmerling** spöttisch für eine komisch geformte, große Nase. Die beiden deutschen Wörter für die gleiche Sache zeigen demnach, daß die Gurke auf zwei Einfuhrwegen zu uns gelangte, vom Süden und vom Osten.

3. Ähnlich verhält es sich mit dem Meerrettich, der in ganz Bayern, Franken und Österreich als Kren bezeichnet wird. Die Baiersdorfer **Greebeierinner** lieferten noch bis vor kurzem die begehrten Wurzeln frei Haus nach Nürnberg. Russisch chren und čechisch črn beweisen, daß es sich um einen slawischen Import handelt. Im übrigen Deutschland gilt das Wort Meerrettich, das nichts mit dem Meer zu tun hat, sondern sich aus lateinisch maior radix ‚größere Wurzel' entwickelt hat.

4. Die Berufsbezeichnung des Pelzhandwerkers Kürschner geht auf das altslawische Wort kurzno ‚Pelz' zurück.

5. Das deutsche Wort Geißel wurde durch das slawische Peitsche verdrängt, Sorbisch bič wird 1323 zum ersten Mal in Erfurt als püzzen greifbar.

6. Quark, der im Süden Topfen, im Norden weißer Käse, in Tirol Schotten, in Schwaben Zieger und Bibbeleskäs und in Nürnberg **Ziewerleskäs** heißt, geht auf das sorbische Wort twarog zurück.

7. Das Wort Schmetterling spiegelt einen ganz merkwürdigen uralten Hexenglauben. Man phantasierte in früheren Zeiten, die Hexen flögen in seiner Gestalt und verzauberten die Milch. Deswegen heißt er in deutschen Mundarten Molkendieb, Molkenstehler, Butterfliege, Buttervogel. Das hochdeutsche Wort trat zuerst im ostmitteldeutschen Schmetten auf und leitet sich nach ähnlichen abergläubischen Vorstellungen von čechisch smetana „Milchrahm" ab.

Und nun noch einmal zum Namen der Mistjauche, des flüssigen Stalldüngers, zurück. Polnisch-wendisch jucha ist im Deutschen seit dem 15. Jahrhundert bezeugt und durch Luther, der noch juchen schreibt, zum hochdeutschen Wort Jauche geworden. Das alte deutsche Wort Atel, in Nürnberg heute noch **Oodl**, wurde also durch ein slawisches Lehnwort Jauche ersetzt.

Das Scheltwort Ölgötze und anderes Protestantisches in der Mundart

Schdäisd dou wäi ä lelgeds, redsd und deidsd nix kann man heute noch hören. Alte Nürnberger sprechen dabei die beiden Vokale ö des hochdeutschen Wortes Ölgötze entrundet aus, so daß es zu e, ja im ersten Fall sogar zu ie wird. Das Schimpfwort Ölgötze ist natürlich auch an vielen anderen Orten Deutschlands und sogar in der Hochsprache geläufig. Man sieht der harmlosen Redensart heute nicht mehr an, welch explosiven Zündstoff sie zur Zeit der Reformation hatte.

Die gottesdienstliche Bildsäule, das Heiligenbild, hieß vor der Reformation Götze und wurde ohne tadelnden Nebensinn verwendet. Freilich existierte schon lange vor Luther das Scheltwort Götz – vom Namen Gottfried abgeleitet –, wie mittelhochdeutsch: er ist eyn narr vnd dorehter götz = er ist ein Narr und törichter Götz beweist. Aber bei dem Götzenträger, der 1376 in Frankfurt erwähnt ist, handelt es sich bestimmt um ein Sachwort, d. h. um einen Straßenverkäufer von Heiligenbildern. Diesmal ist das Wort Götze von Gott abzuleiten.

Auch Luther gebraucht am Anfang das Wort noch ohne negativen Sinn: wenn er z. B. das Bilderstürmen und Umreißen der Götzen verurteilt, erst später verwendet er das Wort im Sinne von Abgott. So predigte er schon im Juni 1520 „wenn wyr ynn der kirchen seyn unter der meß, da stehn wir wie die gotzen, wissen nichts auff zcu bringen = zustandebringen". Nun wird Ölgötze im Kampfjargon der Reformation zur tadelnden und spöttischen Bezeichnung der bei der Weihe mit Öl gesalbten Priester und wie Pfaff zum Schimpfwort.

Die Entstehung des Wortes Ölgötze scheint bis heute umstritten zu sein. 1. Im 16. Jahrhundert werden Heiligenbilder erwähnt, die mit Öl getränkt sind, damit die Farbe nicht vom Regen abgewaschen wird. 2. ist von Heiligenbildern die Rede, vor denen ein Öllämpchen brennt, was durch die niederdeutsche Redensart: hei steit as en Lüchterpiep, as en Pickpahl (Pechpfahl), as en Trangötze unterstrichen wird. 3. wird aber mit Recht auf eine sogenannte Klammerform Ölgötze aus Öl(berg)götze verwiesen, ähnlich wie das Wort Ölzweig aus Öl(baum)zweig entstanden ist.

Seit dem späten Mittelalter war es häufig, außen an den gotischen Kirchen und manchmal auch isoliert die Gethsemaneszene, den betenden Heiland und seine schlafenden Jünger, in Stein darzustellen. Diese Bildwerke hießen Ölberge. Nicht viel später taucht auch im Schwäbischen das Scheltwort Sübenschläfer und Ölberger auf. Besonders wir Nürnberger haben allen Grund, die dritte der erwähnten Deutungen Ölberggötze für richtig zu halten. Es gibt in der Geschichte unserer Stadt zwei Schimpfwörter, die ganz ähnlich gebildet wurden, als die Reformation Fuß gefaßt hatte: Steinerner Stephan und Steinerner Junker. Sie sind zwar im Gegensatz zu Ölgötze heute ausgestorben, müssen aber in diesem Zusammenhang zur Erklärung des Wortes Ölgötze herangezogen werden.

Für den Stana Steffa haben wir ein anschauliches Bild in Gablers Schimpfwörtersammlung, in dem die Steifheit gut zum Ausdruck kommt. In Hässleins handschriftlichem Wörterbuch und im Willschen Idiotikon wird der Steinerne Steffa erwähnt.

Das Wort kommt auch in anderen Quellen des 18. Jahrhunderts, z. B. in den Gedichten Grübels, vor. Der steinerne Junker ist bei Zahn erklärt: „Bey den drey steinernen Junkern. Wenn man in Nürnberg die Burgstraße auf die Veste hinaufgehet, so kommt man oben, linker Hand auf einen mit hohen Linden besetzten Platz, der Oelberg genannt, alwo in einer von Steinen erbauten Nische unser Heyland und zwei seiner Jünger in Stein in Mannesgröße abgebildet zu sehen. Diese werden aus Unverstand die drei steinernen Junker genannt, und junge, unbehülfliche Männer mit dem Namen Steinerner Junker beleget oder auch zuweilen steinerner Stephan geheißen."

Die Nürnberger als treue Gefolgsleute Luthers haben in der Reformationszeit und später auch andere „protestantische" Schelten entwickelt. Pfaff(e), aus altem griechisch-gotischem Wort papa stammend, war im ganzen Mittelalter die sachliche Bezeichnung für den Priester. Durch Luther und Hans Sachs wird aus dem Wort ein Scheltwort, das es bis zum heutigen Tag geblieben ist.

Ebenso hat es sich mit dem Mundartwort **komischer Heilicher** verhalten, mit dem heute noch in Nürnberg ein merkwürdiger, außerhalb der Norm denkender und handelnder Mensch bezeichnet wird. Der Christkindlesmarkt ist zwar kein Schimpfwort, aber auch eine ausgesprochen protestantische Einrichtung, die gegen den „Mummenschanz" der katholischen Gabenbringer Nikolaus und Martin (Seite 31) gemünzt war. Endlich seien noch zwei Reste aufklärerischen und antikirchlichen Spottes in unserer Mundart genannt: **des Grinskisdla** spöttisch verunstaltet für Christkind und der **Budz- und Feechdooch,** eine Entwürdigung des – allerdings evangelischen – Feiertags Buß- und Bettag.

Warum man den Kindern am Palmsonntag Bälle schenkt

Touristen, die vor Ostern Nürnberg bereisen, wundern sich über das vor Spielwarengeschäften und Kaufhäusern aufgebaute reichhaltige Sortiment von Spielbällen aller Größen und in den leuchtendsten Farben. Sie erklären sich im stillen die Tatsache vielleicht, daß jetzt der Frühling kommt und die Kinder wieder im Freien spielen können.

Die heute noch in Nürnberg zäh verwurzelte Geschenksitte hat aber einen ganz anderen, recht interessanten Ursprung. Ich möchte zunächst an zwei ganz anderen Beispielen zeigen, wie sprachliche Mißverständnisse und Fehldeutungen sachliche Folgen haben können. Zunächst der Name der östlich von Nürnberg gelegenen Stadt Hersbruck. Lange bevor die Wissenschaft herausfand, daß der Name auf einen Mann namens Hadurich zurückgeht, der im Mittelalter eine Brücke errichten ließ, die Hadericheshbrucca, erklärte sich das Volk den abgeschliffenen, **herschbrugg** gesprochenen Namen anders. Es phantasierte von einer Hirschbrücke. Flugs wurde auch eine Sage dazu erfunden, daß der erste, der die Brücke überquert habe, ein Hirsch gewesen sei. So konnte der Hirsch sogar zum städtischen Emblem werden, man errichtete ihm zu Ehren einen Hirschbrunnen, der heute noch auf dem Markt steht.

Eine ganz ähnliche sprachliche Entstellung hat den Namen und das Etikett das Bockbieres ergeben. Münchener Bierfahrer sprachen den Namen des dunkel und stark gebrauten Einbecker Bieres aus nördlichen Regionen in ihrem, die Vokale verdunkelnden Dialekt: **Oam Bock** aus. Prompt wurde später daraus das Bockbier. Als Markenzeichen wurde auf den Papieraufklebern der Flaschen ein Bock dargestellt.

Hierher gehört also auch das Ballenschenken am Palmsonntag. Zwar kam die Kenntnis des Wortes Palme niemals abhanden. Man wußte genau aus der kirchlichen Liturgie, daß der Festtag an den Einzug Christi in Jerusalem erinnert. Palmkätzchen und Palmzweige sind bis heute das beliebte Symbol in der Kirche geblieben. Aber der Nürnberger ist in seiner Sprechweise ausgesprochen maulfaul, wie wir immer wieder in diesem Buch sehen. Besonders schwer zu sprechende Konsonantenhäufungen vereinfacht er gern. So wird aus den hochdeutschen Wörtern Stadt-graben und Stadt-park mundartlich **schdagroom** und **schdabarch.** Bei Palmsonntag erfordert die Aussprache von l-m-s für den Mundartsprecher erhebliche Mühe. Da das l in Nürnberg mit der Zungenspitze zwischen den Zähnen gesprochen wird, dann die Lippen zum m geschlossen und zum s wieder geöffnet werden müssen, fühlte er sich überfordert und sprach vereinfacht l-n-s **Balnsunndooch.** Man stelle sich nur mal zum Spaß vor den Spiegel und beobachte seine Mundstellung in beiden Fällen.

Zahn, der genaue Beobachter von Brauchtum und Sprache um 1800, leistet uns wiederum verdeutlichende Hilfe. Er schreibt wörtlich: „Einige Wochen vor Ostern und Palmsonntag hat man in Nürnberg sogenannte Polen- und Osterbezen und Bolen als Spielwerk für Kinder öffentlich feil." Zahn schreibt Bolen statt Ball und bestätigt damit die Gesetze der Nürnberger Grammatik. Gebhard weist ausdrücklich darauf hin, daß früher, zu Grübels Zeit, **al** zu **ol** verdunkelt wurde, z. B. sagte man **kold** statt kalt. Auch die **Roßbolln**, also eigentlich die Roßbälle oder Pferdeäpfel, sind heute noch ein übliches Mundartwort.

Zahn erklärt nun einerseits die Polenbetzen genauer. Es handelte sich um Osterlämmer, die mit Bändern und anderem Zierat geschmückt wurden und den Kindern als Spielzeug dienten. Auch aus Teig und Zucker konnten sie geformt werden, wie es heute noch üblich ist. **Bedzerla** ist, nebenbei bemerkt, immer noch das Kinderwort für Schaf geblieben. Auch das Spottwort Palmbetz für junge, aufgeputzte Mädchen, wie sie Gabler zeichnete, wird erwähnt. Und nun fährt Zahn wörtlich fort: „Polen, welche gleichfalls um gedachte Zeit Kindern verehret werden, sind kleine, aus vielfärbigem Leder, Tuch oder seidenen Stücken zusammengesetzte mit Sägspähnen ausgefüllte, kugelrunde Bälle, ohngefähr in der Größe eines Apfels, womit die Kinder einander werfen oder das sogenannte Bolaus spielen, indem sie diese Bälle in die Höhe werfen und wieder fangen."

Eine alte Sitte, die auf einem sprachlichen Mißverständnis beruht, hat sich also als vorösterliches Brauchtum bis in unsere Zeit herein erhalten.

Die Nürnberger Patrizier hießen früher gar nicht so

Das Wort Patrizier ist in der Nürnberger Umgangssprache und der wissenschaftlichen Fachsprache in den zahllosen Veröffentlichungen über Nürnberger Geschichte ein fester Begriff. Man spricht von Patrizierfamilien, Patrizierhäusern, Patriziat, Patriziersohn, Patrizierstolz und nicht zuletzt vom Patrizier-Bier, das im folgenden Kapitel behandelt wird.

Tatsache ist, daß der Stadtadel, die ratsfähigen Familien, die sich von der übrigen Bevölkerung abkapselten und jahrhundertelang in Nürnberg die Herrschaft ausübten, seit dem 12. Jahrhundert in schriftlichen Zeugnissen greifbar werden. Es ist viel darüber geschrieben worden, wie sie sich einerseits aus alten Ministerialengeschlechtern, andererseits aus dem Geldadel der neuen Kaufmannschaft rekrutierten, wie sie sich bis zum Ende des Ersten Reiches schwertaten, mit dem Landadel, den „echten" Adeligen und Rittern, zu konkurrieren.

Interessant dürfte nun allerdings sein, daß sich der Stadtadel in Deutschland lange nicht mit dem Wort Patrizier bezeichnete. In Breslau z. B. hieß er die ratmannen, in Magdeburg die wīsesten (=die weisesten) Männer, in Münster die Erbmänner, in Ulm Bürger und in Straßburg Konstoffler.

Auch in Nürnberg taucht der Name vor dem 18. Jahrhundert selten auf. Es ist immer nur von den ‚Ratsherren', den ‚Herren', den ‚Geschlechtern', den ‚ratsfähigen Geschlechtern' und den ‚ehrbaren Geschlechtern' die Rede. Um 1800 bezeichnen sie sich selbst noch als ‚Noblesse'.[1] Im 16. Jahrhundert heißt es z. B. in einer wichtigen Quelle: „Alles regiment unserer stat und gemainen nutzes steet in handen der, so man geschlechter nennet, das sein nun soliche leut, dero anen und uranen vor langer Zeit her auch im regiment gewest und uber uns geherscht haben."[1]

Die an den großen Vorbildern der römischen Geschichte orientierte Literatur des Humanismus überträgt nun im 15. und 16. Jahrhundert die Namen der römischen Patrizier auf die städtischen Verhältnisse in Deutschland. Das lateinische Fremdwort patricius, patriciatus taucht zum ersten Mal auf, wird aber bis ins 18. Jahrhundert hinein meist nur in gelehrten Quellen verwendet. So heißt es z. B. 1691: Itzt wird dieser Name nicht dem Ritterlichen Adel auf dem Lande, sondern nur den Geschlechtern in den Städten gegeben.[2] Die oben genannten deutschen Volkswörter blieben nach wie vor in der Alltagssprache gängig.

Johann Gottfried Biedermann schreibt in seinem Geschlechtsregister des Hochadeligen Patriciats zu Nürnberg 1748: „Ist man auch im Stande, verschiedene Schreiben vorlegen zu können, darinnen Nürnbergische Patricii und Patriciae faeminae ... genennet werden" oder „dieses ist, geneigter Leser, die Ursache, welche mich bewogen hat, denen Herren Patriciis zu Nürnberg einen Tomum (=Band) meiner genealogischen Arbeit zu wiedmen." Im weiteren Text spricht allerdings Biedermann immer auch wieder von den Herren.

Die relativ späte Verwendung des Wortes für den Nürnberger Stadtrat oder die Stadtväter, wie man in der demokratischen Gesellschaft sagt, ist also auffallend. Unsere deutsche Sprache kam lange ohne Fremdwörter aus, die erst seit der Rezeption des römischen Rechts, seit der lateinischen Universitätssprache und später im Barock über sie hereinbrachen. Bis solche Wörter allerdings in die Volkssprache und gesprochene Umgangssprache absanken, konnte es noch lange dauern. Zunächst erschien also Patrizius nur in wissenschaftlichen rechtlichen Texten oder in den Leichenpredigten des 17. Jahrhunderts, bevor es sich im 19. Jahrhundert mit dem Bewußtwerden nationaler Geschichte allgemein durchsetzte.

---

1 zitiert nach E. Reicke, a. a. O., Seite 264
2 H. Schulz und O. Basler, a. a. O.

Das Patrizier-Bier und andere Biernamen

Daß das Bier seit den Zeiten mittelalterlicher Klöster in der Trinkkultur der Männer eine gewichtige Rolle gespielt hat und noch spielt, ist bekannt. Die Biersorten in Deutschland gehen in die Tausende. Jede Brauerei preist natürlich ihr Bier als besonders gut an und hofft, daß der Name bekannt wird. Viele Biere sind nach den Orten benannt, an denen sie gebraut werden. Um nur einige Beispiele zu nennen: das Pilsener, das Kulmbacher, das Wolfshöher und das Weißenoher. Aber auch der Name des Herstellers wird oft zum Namen des Biers: Lederer-Bier, Kitzmann-Bräu, Schäffbräu. Der Name Schlenkerla für das Bamberger Rauchbier ist in einem eigenen Kapitel auf Seite 161 behandelt. Stolz und Werbewirksamkeit sind bei Kaufleuten aller Zeiten immer nahe beieinandergelegen. Daher wurden zur Bezeichnung der Ware oft hochklingende, vielversprechende Namen gewählt.

Zunächst einige Beispiele aus anderen Bereichen: Markenbezeichnungen bei Autos wie Commodore, Kapitän, Senator oder der Name einer Autoradfelge Kronprinz sollen vornehme und beherrschende Gefühle vermitteln. Auch die ehemalige mächtige Stellung des Adels spielt bei Markennamen immer noch eine große Rolle. Es gibt die Kaisersemmeln und die Königin-Pastetchen, eine Jeans-Marke heißt Monarch, eine Zigarettengröße Kingsize. Kleopatra-Seife erinnert an die berühmte ägyptische Königin. Fürst-Pückler-Eis steigert den Genuß. Oft zieht bei Kosmetika oder Speisen auch der relativ schlichte Doktortitel des Erzeugers: Dr. Schupps Badesalz, Dr. Oetkers Backpulver oder Dr. Kochs Obstsäfte.

Genug der Beispiele, aber apropos Fürst-Pückler-Eis: Auch bei der Benennung von Bieren hat der Adel eine Rolle gespielt. Graf-Arco-Bier oder Thurn und Taxis, die Namen sprechen für sich selbst. Sogar die Nürnberger, die in der Geschäftswelt durch relative Sachlichkeit und Bescheidenheit bekannt waren, haben nicht auf diesen Werbetrick verzichtet. Wenn man den Prospekt des Brauhauses Nürnberg liest, der anläßlich der Einweihung der Gaststätte Mauthalle 1929 gedruckt wurde, erkennt man die vollmundige Redeweise des Werbefachmanns: „Die größte Brauerei Nordbayerns und alleinige Braustätte der Spitzenprodukte heimischer Braukunst produziert das weit über die Grenzen Nürnbergs hinaus berühmte Losunger-Edelbier."

Der Name Losunger-Bier ist zwar heute nicht mehr üblich, doch wird jedem älteren Nürnberger noch die Werbung für die Biermarke nach dem Zweiten Weltkrieg in Erinnerung sein. Am Bierzelt des Volksfestes stand eine riesengroße, mittelalterlich gekleidete Figur im braunen Rock mit hoher Mütze, die automatisch ihren Maßkrug stemmte. Aus dem Lautsprecher erklang dazu die dunkle, sonore Stimme: Trinkt Losunger-Bier! Wer war denn dieser Losunger, warum konnte man mit ihm so gute Geschäfte machen? Seit dem Hohen Mittelalter wurde Nürnberg bekanntlich durch den Rat der Stadt regiert. Der Leiter dieses Gremiums hieß einst nicht Oberbürgermeister, wie heute, sondern Vorderster Losunger. Es war ein Amt auf Zeit. Er hatte die wichtigsten Entscheidungen zu treffen und war auch der oberste Kassenhüter. Sein Dienstraum wurde Losungsstube genannt. Losung hieß die wichtigste Steuer, die die alten Nürnberger an die Gemeindekasse abführen mußten. Der Name geht auf das mittelhochdeutsche Wort diu losunge zurück und bedeutet eigentlich: Losmachung, Öffnung, Erlösung, Befreiung, Auslösung durch Geld, Geldeinnahme, bürgerliche Abgabe, Steuererhebung und Vermögensabgabe. Der Losunger nahm mit seinen Gehilfen diese Steuer ein und verwaltete sie.

Heute ist der Name Losunger durch das ebenso wohlklingende Patrizier-Bier und Patrizier-Bräu ersetzt worden. Über den Namen der Patrizier vergleiche das vorausgehende Kapitel! Zunächst glaubt man auch, daß in den beiden Namen Losunger- und Patrizier-Bier dasselbe Aufwertungsbedürfnis eine Rolle gespielt hat, das wir oben geschildert haben. Am Rande mag das hier der Fall gewesen sein. Doch die Namen lassen sich auch sachlich und historisch begründen. In einem Stadtprotokoll aus dem Jahre 1468 lesen wir z. B. folgendes: desselben jars da ward das Preuhaus angefangen pei dem Hiserlein und ward gepaut und volpracht im 71 jar, das Herrenpreuhaus. Das heißt nichts anderes, als daß die Braugerechtigkeit, eine gute Einnahmequelle, von den Herren Patriziern ausgeübt wurde.

Wasser in die Pegnitz tragen

Seit dem Aufkommen des Geldes in der Antike wird die Anhäufung von Reichtum vom kleinen Mann kritisiert. Zunächst eine Redensart aus Griechenland, die heute noch nach zweieinhalbtausend Jahren in der obersten Schublade der deutschen Bildungssprache als Zitat oder geflügeltes Wort verwendet wird: Eulen nach Athen tragen. Nach Büchmann[1] stammt sie aus einer der berühmten Komödien des Aristophanes. Die Eule war wegen ihres häufigen Vorkommens in den Felslöchern unterhalb der Akropolis zum heiligen Tier der Minerva oder Athene geworden. Sie wurde aber auch, als Prägung auf den athenischen Drachmen, zum Hoheitszeichen der Stadt Athen. Eulen nach Athen tragen bedeutete somit: Eulen(münzen) in das reiche Athen bringen.

Nun ein Blick in die unterste Schublade des gesellschaftlichen Sprachgebrauchs in Nürnberg: **Der Deifl scheißt immer af än groußn Haufm** und **aner feddn Sau in Årsch schmiern** ist eine teils neidische, teils belustigte kritische Stellungnahme zur selbständigen Vermehrung des Kapitals oder zu mehr oder minder unnötigen aktiven Beiträgen zu seiner Vergrößerung.

Genau in der Mitte zwischen dem vornehm gebildeten und gehobenen Ausdruck und den ordinären volkssprachlichen Formulierungen liegen zwei andere Redensarten, das fränkische: **Wou Daam sen, fläing Daam zou** = Wo Tauben sind, fliegen Tauben dazu, und das nürnbergische: **Wasser in di Bengerdz droong.** Über den Flußnamen Pegnitz, der ins erste Jahrtausend vor Christi Geburt zurückgeht und damit der älteste Ortsname der Umgebung ist, habe ich ausführlich in meinem Nürnberger Wörterbuch geschrieben. Hier noch ein Nachtrag

[1] G. Büchmann, Geflügelte Worte, Der Zitatenschatz des deutschen Volkes

zur Redensart, die schon Zahn in seiner oft zitierten Handschrift über- deutlich erklärt: „Die Pegniz ist ein im Fürstenthum Bayreuth bey einem Städtlein gleichen Namens entspringender, die Stadt Nürnberg mitten durchströhmender und selbige in die Sebalder und Lorenzer Seite abtheilender bey Fürth 1 Stunde weit von Nürnberg in die Regniz fallender nicht schiffbarer Fluß. Wollte man nun in einen Fluß Wasser tragen, so würde es von keiner Bedeutung seyn, indem der Fluß durch eine so geringe Quantität Wassers nichts gewinnen könnte. Man bedient sich also dieses Sprüchworts, wenn z. B. ein schon begüterter Mann einen neuen – sein Vermögen vergrößernden Zuwachs, den er gar wol hätte entbehren können, erhält oder verlanget."[2]

Der Pelzmärtel wird in Nürnberg Pulzer genannt

Im Kapitel Christkindlein und Christbaum haben wir gesehen, wie das lutherische Nürnberg versuchte, den Heiligenkult der Katholiken, der auch in den Gabenbringer-Bräuchen der Vorweihnachtszeit erhalten war, zu beseitigen. Dies ist allerdings nur teilweise gelungen. Das Brauchtum war zu verwurzelt, um der neuen „Ideologie" so ohne weiteres zu weichen. Im Gegenteil, seit dem Zweiten Weltkrieg ist der Nikolaus wegen der Religionsmischung im fränkischen Raum und durch die Macht des Fernsehens und der Werbung wieder im Vormarsch und macht dem fränkischen Pelz-Martin schwere Konkurrenz.

Schon Zahn wandte sich als aufgeklärter Protestant gegen den damaligen Mummenschanz. Lassen wir ihn erzählen: „In vorigen Zeiten war es in Nürnberg gewöhnlich, daß gegen die Zeit des Heiligen Weyhnachtsfestes ein in Pelz gehüllter Mann unter dem Namen der Pelzmärtel – Märtel hieß in der Nürnberger Volkssprache soviel als Martin – mit seinem gleichfalls in Pelz gekleideten Knecht Rupprecht, der abends vor die Bürgerhäuser gieng, mit Stecken, Schellen und mit Erbsen gefüllten Rinds- und Schweinsblasen ein Geräusch machten und gegen ein kleines freywilliges Geschenk

[2] Siehe Schriftprobe im Vorsatz!

die Kinder auf eine läppische Art zum Gehorsam und Frömmigkeit ermahnten, zugleich aber durch Drohungen schädliche Furcht und Schrecken und Aberglauben unter die Kinder verbreiteten, so daß die Kindswärterinnen, ungeduldige Mütter sich oft der Drohworte: ‚Der Pelzmärtel und der Rupprecht kommt' bedienten, wenn sie ihre boshaften oder unruhigen Kinder besänftigen und bessern wollten. Gegenwärtig ist diese schädliche, den Aberglauben befördernde Gewohnheit größtentheils in Abnahme gekommen."

Im Deutschen Volkskundeatlas in Bonn befindet sich neben vielen anderen wortgeographischen Untersuchungen auch die Karte von 1937 „Der Weihnachtsmann und seine Begleiter". Sie enthält Tausende von Belegen im deutschen Sprachraum und eine Vielzahl von verschiedenen Namen für den Gabenbringer (siehe Anhang!). Ich will hier nur eine kleine Auswahl von großräumigen Gebieten anführen: Weihnachtsmann und Pelzbock in großen Teilen Norddeutschlands, Rugklas (Rügenklaus) und Klingklas an der Ostsee, Klas, Sinterklas und Bur (= Sankt Klaus und Bauer) in Nordrhein-Westfalen, Pelznickel am Mittelrhein, Klas und Klos in Württemberg und in der Schweiz, Herrscheklos in Oberfranken, Ruprecht und Rupert in Thüringen und Sachsen. In Nordwürttemberg und Franken herrschen die Formen Pelzmärtel und Nußmärtel vor, in Bayern Niklo und Klaubauf und in Österreich Krampus, Schwarzer und Bartl.

Der Auftritt des Gabenbringers ging meist sehr geräuschvoll vor sich, wie folgende kleinräumigen Wörter zeigen: Kettenklaus und Rasselbock, Glockenschellenmann am Kaiserstuhl, Trapphans im Elsaß, Trampel und Trempel in Südfranken, Pulterklas in Nordfriesland, Stampes in der Südpfalz, Rumpelklas im Allgäu und Rumpelthomas und Rollermärtel in Franken. Der Popanz und Kinderschreck war oft in einen Schafspelz gehüllt, das Gesicht war geschwärzt und von einem wilden Bart umrahmt. Das beweisen die folgenden Namen: Pelzmartin, Pelzbock, Struwpelz, Ruchklas (eigentlich: rauher Klaus), Rauhpelz, Schwarzer und Schmutzbartel am Bodensee.

Besonders gut sind die Namen des Gabenbringers in Franken erforscht.[1] Vom Herrscheklos und der Eisernen Berta im Norden, dem Hulleklas und der Hollefrau im Westen bis zum Trampel im Süden und zum Rumpelthama und Blutigen Thama im Osten reichen die einzelnen Spielformen. Nördlich von Nürnberg heißt der Pelzmärtel in der Mundart Putze-

[1] E. Straßner, Berchtengestalten ... im Jahrbuch für fränkische Landesforschung, Band 24

märtel. Butzen waren im alten germanischen Aberglauben Geister; man denke nur an den alten Kindervers „Es geht ein Bibabutzemann in unserm Haus herum".

Woher kommt nun das merkwürdige **Bulzer** in Nürnberg? Kein Mundartsprecher sagt statt Pelz **Bulz**. Es liegt – ähnlich wie bei Meerigel, Trempelmarkt in diesem Büchlein – wiederum eine Kontamination (Buchstabenvermischung) zwischen zwei aneinandergrenzenden Ausdrücken vor. Das nördliche Putzemärtel hat dem Nürnberger Stadtausdruck Pelzmärtel das u geliehen, und so konnte der **Pulzermärtel**, abgekürzt die Form **Bulzer,** entstehen.

Zum Abschluß eine kleine Geschichte, die den Gebrauch des Wortes **Bulzer** bis in unsere Zeit herein belegt: Auf Anregung einer Lehrerin im Schulhaus Sielstraße mußte ich anfangs der fünfziger Jahre den Pelzmärtel spielen. Als ich am späten Nachmittag in der nötigen Aufmachung das Klaßzimmer betrat, saß die Klasse in gespannter Erwartung da, die Mütter hielten sich bescheiden im Hintergrund. An den Gesichtern der siebenjährigen Kinder konnte man die unterschiedliche Aufklärung feststellen. Einige frühreife Mädchen lächelten wissend, während die Mehrzahl ängstlich das Kommende erwartete. Ich hatte von der Lehrerin eine Liste erhalten, in der Namen, Vorzüge und Sünden der Kinder enthalten waren. Zur Krönung der ganzen Vorstellung war zum Schluß die größte Untat des Jahres aufgespart: Der kleine Schorsch hatte mit dem damals noch üblichen spanischen Röhrlein des **Frolleins** so lange auf den Lehrertisch getrommelt, bis es völlig zerfasert war. Nachdem alle andern Kinder abgefertigt waren, sollte der kleine Übeltäter wenigstens andeutungsweise in den Sack des Pelzmärtels wandern. Der Junge hatte sich natürlich ganz hinten versteckt. Als ich auf ihn zuging, rief er mir heulend zu: „**Bulzer dou mer nix, i hou doch blouß Leererledz gschbild**" = Pelzmärtel tu mir nichts, ich habe doch nur Lehrer gespielt. Daß meine Strafabsichten durch diese Formulierung jäh unterbrochen wurden und mir vor Lachen beinahe der Bart verrutscht wäre, kann man sich vorstellen.

Seit wann die Nürnberger Peterleinsbuben heißen

Ortsneckereien und Ortsschelten, d. h. Spitznamen für Einwohner bestimmter Städte, sind nichts Seltenes. So heißen die Pirmasenser Schlappemacher, die Düsseldorfer Radschläger, die Kasseler Windbeutel, die Bamberger Zwiefeltreter und die Fürther Glasschleifer. Auch für die Nürnberger gab es in der Vergangenheit zwei Spitznamen: Herrgottsschwärzer und Sandhasen. Der erstgenannte Ausdruck geht auf eine angebliche Begebenheit im Dreißigjährigen Krieg zurück. Die Nürnberger sollen aus Angst vor den plündernden Kriegshorden ein silbernes Kruzifix mit schwarzer Farbe überstrichen haben. Der zweite Spitzname bezieht sich auf die Beschaffenheit des Nürnberger Bodens, wie heute noch die Flurnamen Am Sand bei den Fischergassen, in Johannis und Sandreuth beweisen. Die Bezeichnung Sandhase kommt natürlich auch in anderen Gegenden Deutschlands vor, z. B. in Mainz, Dannstadt, Niederottenbach und Trulben in der Pfalz, Wieseck bei Gießen und Ludwigslust in Mecklenburg.[1]

Warum nun der Spitzname Peterleinsbub für die Nürnberger häufig ist, kann man leicht erraten. Die Petersilie heißt heute noch in unserer Stadt **der Bäiderla.** In meiner Jugend hörte ich noch eine Hausfrau auf dem Hauptmarkt sagen: **Und nou geem S mer no fir ä Fimferla äm Bäiderla,** woraus man zum einen das männliche Geschlecht des Wortes: **der Bäiderla,** zum anderen das damalige Preisniveau erkennen kann. Ortsspitznamen nach dem Anbau bestimmter Nutzpflanzen oder der Vorliebe für bestimmte Gerichte gibt es auch andernorts in Hülle und Fülle. So heißen nach Bach[2] die Einwohner bestimmter Ortschaften Worschtzippel, Käsfresser, Quatschekuche, Griewewörscht, Krumbirekäfer. Auch die Ulmer Spätzli gehören hierher.

Im Knoblauchsland wurde die Petersilie – früher auch schon Peterlein genannt – seit langem angebaut. Das Küchengewürz war mit vielen anderen Nutzpflanzen in den mittelalterlichen Klostergärten nach griechisch-römischem Vorbild eingeführt worden. Der erste Teil des griechischen Wortes petros bedeutet Stein. Die Verwechslung mit dem Namen des heiligen Petrus lag nahe, führte zu mancherlei Legenden und hat auch die Thematik eines der weiter unten zu besprechenden Gedichte ergeben.

---

[1], [2] A. Bach, a. a. O., Band I

Bäiderla und Schwemmgniedla (Petersilie und Schwemmklöße) kann man als eine Art Nürnberger Nationalspeise bezeichnen. Darüber hinaus war die Petersilie ein überaus verbreitetes Küchengewürz der Nürnberger Hausfrauen. Das zeigen nicht nur die Beschreibungen in alten Kochbüchern, sondern auch die genaue Bemerkung bei Zahn „... mit dem Kraut werden die Schüsseln verschiedener Gerichte, z. B. der gesottenen Fische, Krebse, wo hier aufgetischet werden ausgezieret". Kein Wunder, daß der Wichtigtuer, „der Mann, der sich zu vielerlei Geschäften dränget" – wie schon Zahn ihn beschreibt –, als Peterlein auf allen Suppen, **Bäiderla af alle Subbm** bis auf den heutigen Tag bezeichnet wird. Das Schelt- und Spottwort ist sehr alt und auch in anderen Gegenden Deutschlands üblich. Schon Geiler von Kaysersberg, der bedeutende Volksprediger des ausgehenden Mittelalters, spricht von ihm. 1588 heißt es bei einem anderen Schriftsteller: „Der überall vornen daran, Hans in allen Gassen, Peterling auf allen Suppen sein will."[3]

So weit wäre alles klar. Daß der Spitzname Peterleinsbub aufgrund dieser Sachlage entstehen konnte, verwundert nicht, es fragt sich nur, wann. Und hier ist man erstaunt. Das Neckwort taucht weder in den handschriftlichen Wörterbüchern bei Häßlein und Will auf, nicht einmal am Ende des 19. Jahrhunderts ist es bei Arnold erwähnt. Die frühesten Belege stammen erst aus der Zeit nach 1900. Einer der vielen Mundartdichter, die in der Nachfolge Grübels ihre Verslein schmiedeten, hieß Friedrich Wilhelm Becker (1860–1925). Er schrieb zwischen 1903 und 1918 eine Reihe von Vortragsgedichten, die in Heftchenform erschienen. Sie hießen z. B. ‚Kraut und Roubn', ‚Der Radfahrer', eines davon ‚Der Peterlesbou'. Becker darf vielleicht als Schöpfer, zumindest als Verbreiter der Ortsneckerei Peterlesbou angesehen werden, da er sehr populär war. Die Gedichtlein sind es zwar nicht wert, daß sie wörtlich wiedergegeben werden, doch seien hier vier seiner Peterlesboum-Gedichte wenigstens beschrieben. Beim ersten handelt es sich um ein vom Nationalitätenhaß geprägtes Machwerk: Eine Bierrunde von sechs Tschechen wagt es, einen zufällig anwesenden Schmied aus Nürnberg-Leonhard als Peiterlasboum zu verspotten und ihm Schwäche und Feigheit vorzuwerfen. Der Schmied wird wütend und schlägt einen der Herausforderer in Grund und Boden. Der Schlußvers lautet: „Und wöi er wieder is erwacht / Haut er banah ka Maul afbracht / Er lallt ner blouß: Wer haut dös tou? / Öitz sagt der Schmied: A Peiterlasbou!"

---

[3] L. Röhrich, a. a. O.

Die zweite Probe, das Peterlasboub'm-Lied, ist eine einzige Lobeshymne. Der Nürnberger Peterlesbou wird mit Milliarden von Buben, mit Engeln, Fürsten, Grafen, ja Königen verglichen und schneidet dabei sehr gut ab. Auch eine Schüssel voll Schwemmkniedla und Peiterla wird erwähnt.
In der dritten Probe wird der Peterlesbou nach seinem Tod vom Himmelspförtner Sankt Peter erkannt und als solcher eingelassen (siehe oben, was den Zusammenhang der Petersilie mit dem Namen Petrus anlangt!).

Endlich sei noch auf eine der bekanntesten Nummern Beckers hingewiesen, sein Lied „Ich bin ä Nürnberger“, das bei Festen und Kabarettvorstellungen nach der Melodie ‚Das süße Mädel‘ oft gesungen wurde. Der Refrain lautete: „I bin ä Nürnberger / I bin ä Peiterlasbou / Schwemmkniedla ess i gern / und Peiterla ah derzou.“

Der Nürnberger Bauhof ist heute noch in der Peunt

Die Einzäunung spielte bei den Germanen eine große Rolle. Sie bot nicht nur Schutz vor Feinden, Fremden und Dieben, sondern hatte auch hohen mythologischen Wert. Wenn ein Grundstück mit natürlichen Hecken „eingehegt“ oder von einem Holzzaun umgeben war, konnten die bösen Geister den Besitz nicht mit ihrem tückischen Zauber verunsichern. Man denkt an den alten Namen der Hexe, die früher auch als Zaunreiterin bezeichnet wurde (vergleiche S. 63!) Da Zäune nun häufig aus Zweigen und Ruten geflochten waren, nannte man sie in ältester Zeit *biwanta (= Gewundenes). Auch das neuhochdeutsche Wort Wand erinnert in seiner Etymologie noch an die alte Handwerkstechnik, Abteilungen des Hauses, Stalles oder der Scheune wie deren Außenwände aus Weidenruten zu flechten und sie mit Lehm zu bewerfen. Man kann die alte Technik heute noch an baufälligen Scheunen im Nürnberger Umland erkennen, bei denen der Verputz abgebröckelt ist.

Althochdeutsch ergab sich nun das Wort biunta, „das durch einen geflochtenen Zaun eingehegte Grundstück“, mittelhochdeutsch sagte man biunde, bairisch heute noch Beund.

In ganz Österreich ist das Wort noch häufig, in vielen Tälern ist die Peunt noch die Hauswiese, ein in der Nähe des Wohnhauses gelegenes Grundstück, oft mit Obstbäumen bestanden. Im Oberinntal heißt der Hausacker für den Gemüse- und Kartoffelanbau Peunt, andernorts bedeutet das Wort Kleinbesitz. In Kremsmünster sagt man heute noch peunden statt einzäunen[1].

Da das Nürnbergerische an der Grenze zwischen Franken und Bayern liegt, ist sein Wortschatz weitgehend nordbaierisch geblieben. Daher galt auch hier das Wort Peunt, besonders für den alten Nürnberger Bauhof, den Sitz der Baubehörde in der alten Reichsstadt (siehe Foto!). Wiederum durch Zahn sind wir über dieses Wort und, was damit zusammenhängt, genauestens unterrichtet: „Peunt heißet eigentlich ein umzäunter, eingefangener, Sicherheit gewährender Plaz. In Nürnberg führet der anno 1319 errichtete Bauhof mit den vielen in demselben befindlichen Gebäuden, Magazinen, Höfen, der 1615 erbauten Wohnung des vormaligen Baumeisters diesen Namen. Die daselbst zum öffentlichen Gebrauch unterhaltenen Zugpferde waren großentheils Hengste und von ausgezeichneter Größe und Stärke. Mit diesen Peuntgäulen werden nun große und schwerfällige Personen verglichen, von denen man saget: er trabet daher wie ein Peuntgaul."

Ferner erklärt Zahn ein ehemaliges Nürnberger Sprichwort, das allerdings heute nichts an Aktualität eingebüßt hat, wenn man an den Haushalt der Bundesregierung und anderer Staaten denkt: „Das Kriegsamt und die Peunt sind der Losung-Stube ärgste Feind. Auser vielen anderen Ämtern, Instanzen und Deputationen bestund noch bis zum Ende des leztvergangenen Jahrhunderts in der vormaligen Reichs-Stadt Nürnberg

A) Das Loosung Amt oder die Loosung Stube, welche alle Aerarial-Finanz- und Kameral-Angelegenheiten zu besorgen und über Einnahmen und Ausgaben jährlich die sogenannte geheime Stadtrechnung ablegen mußte. Sie erhielt ihren Namen von der Loosung, worunter der gemeine Bürger Steuer verstanden wurde (vgl. auch das Kapitel Patrizier-Bier und andere Biernamen!). Dahin flossen nun alle Geld-Einnahmen von der Stadt und Landschaft. Hingegen mußte auch selbige die zur Bestreitung gemeiner Stadt-Ausgaben, z. B. der beträchtlichen Reichs- und Kreiß Anlagen, Unterhaltung des Militärs, Besoldung vieler Staatsdiener, . . . Erhaltung der öffentli-

---

[1] Wörterbuch der baierischen Mundarten in Österreich

chen Gebäude und zur Besorgung anderer vieler Gegenstände jährlich namhafte Geldsummen herbeyschaffen.

B) Das Kriegsamt oder die Kriegsstube, welche alle das Militär betreffenden Angelegenheiten, die Aufstellung und die Verpflegung des Kontingents, welches die Stadt Nürnberg zu den Fränkischen Kreiß Truppen in äuserst verhältniß widrigem Maase zu Roß und Fuß stellen mußte, sowie auch die Organisierung und Aufrechterhaltung des bürgerlichen Militär Corps und die Besorgung vieler anderweitiger kostspieliger Gegenstände oblag.

C) Das in die sogenannte Peunt oder Bauhof verlegte Amt, dem die Errichtung neuer und Ausbesserung älterer schadhafter gemeiner Stadt angehörigen Gebäude, Brücken, Brunnen, Wasserleitungen, des Pflasters der Straßen nebst vielen anderen in das Bauwesen einschlagenden Artikuln z. B. die Lösch Anstalt bey entstandener Feuers Gefahr und Hülfeleistung bey eingetrettener Wassersnoth etc. unter der Leitung eines Bau Meisters und des ihm beygegebenen sogenannten Anschickers in der Peunt und anderen Bauleuten übertragen war.

Da nun gedachtermasen sowohl das ehemalige Kriegs- als Bau-Amt immerfort zu Bestreitung ihrer übergroßen Ausgaben mit beträchtlichen, kaum erschwinglichen Geldsummen unterstützt werden mußten und deren Herbeyschaffung dem Losungs Amt äuserst beschwerlich fiel, so entstand oben angeführtes Sprüchwort . . . welches aber, da seit 1806 die Stadt Nürnberg von Ihrer Königlichen Majestät in Baiern übernommen, die Regierungsform abgeändert und ersagte drei Ämter gänzlich aufgehoben worden, nun nicht mehr gehöret wird." Ins Moderne übertragen müßte das Sprichwort, da, wie gesagt, die Probleme auf höherer Ebene geblieben sind, heute lauten: Rüstung und Bauwesen sind für die Finanzverwaltung die größten Sorgen.

Das Pfeffern und der Pfefferleinstag

In einigen vorderasiatischen und allen europäischen Sprachen gebraucht man für das Pfeffergewürz das gleiche Wort, ganz ähnlich, wie es für die Wörter Wein oder Öl gilt. Der uralte Handelsweg des Pfefferkorns ist aus der Geschichte des Wortes genau zu erschließen. Ausgangspunkt ist das altindische Wort pippali für Beere und Pfefferkorn. Von hier aus gelangte die Sache und ihr Name über Persien, Griechenland zu den Römern, die sie piper nannten. Sie brachten den Pfeffer nach ganz Europa. Deswegen heißt das lebensnotwendige Gewürz in allen romanischen, slawischen und germanischen Sprachen so, z. B. französisch poivre, polnisch pieprz, englisch pepper und althochdeutsch – wo das p zu pf verschoben ist – pfeffar.

Die Bedeutung des Pfeffers war von römischer Zeit an und vorher für alle Völker enorm. Man braucht sich nur Lebensverhältnisse ohne die heutigen Kühl- und andere Konservierungsmethoden vorzustellen. Salz und Pfeffer dienten zum Einpökeln des Fleisches, Pfeffer auch zum Übertönen des nicht mehr ganz frischen Fleisches, das trotzdem verzehrt wurde. Pfeffer war also eine Lebensnotwendigkeit, kein Luxus. Zwei historische Beispiele aus dem Altertum und dem Mittelalter zeigen uns die Wichtigkeit des Pfeffers sehr deutlich: Als der Westgotenkönig Alarich im Jahre 400 auf seinem Weg nach Süditalien Rom stürmen will, wird er durch ein Geschenk von 400 Pfund Pfeffer besänftigt und zieht ab.[1] Das zweite Beispiel ist das Schimpfwort Pfeffersack, mit dem die reichen städtischen Kaufleute bezeichnet wurden. Der Pfeffer wurde dabei zum Symbol des Reichtums.

Pfeffern, das Verbum, kommt heute in der deutschen Umgangssprache und in vielen Mundarten in einigen Varianten vor. Man versteht darunter heftiges Schelten, Prügeln und Werfen, auch Schießen – z. B. Schneeballen oder Steine pfeffern –. Es kann etwas gepfeffert weh tun. Eine gepfefferte Rechnung oder eine gepfefferte Strafe sind sehr hoch bemessen. Endlich kann: in die Hose pfeffern soviel wie ‚in die Hose machen' bedeuten. Die Nürnberger Beispiele lauten: **den hob i ans naafbfefferd; der houd in die Schissl neibfefferd.** Bei all diesen Bedeutungen erkennt man unschwer die Grundbedeutung: scharf und beißend wie das Gewürz.

---

[1] Kluge, a. a. O.

In diesen Zusammenhang gehört auch der Pfefferleinstag, wie der dem heiligen Stephan geweihte zweite Weihnachtsfeiertag hieß. Bis in unsere Tage – heute nur noch in abgelegenen Dörfern – gab es in der Oberpfalz und in Franken die Sitte des Pfefferns oder Fitzelns. Für Nürnberg lassen wir wiederum unseren häufig zitierten Gewährsmann Benedict Wilhelm Zahn zu Wort kommen: „... Es wird auch ein in der Gegend von und in Nürnberg selbst eingeführter, scherzhafter und lächerlicher Gebrauch mit dem Namen pfeffern belegt. Es kommen nämlich am zweyten Christ- und Stephanstag in aller Frühe die Kinder, Anverwandten, Bekannten zu ihren Eltern und guten Freunden und hauen selbige, wenn sie noch nicht angekleidet sind auf ihre bloßen Füße mit Birken-Ruthen, welche eine Zeit lang in Wasser gestecket worden und nun grüne Blätter bekommen, Personen aber von vornehmerem Stande mit Roßmarinstengeln, zuweilen empfindlich, zuweilen aber gelinde mit dem oft wiederholten Ausruf: Schmeckt der Pfeffer gut? Ist das Pfefferleins-Brod gut? Ists gesalzen? Ists geschmalzen? Für diesen Scherz müssen die, so gepfeffert worden, die welche sie gepfeffert haben, mit Liqueurs und sogenannten Nürnberger Pfefferkuchen bewirthen. Dieser Akt heiset nun gedachtermasen das Pfeffern oder aufs Pfeffern gehen, und der zweyte Christtag, an dem solches geschiehet, der Pfefferleinstag. Die Ursache, warum eben dieser Tag dazu erwählt worden, besteht vermuthlich darinn, weil andemselben die an Weyhnachten zu Christgeschenken bestimmten Pfeffer- oder Lebkuchen noch nicht aufgezehret, sondern noch überflüssig vorhanden sind. In Franken und anderen Orten wird der Unschuldige Kindleinstag, nemlich 28. Dezember der Pfefferleins- oder Fizleinstag genannt ..."

Der aufgeklärte Nürnberger Chronist bezeichnet das alte Brauchtum als lächerlich, da er nichts von seinen heidnischen germanischen Wurzeln wußte. Heute deuten Ethnologen das Pfeffern, Fitzeln – oder wie es andernorts: das Anklopfen und nach dem Tag der Unschuldigen Kindlein: Kindeln heißt – als vorgezogenes Frühjahrs- und Fruchtbarkeitsbrauchtum. Die Berührung der weiblichen Personen, auch des weiblichen Viehs, durch den grünen Zweig spiegelt die uralte menschliche Glaubensvorstellung wider, daß die gebärende und lebensspendende Natur grundsätzlich eine kosmische Einheit ist. Gesundheit und Zeugungskraft von Pflanze, Mensch und Tier gehören zusammen, daher der Schlag mit der grünenden Rute auf die nackten Beine.

Nun zur Etymologie des Namens Pfefferleinstag und des Pfefferbrauchtums, die wiederum einmal nicht ganz eindeutig ist. Zahn – und auch das Handwörterbuch des deutschen Aberglaubens – machen das Loskaufen mit Pfefferkuchen für den Namen verantwortlich. Demgegenüber wird in den handschriftlichen Idiotika von G. A. Will und J. H. Häßlein vorgeschlagen: „Pfeffer heißt etwas Beißendes und pfeffern: machen, daß etwas beiße". Für die letztgenannte Erklärung sprechen drei Gründe: 1. hießen die Pfefferkuchen in Nürnberg eigentlich Lebkuchen; (P)Fefferkuchen ist nach Kluge ein nordostdeutsches Wort. 2. Die weiter oben genannten Bedeutungen ‚gepfeffert weh tun', ‚werfen', ‚schießen' spielen alle auf den beißenden Schmerz an. 3. Das gleichbedeutende fitzeln oder bitzeln deutet ebenfalls auf den prickelnden, beißenden Schmerz beim Rutenschlag hin. Das Loskaufen mit Pfefferkuchen scheint also erst sekundär und als etymologische Stütze ins Brauchtum mit eingeflossen zu sein. In einem alten Beleg des Deutschen Wörterbuchs aus dem 15. Jahrhundert ist nicht von Pfeffer-, sondern von Lebkuchen die Rede: „an der unschuldigen kindlein tag pfeffert man mit ruthen einander umb ein lebkuchen".

Das Pimperlein von Lauf

Das Läuten der Kirchenglocken war in früheren Jahrhunderten, besonders für den bäuerlichen Menschen, aus seinem Leben nicht wegzudenken. Man unterschied – nicht nur bei uns in Deutschland – bei Beerdigungen zwischen dem Bimmeln der kleinen und den wuchtigen Tönen der großen Glocken. Die weltliche Stellung des Verblichenen in der Gesellschaft kam noch bei seinem Leichenbegängnis akustisch zum Ausdruck. Daß das Bimmeln des kleinen Glöckchens etwas Minderwertiges bedeutete, zeigt heute noch der Ausdruck Armsünderglöcklein.

Nun haben sich aus diesem schnellen, dünnen und armseligen Glöckchengeräusch einige Wörter in der Umgangssprache und in den Mundarten ergeben: pimpelig bedeutet soviel wie kleinlich, pedantisch, aber auch kränklich, verzärtelt. In Baden z. B. ist ein Bimperle ein ungeschicktes, zaghaftes Kind. Kluge betont in seinem Etymologischen Wörterbuch ausdrücklich: „Pimpeln, das Jammern und Ängstlichtun des Verzärtelten, geht vom Ostmitteldeutschen aus. Das fortwährende Klagen wird mit dem Bimmeln kleiner Glocken verglichen." **Bimberl** ist in vielen Mundarten auch die Bezeichnung für den Penis, der mit dem ‚baumelnden' Glöckchen verglichen wird.

Die Bedeutung ‚klein, unwichtig' ist vor allem im bairisch-österreichischen Raum anzutreffen: Der Graf Pimperl ist ein Spottwort für einen überheblichen Menschen, aber auch die Bezeichnung des kleinen Kindes, der Puppe. Hauenstein kennt die Ausdrücke Pimperlbahn für einen Vorortzug, Pimperltheater für eine drittrangige Vorstadtbühne, Pimperlesgeschäft steht vielerorts für einen kleinen Kramladen.

Nun gibt es in Nürnberg den Spezialausdruck **Laffer Bimberla** oder **Bimberla vo Laff** als Ortsschelte für die Einwohner des östlich von unserer Stadt gelegenen Städtchens Lauf an der Pegnitz, so wie man etwa die Nürnberger als Peterlesbuben, die Bamberger als Zwiefeltreter und die Fürther als Glasschleifer verspottet. Der Ausdruck ist so häufig, und zwar auch in der Umgangssprache, nicht nur in der Vollmundart, daß man sogar ein Lokal in der Bergstraße ‚Bimbala vo Laff' nennen konnte. Die Erklärung des Wortes kann aufgrund einiger Dokumentationen genau in seiner Entstehung zurückverfolgt werden.[1]

Am 30. 11. 1911 wurde in einer Nürnberger Karnevalssitzung nach der Melodie des Margareten-Marsches zum ersten Mal das Lied vom Bimberla vo Laff der Öffentlichkeit vorgestellt. Dichter des Textes war ein Buttergroßhändler namens Ferdinand Bischoff aus Nürnberg. Das heute noch bekannte Lied beginnt mit den Versen: „In Laff dou draß is gwesn, ich hobs fei net blouß glesen, mei Vater houts derzüllt . . ." Ganz kurz der Inhalt der fünf Strophen: 1. Die Geburt des sonderbaren Kindes, das kurz nachdem es auf die Welt kommt, schon seinen eigenen Namen nennt, wird geschildert. 2. Das Bimberla wird als arbeitsscheuer, herumlungernder und vor allem sehr gefräßiger und durstiger Tunichtgut gezeichnet. 3. Bimberla trägt für seine Schwester Milch aus und hat eine Auseinandersetzung mit einem von ihm belieferten Ehepaar. 4. Das Bimberla prellt in Eschenau die Zeche. 5. Es läuft nach Nürnberg, fragt dort nach der Uhrzeit und erhält **eine** Ohrfeige, weil es gerade eins geschlagen hat. „Aans houds gschloong, du dummer Bauerngimpel. Glick moußd hoom, su denggd si edz der Bimbel, hädd iech gfrouchd vuur aaner Stund, iech Aff, nou häid i zwelf in Backng gräichd, is Bimberla vo Laff." Die Eigenschaften des Pimperleins von Lauf werden dadurch ziemlich klar. Es handelt sich um einen dümmlichen Bauernfünfer, der nicht gern arbeitet, viel herumlungert und durch seine lustigen Geschichtlein, die er erlebt, die Leute unterhält.

Die Tradition des Pimperla geht aber weiter zurück. Schon Zahn erzählt um 1800 ausführlich von ihm: „Da geht es zu wie bey dem Pimpela zu Lauf oder da wird ein sehr unordentliches Haushalten geführet. Ein mit dem Namen Pimpelein spottweise belegter Einwohner, ein Taglöhner dieses Ortes, welcher kein guter Wirtschafter war und daher sein Hauswesen in Unordnung geraten, soll dieses Sprichwort, mit welchem andere seinesgleichen verglichen werden, veranlaßt haben. Man saget, daß in seinem Hause das ganze Jahr hindurch nicht gekochet worden sei. Daher das Sprichwort entstanden ist: es gehet zu wie bei dem Pimpela zu Lauf, wo das Gras auf dem Herd wächset und die Kinder das Hackbrett besudeln."

Nun gibt es aber neben der Ortsschelte Pimperla vo Laff noch eine zweite Bedeutung. **Ä Bimberla** oder **ä Bimberlawichdi** ist in Nürnberg der Wichtigtuer. Übertriebene Aktivität ist für den behäbigen Franken und Nürnberger schon immer ein Dorn im Auge gewesen, wie die Schelten

---

[1] H. Gröschel, In Laff dou draß is gwesen, Lauf 1987

Årschgaggers, Bäiderla af alli Subbm, Vereinsmeier, Siemgscheider, Hellseher, Gschaftlhuber und andere zeigen. Während ä **fichilands Berschla** durchaus noch die positive Seite des adaptionsfähigen, wendigen jungen Menschen zeigt, gilt **Bimberla** und **Bimberlawichti** für den allgegenwärtigen Wichtigtuer, der ungefragt seine Meinung zum besten gibt, immer gleich als erster zur Stelle ist und handelt, bevor er denkt. Diese Bedeutung kann man nur mit Mühe aus den breit geschilderten Eigenschaften des Laffer Bimberla ableiten. Küpper verzeichnet den Ausdruck pimperlwichtig als bayerisch und gibt die Jahreszahl 1920 für sein erstes Auftreten an. Das Thüringische Wörterbuch erwähnt ebenfalls pimperlwichtig und weist auf ein Gesellschaftsspiel: ‚Kommando Pimperle' hin, das ich auch in meiner Jugendzeit kannte. Es wurde ähnlich wie „Es fliegt, es fliegt" gespielt.

Abschließend läßt sich sagen, daß in Nürnberg **des Laffer Bimberla, is Bimberlasgschefd** und **des Bimberlawichdi** sprachlich zwar sehr eng verwandt, die verschiedenen Bedeutungen aber in ihrem Ursprung zu trennen sind. Daß aus der Bezeichnung Pimperl für Penis ein Schimpf- und Neckwort für den Mann, besser gesagt das Männlein, werden kann, habe ich unter Schlafhaube (Seite 159) deutlicher ausgeführt.

Der Aufkleber heißt in unserer Stadt immer noch Pläpperlein

Af derer Flaschn is ä rouds Blebberla, ka weiß. Blebberla, mit doppeltem schwerem L gesprochen, ist ein häufiges Wort in Nürnberg. Man bezeichnet damit Preisschildchen, kleine Aufkleber oder Etiketten. Wie bei **Lebberi** hat wohl auch die Freude am Klang des Wortes stabilisierend gewirkt. Auch die dazugehörigen Verben **drafblebbm** ‚aufkleben' und **zoublebbm** (=das Kuvert zukleben) sind nicht selten. Im Schwäbischen existiert der Ausdruck Pläpperlein für das, was wir in Nürnberg **Bledzla** nennen, für scheibenförmige Schnitten von einem Rettich, von der Rübe und von Kartoffeln; auch ein flacher Kieselstein wird damit bezeichnet.

Wie hat sich nun dieses Wort entwickelt? Man könnte zunächst an eine Wortkreuzung zwischen Blättlein und pappen (=kleben) denken. Über Wortkreuzungen habe ich ausführlich beim Wort Trödelmarkt / Trempelein geschrieben. Doch gibt es einige Gründe, warum das Wort anders zu erklären ist. Es existieren einige lautmalende Wörter in der Umgangssprache, die neben dem einfachen P-Anlaut einen Pl-Anlaut haben: plumps und plumpsen neben pumps und pumpsen (bumsen); platsch, platschen neben patsch und patschen; plappern neben pappern (in Nürnberg **babbern** [= dauernd und dumm schwätzen]). Auch im gerade erscheinenden Österreichischen Mundartwörterbuch steht neben der Wortform pappecht (dickflüssig) ein gleichbedeutendes plappecht. So wird sich – aller Wahrscheinlichkeit nach – neben den Mundartwörtern **babbm** und **Bäbberla** (= winziges Stückchen) **blebbm** und **Blebberla** entwickelt haben.

Hat der Name Plärrer etwas mit plärren zu tun?

Der Name des Plärrers, des heutigen wichtigen Verkehrsknotenpunkts, wurde schon im 15. Jahrhundert Blerrer und Plerrer geschrieben. Er lag damals vor den Toren der Reichsstadt. Derselbe Platzname kommt auch in Erlangen, Hersbruck, Augsburg, Dachau, Bruneck und Regensburg, also im bairischen Sprachraum vor. Aus Bruneck z. B. liegt mir folgender Beleg vor: „Der **Plarer** ist ein Stadtteil von Bruneck, außerhalb der Mauern an der unteren Rienz gelegen, der schon in frühen Urkunden so genannt wird. Dort befanden sich mehrere Handwerksbetriebe, die ihre Wasserkraft von den sogenannten ‚Wieren' erhielten, das waren große hölzerne Zuleitungen oder kleinere Ableitungen aus dem Fluß. Diese Handwerker waren sogar in einer ‚Wieren Interessentschaft' zusammengeschlossen. So gab es den ‚Plarer Schmied', den Inhaber einer Mühle, den ‚Plarer Matz' usw."[1]

In Nürnberg hat man sich schon lange über die Entstehung des Namens und seinen Zusammenhang mit dem hochdeutschen Wort plärren „laut schreien" Gedanken gemacht. In dem 1923 erschienenen Büchlein eines Lokalforschers liest man folgendes: „Auf den Plärrer wurde seitens des Rats das Gesindel verwiesen, alle Leute, die sich unanständig

---

[1] Freundliche Mitteilung von Dr. Hubert Stemberger aus Bruneck

aufführten ... Auch die Meistersinger, deren oft recht anstößiges Benehmen dem Rat viel zu schaffen machte, wurden 1528 aus ihrer Poetenschule bei St. Lorenz ausgewiesen und auf den Plärrer verwiesen. Der Name Plärrer wird wohl damit zusammenhängen, daß schon in frühester Zeit Komödianten hier ihre Vorstellungen gaben. Bis zum Ende des 19. Jahrhunderts wurden ja auch auf dem Plärrer die Oster- und Herbstmessen, und zwar der laute, belustigende Teil derselben, abgehalten."[2] Der verdiente Nürnberger Namenforscher F. Schnelbögl hat diese etymologische Deutung Plärrer = ‚Platz, wo man plärrt' übernommen und – unter Berufung auf die gleichartige Argumentation von Hermann Schreibmüller – nachhaltig vertreten.[3]

Neuere bairische Forschungen erklären den alten Flurnamen Plärrer anders. Schon der Altmeister der bairischen Mundartforschung, Andreas Schmeller, hat dafür den Weg gewiesen. Im bairischen Sprachraum werden oft – weit von jedem städtischen ‚Plärren' abgelegene – Fluren: der Plerren, die Blerr, Plora, Plörl und Plarre benannt.[4] Auch im Südhessischen Wörterbuch wird der Plarren erwähnt. Die Bedeutungen sind die folgenden: „Kuhfladen, große Wunde, großer Farb- oder Schmutzflecken; sanft ansteigende Wiese, berasste Stelle, breite andersfarbige Stelle an einer Fläche, freier Platz". Im Ötztal bei Sölden gibt es den Siedlungsnamen Plörn, ebenso im Kreis Neustadt an der Waldnaab den Weiler Plarn, bei Kötzting den Weiler Plarnhof.

Die Etymologie Plärrer = Platz, an dem geplärrt wird, ist also eine sekundäre Eindeutung in ein altes Wort, eine sogenannte Volks- oder Fehldeutung.

---

[2] L. Eisen, Vor den Toren Alt-Nürnbergs
[3] Jahrbuch für fränkische Landesforschung, Band 20
[4] Wörterbuch der baierischen Mundarten in Österreich,
Tiroler Wörterbuch, hrsg. von J. B. Schöpf;
Tiroler Wörterbuch, hrsg. von J. Schatz; J. Schnetz, Flurnamenkunde

Ich bin doch nicht dein Polanti

Die Redensart ist in Nürnberg noch gang und gäbe: **i bin doch ned dei Bolandi** oder **i mach doch ned dein Bolandi.** Im Fürther Wörterbuch ist ein köstlicher Ehe-Dialog abgedruckt: Sie: „**Lang mer ämool däi Scheer her!**" – Er: „**Du maansd gwiß, i mach dein Bolandi, huls der doch selwer!**" Die Bedeutung des merkwürdigen Wortes geht in die Richtung: Ich bin doch nicht dein Untergebener, dein Diener; du hast mir gar nichts zu sagen. Auch für Bamberg und Ansbach ist der Ausdruck belegt. Völlig unbekannt ist er in Norddeutschland, aber auch z. B. in München, wo man zu einem, der sich zu allem brauchen läßt, der jede niedrige Arbeit verrichtet, **Hausdepp** sagt oder auch: **i mach doch ned dein Debbm.**

Als ich vor nahezu vierzig Jahren in meiner Arbeit über das Nürnberger Scheltwort den Ausdruck zu erklären versuchte, stand mir die Vermutung im Schwäbischen Wörterbuch zu Verfügung, daß es sich um eine Ableitung vom Zigeunerwort polantschero „Nachtwächter" handle. Diese Erklärung scheint sowohl von der Bedeutung her als auch formal – wo soll denn die Nachsilbe -tschero hingekommen sein? – mehr als fragwürdig. Ebenso abenteuerlich klingt die Ableitung im Fürther Wörterbuch von Volontär.

Auffällig ist zunächst der ähnliche Klang des Wortes wie bei einem der häufigsten Scheltworte für die Polizei: Polente. Dieser Ausdruck ist allerdings im Wörterbuch des Rotwelschen (= Gaunersprache) eindeutig und überzeugend erklärt worden;[1] das jiddische Wort paltin bedeutete Burg oder Palast. Da früher die Amtsgewalt von den Adligen ausging, konnte sich die Bedeutung Obrigkeit und Polizei entwickeln. Dazu kam für dieses Wort, das aus der Gaunersprache in die allgemeine Umgangssprache Eingang gefunden hat, der Gleichklang der ersten Silbe Pol- mit der von Polizei. Auf ähnliche Weise sind moderne Schelten wie Polyp oder Bulle entstanden.[2]

Auch der Gleichklang mit dem im Mittelhochdeutschen belegten Namen Boland für einen Polen[3] hilft nicht weiter, obwohl das gleichbedeutende Schimpfwort Polack häufig ist.

Wo kommt also das rätselhafte Wort wirklich her? Zunächst ein Blick in verschiedene deutsche Mundartwörterbücher. Das schon zitierte Wörterbuch das Schwäbischen von Hermann Fischer kennt noch eine zweite

---

[1] S. A. Wolf, Wörterbuch des Rotwelschen, Mannheim 1956
[2] H. Küpper, Wörterbuch der deutschen Umgangssprache
[3] Ch. Scheffler-Erhard, Alt-Nürnberger Namenbuch

Vermutung: Danach habe die Polenta, das bekannte Maisgericht, das Schimpfwort Polenta (gesprochen polĕnta) ergeben, mit dem man italienische Arbeiter belegte. Im Vorarlbergischen Wörterbuch ist pulente erwähnt, die Speise aus Maismehl, die besonders von italienischen Arbeitern häufig verzehrt wird, und dazu das Schimpfwort Polentasäckel gestellt. Das Wörterbuch der elsässischen Mundarten belegt für das Jahr 1907 Polant und Bolent für den Ort Lutterbach bei Mühlhausen und erklärt es als Schimpfwort für Italiener, mit dem Hinweis, daß es von der norditalienischen Speise abgeleitet sei. Bei meinen persönlichen Nachforschungen 1990 erzählte mir eine Angestellte im Gemeindeamt, daß ihr Vater, der Italiener war und 1945 nach Lutterbach kam, als Polant bezeichnet wurde.

Es gibt drei Gründe, diese Vermutungen für richtig zu halten.

1. Es existieren in unserer Zeit die Spottwörter Makkaroni und Spaghetti für die Italiener, die ganz ähnlich nach typischen Speisen entstanden sind. In Süd- und Mittelitalien bezeichnet man die aus Polentagegenden stammenden Norditaliener spöttisch als polentone = Polentaesser.

2. Der Wechsel von e zu a in der zweiten Silbe wurde mir durch Tonbandaufnahmen bestätigt, die in der Umgebung von Turin gemacht wurden:[4] Ein Straßenarbeiter erzählte aus seinem Leben und gebrauchte das Wort Polenta, wobei er die zweite Silbe mit einem Vokal aussprach, der sich zwischen e und a befindet.

3. Vor allem aber geben soziologische Untersuchungen über das Problem der Gastarbeiter interessanten Aufschluß.[5,6] Lange vor den Gastarbeitern nach dem Zweiten Weltkrieg und den Fremdarbeitern in der Hitlerzeit gab es in Deutschland um die Jahrhundertwende sogenannte italienische Wander- oder Saisonarbeiter. Eine Zahl von 125 000 wird in der Literatur genannt. Es handelt sich dabei vor allem um Hilfsarbeiter, die beim Eisenbahnbau in Süddeutschland in der zweiten Hälfte des 19. Jahrhunderts eingesetzt waren. Es lag nun nahe, die Akten des Verkehrsmuseums in Nürnberg einzusehen, die über die damaligen Verhältnisse beim Bahnbau Aufschluß geben. Es ist dort von der behördlichen Drosselung der Italiener die Rede, von Raufereien zwischen Ausländern und Deutschen in den Kantinen. Vor allem aber dürfte interessant sein, daß die deutschen Arbeiter neidisch auf ihre italienischen Kollegen waren. Diese gaben sich willig für

---

[4] Freundliche Mitteilung von Herrn Dr. Eschmann am Romanistischen Institut der Universität Erlangen

[5] Freundlicher Hinweis meines Kollegen W. Höreth

[6] H. Spaich, Fremde in Deutschland, Weinheim, Basel 1981

jede noch so schlecht bezahlte Arbeit her, während sich die Deutschen weigerten, die schwere Arbeit für nur 25–30 Reichspfennige in der Stunde zu leisten. Es fasziniert einen beim Aktenstudium in den Archiven immer wieder, wenn man erkennt, daß alles schon mal dagewesen ist. Man denkt nicht, daß die Strukturen des modernen Lohnkampfes schon vor hundert Jahren ihre Vorläufer hatten: damals wie heute wurde die Solidarität der Arbeitnehmer durch Streikbrecher unterwandert, wenn sich der Arbeitgeber weigerte, die Löhne zu erhöhen.

Obwohl es mir noch nicht gelungen ist, den abwertenden Ausdruck für die Italiener in den Akten zu finden, sind die philologischen wie historischen Verhältnisse doch überzeugend. Ähnlich wie in Schwaben und im Elsaß ist das Wort im Nürnberger Raum – vor 1900 ist es in der Mundart nicht belegt – im Laufe des späteren Eisenbahnbaus kurz vor 1900 aufgekommen und hat sich seitdem zäh gehalten.

Das Portemonnaie und anderes Französisches in unserer Mundart

Wir können in der Gegenwart beobachten, welchen ungeheuren Einfluß das Angloamerikanische auf unsere Sprache hat. Besonders im Fernsehen und auf dem Gebiet der Wirtschaft oder des Sports ist eine Flut von Amerikanismen in die Hochsprache eingedrungen. Ähnliches ist im 18. und 19. Jahrhundert geschehen, als Frankreich die Führungsrolle im Gesellschaftlichen innehatte. Auf den Gebieten des Militärs, der Politik, aber auch der Mode, Eß- und Wohnkultur übernahmen wir Deutschen eine Masse von Anregungen. Heute noch sind ehemals französische Wörter wie Armee, Kompanie, General und Artillerie, wie Diplomat und Kabinett selbstverständlich. Auch Friseur, Toilette, Garderobe, Kostüm und Parfum einerseits, wie Kotelett, Omelett und Cordon bleu andererseits leben ungestört fort, und Parterre, Etage und Mansarde können sich trotz aller Verdeutschungen behaupten.

Zwar versuchte man, schon kurz nach der Übernahme der „Importware", im Zuge der sogenannten Sprachreinigung deutsche Ersatzwörter zu finden. An diesen Bemühungen war übrigens auch ein Nürnberger, der Patrizier Philipp Georg Harsdörffer, beteiligt, dem wir geglückte Eindeutschungen wie Briefwechsel statt correspondence und Widerhall statt resonance verdanken. Trotzdem ist in der Umgangssprache und Vollmundart unserer Stadt noch eine Fülle von Französischem enthalten. Es handelt sich dabei nicht nur um „abgesunkene Kulturwörter" aus der Hochsprache, sondern teilweise um direkte Übernahme während der französischen Besatzungszeit vor 200 Jahren. Wenn man in den Werken Grübels blättert, stößt man auf viele Franzosenwörter wie: vexöiern, Botelln, diskeröiern, Mußi (statt Monsieur). Sie sind zwar zurückgedrängt, doch gibt es auch heute noch eine stattliche Anzahl.

Als Leitwort erwähne ich das Portemonnaie, das neben Geldbörse und Geldbeutel durchaus lebendig geblieben ist. In der Vollmundart spricht man **Borbmonnee**. Daran ist die sogenannte Sprachfaulheit des Mundartsprechers schuld, der statt schwer zu artikulierender Konsonantenhäufungen in den Wörtern Sta**dtp**ark, Sta**dtgr**aben und Por**tem**onnaie **Schdabbarch, Schdagroom** und **Borbmonee** sagt. Im Mittelalter trug man Münzen – Papiergeld gab es damals noch nicht – in einer Geldkatze um den Leib gebunden oder im Beutel, der am Gürtel hing. Als es nun im 19. Jahrhundert Papiergeld und Hosentaschen gab, ist vielleicht die neue Sache mit ihrer französischen Bezeichnung übernommen worden.

Aus der Sprache der Wohnkultur und des Verkehrs sind noch folgende Ausdrücke erhalten geblieben: das **Waschlavoor** ist das Waschbecken, die **Lamberieleisdn** die Scheuerleiste (aus französisch lambris „Wandverkleidung") und der **Blafong** ist die Zimmerdecke. **I lou in Rolloo roo** hört man statt ich lasse den Rolladen herab. Man wohnt heute noch **wiserwie**, im **Barderr**, und der Untermieter ist immer noch der **Loschieherr**. Von ganz alten Frauen kann man noch für die Scheibengardine, hinter der die neugierige Nürnbergerin ihre Nachbarn beobachtete, **Brisbiesla** hören (von französisch bris-bise). **Droddwår** statt Gehsteig, **Berong** statt Bahnsteig und **Scheesn** statt Kutsche sind noch gebräuchliche Bezeichnungen. Eine Reihe von Wörtern des alltäglichen Bedarfs ist von unseren westlichen Nachbarn übernommen: **Kodleddn**

heißen wegen ihrer Form die neben den Ohren wachsenden Haare. So hörte ich vor etwa zehn Jahren noch die humorvolle Wendung: **Edz leßd der gwiß Kodleddn wagsn, walsd ä Bladdn gräigsd. Bodschamberla** und **Barablie** sind im Aussterben begriffen, während **Renigloo** und **Andivi** noch geläufig sind. In meiner Kindheit spielten wir noch **Reiwer und Schander** (Räuber und Gendarm). In der Wohnstube meiner Eltern standen noch die **Kommood, is Edescheerla** (Stufenmöbel mit Nippsachen) und die **Scheslong**. Vor dreißig Jahren bemerkte ein Teilnehmer an einer Hochzeit noch trocken: **di Hendscher ghern am Schabberglagg**, womit er meinte, daß die weißen Handschuhe in den Faltzylinder eingeklemmt werden müßten.

Vor allem aber waren es Wörter zur Kennzeichnung von Gefühlen und Empfindungen, die französischem Einfluß unterlagen: **ä fichilands** oder **ä wiefs Berschla** war und ist gelegentlich noch ein geistig reger Junge. **Mer werd si doch no alderieren** oder **eschoffiern derfm**? sagt man statt ‚sich aufregen'. Man **schenierd** sich, statt daß man sich schämt. **Scheniern** bedeutet allerdings auch stören, wenn es auf den Rängen des Fußballstadions heißt **„Herr Nachber, ler Houd schenierd ä weng". Dischberåd** ist verzweifelt, **brobber** anständig, und **blimerand** unsicher, bedrohlich und schwindlig, was auf französisch bleu mourant ‚blaßblau' zurückgeht. Heute noch heißt es bei alten Nürnbergern **resoniern** statt nörgeln und kritisieren.

Endlich sind noch ganz allgemeine Begriffe zu nennen wie: **Is wos bassierd?; des bressierd doch ned; der schbild hasardisch,** d. h. riskant, wild. **Kusäng** und **Kusienla** werden heute noch Vetter und Base genannt, **as der Lameng** bedeutet aus dem Stegreif. **Su ä Bagaasch!** kommentiert der Nürnberger eine unangenehme Menschengruppe, **di ganz Budscheer** (wahrscheinlich von budget „Besitz") **is noogfluung** bedeutet: die ganze Ladung ist zu Boden gegangen. Der **Bussierschdengl** war in meiner Jugendzeit ein Junge, der gern mit Mädchen ging und unter **Foosn** versteht man heute noch gelegentlich ein schlechtes Frauenzimmer (von französisch fausse femme). Neben **Gerch** und Hans kursieren immer noch die französischen Namenformen **Schorsch** und **Schang. Får nu ä bisserla redur** hörte ich einen Nürnberger Lkw-Fahrer rufen, der seinen Kollegen einwies, **barduu** aus franz. par tout „überall" heißt seit langem „unbedingt, unter allen Umständen" **(des houd er si barduu ned gfalln loun; der houd si barduu dou hiehoggng mäin). Adee** (aus französisch à dieu „mit Gott") sagt man immer noch statt auf Wiedersehen.

Die Potacke ist wahrscheinlich ein Waldenser- und Hugenottenwort

Die Kartoffel heißt in der Nürnberger Vollmundart immer noch **der Bodaggng.** Am Hauptmarkt hörte ich z. B. **und nou gräicherd i no fimf Bfindla Bodaggng.** Als Kinder riefen wir einem Kameraden, der frisch vom Haarschneiden kam, nach: **gscheerder Bladdn – Hundsbodaggng.** Auch durch die vielen Zuwanderer nach dem Zweiten Weltkrieg und durch die normierende Kraft von Fernsehen und Presse konnte das zählebige Wort weder aus der Stadtmundart noch aus der Sprache der Bauern nördlich von Nürnberg vertrieben werden.

Die Kartoffelkarte des Deutschen Wortatlasses gibt über die verschiedenen Wörter, die statt hochdeutsch: Kartoffel in den Mundarten verwendet werden, genaue Auskunft (siehe Anhang). Vereinfacht läßt sich sagen: In großen Teilen Norddeutschlands, im Westen sogar bis südlich von Frankfurt, gilt als Leitwort Kartoffel. In den Randlandschaften dieses Großraumgebiets sagt man allerdings verkürzt Duffel, Tuffel oder Tüffel und Tüffke. Zwischen Elbe und Oder hört man Nudel, Knolle und Knedel. Im Südwesten gelten die Formen Grumbeere (= Grundbeere), Grumbire (= Grundbirne), Herdapfel statt Erdapfel und Bodabira (Bodenbirne). Im östlichen Mitteldeutschland und in Bayern und Österreich herrscht das Wort Erdapfel mit der thüringischen Nebenform Ardappel vor, unterbrochen von einigen kleinräumigen Erdbirnen- und Grundbirnen-Gebieten. Westlich von Ingolstadt sagt man Bumser, in Teilen Kärntens Erdkästen (= Erdkastanien).

Ins Auge springt nun eine kleinere sogenannte Sprachinsel mitten in großflächigen Gebieten: Im Regnitztal, zwischen Forchheim und Ebermannstadt im Norden und Schwabach im Süden, nicht allzuweit nach Ost und West ausgreifend, heißt die Kartoffel Potake. Um diesen sprachgeographischen Befund zu erklären, muß man etwas weiter ausholen. Als die Europäer im 16. Jahrhundert die Knollenfrucht in der Neuen Welt kennenlernten, benannten sie diese mit dem Indianerwort batata – es handelte sich dabei eigentlich um die Süßkartoffel. So heißt heute noch die Kartoffel im Spanischen, Portugiesischen und Italienischen patata und in England potatoe. In niederländisch aardappel und französisch pomme de terre erkennen wir die gleiche Namengebung wie beim deutschen Erdapfel. In Nordwestitalien verglich man die neue Erdfrucht mit den Trüffeln und nannte sie dort tartüffeln.

Die Kartoffel war zunächst nur als Zier- und Gartenpflanze bekannt, erst nach den großen Hungersnöten im 18. Jahrhundert wurde sie in Deutschland zum Volksnahrungsmittel. Je bekannter und beliebter sie wird, desto mehr wird sie mit deutschen Wörtern bezeichnet, wie wir aus der Sprachkarte gesehen haben. Seit wann gibt es nun die Potake im Nürnberg-Erlanger Sprachraum? Zum ersten Mal taucht das Wort 1755 auf, als in der Beschreibung einer Gärtnerei in Schoppershof allerlei Gemüsesorten aufgezählt werden:[1] Petersilie, Blaukraut, Zwiebeln, Kohl, Schwarzwurzeln, Kümmerling (Gurken), rote Rüben und ein „Löchlein voll Potacken". Man sieht aus der bescheidenen Mengenangabe, daß der Massenanbau auf den Feldern im Knoblauchsland noch unbekannt war. Am Ende des 18. Jahrhunderts ist das Wort im Nürnbergischen gut bekannt. J. C. Grübel reimt in seinem bekannten Gedicht ‚Das Kränzlein' 1798: „Ihr seid halt die Bänkwörst gwohnt; su is mit euch Leutn, / Wenn'r nau wos Bsunders kröigt, könntrs goar net z'schneidn; / Su Potackn, manet i, koh dei Frau tranchöirn / Ober mitn Buttla, horch, soll sie's net proböirn." Gabler hat 1799 den Potakn-König abgebildet, einen barfüßigen, armen Teufel mit Dreispitz, Frack und Kniebundhosen, der einen Kartoffelsack über der linken Schulter hängen hat, einige Knollen auf der ausgestreckten Linken zum Verkauf anbietet und mit dem rechten Zeigefinger zur Erde zeigt, um zu betonen, daß die Potacken unter der Erde wachsen.

Daß seit der Hungersnot von 1770 die Potacke in der Nürnberger Gegend in Massen angebaut wird, zeigt die Erwähnung von Potackenhändlern in einem Nürnberger Neujahrsspruch von 1771. Eine besonders deutliche Auskunft gibt eine andere Quellenstelle aus einem Neujahrsgespräch von 1786. Hans und Görgel, zwei Bauern, unterhalten sich. Görgel fragt: „Ober Vother thou mer sogn, Worum hobn denn di Weiber in der Stodt su dicki Backn?" Hans antwortet: „Narr, des machn di Potackn, unser ganze Nachberschaft feierts ja (= führt sie ja) rein ganz Wögn vull."[2]

Auch in einer Veröffentlichung der neu gegründeten Universität in Erlangen ist das Wort seit 1755 bekannt. Häufiger ist es im 19. Jahrhundert belegt, so in einem Spottvers von 1843, der sich auf die hugenottischen Strumpfwirker-Äcker bezieht: „In aller Früh Hellröterli (hellrote Kartoffelsorte) / Z'Mittag Pudacken und ä Brüh / Wos werd mer denn heint Obend machen? / No koch mer halt än Hofn Pudacken."

---

[1] E. Mummenhoff, Aufsätze und Vorträge zur Nürnberger Ortsgeschichte
[2] Stadtbibliothek Nürnberg, unter Signatur Nor. 282.2

Auf welchem Weg ist nun aber die Potake nach Nürnberg gekommen? Führende Wissenschaftler geben die Auskunft,[3] daß die Nürnberger Handelsbeziehungen nach Flandern und England die Ursache der Namengebung seien und die Pflanze mit ihrer Bezeichnung Pataka und potatoe eingeführt worden sei. Von anderen Wissenschaftlern wird allerdings schon seit vielen Jahrzehnten der Verdacht geäußert, daß es sich um ein Hugenottenwort handle.[4] Hugenotten waren bekanntlich Flüchtlinge, die seit 1685 wegen ihres protestantischen Glaubens Frankreich verließen und von evangelischen Landesherren in Deutschland aufgenommen wurden. Während in der französischen Schriftsprache, wie schon gezeigt, das Wort pomme de terre gilt, heißt die Kartoffel volkssprachlich in vielen Gebieten patate, vereinzelt auch patake. Patake sagte man z. B. in dem Gebiet um die Hugenottenstadt La Rochelle und in Tälern Piemont-Savoyens, woher die sogenannten Waldenser stammen. Die Wortbildung Patake oder Potake statt Patate ist übrigens ein Dissimilierungsprozeß: zweimal T hintereinander wird durch den Wechsel von K und T oder T und K vermieden; so ist aus **T**ar**t**offel **K**ar**t**offel, aus **T**urtel**t**aube **G**ürtel**t**aube und aus Pa**t**a**t**e Pa**t**a**k**e geworden.

Wo sind nun Pataten-/Pataken-Belege statt Kartoffel in Deutschland erhalten geblieben? Es handelt sich, wie der Sprachwissenschaftler sagt, um sogenannte Streu- oder Einzelbelege, z. B. in der Hugenottensiedlung Louisendorf bei Frankenberg in Hessen, in einzelnen Orten der Pfalz, wo auch viele Hugenotten eine zweite Heimat fanden, wie in Bergzabern und Landstuhl.

Besonders deutlich und wichtig sind die Verhältnisse in den sogenannten Waldenserdörfern zwischen Calw und Maulbronn.[5] Es sind dies folgende Orte: Neuhengstett, Serres, Pinache, Dürrmenz, Schönenberg und Wurmberg, auf das ich noch zu sprechen kommen muß. In Schönenberg/Ötisheim bei Maulbronn gibt es ein Waldenser-Museum, das uns interessante Einzelheiten verrät. Es handelt sich dabei um das Pfarrhaus des einstigen Führers der Waldensereinwanderung, des Pfarrers Henri Arnaud.

---

[3] B. Martin, Namengebung einiger aus Amerika eingeführter Pflanzen . . ., in: Beiträge zur deutschen Philologie, Band 25, und F. Kluge, a. a. O.

[4] F. Maurer im Jahrbuch für fränkische Landesforschung, Band 1, und Erlanger Heimatblätter, Jahrgang 1924, Nr. 10

[5] Für einige Hinweise danke ich Herrn J. Bischoff, Erlangen, und Herrn Dr. Eschmann von der Universität Erlangen wie seiner Frau

Er schildert uns die Geburtsstunde des Kartoffelanbaus in seinem Gebiet in einem Brief vom 24. November 1710: 1701 sei zu ihm ein Glaubensgenosse namens Antoine Seignoret gekommen und habe ihm einen Sack Saatkartoffeln aus seiner Heimat in Piemont mitgebracht. Die Kartoffeln wurden im heute noch erhaltenen Pfarrgarten angepflanzt. Trotz großer Schwierigkeiten, die die Einheimischen anfangs machten, hat sich der Siegeszug der Kartoffel in dieser Gegend nicht aufhalten lassen. Die Abbildung Seignorets und eine Gedenktafel sind im Museum erhalten. Ein späterer Waldenser forderte sogar, diesem Wohltäter der Menschheit ein Denkmal zu errichten. Nun sind in diesem Zusammenhang zwei Dinge für uns Nürnberger wichtig: Zum ersten wurden die Knollenfrüchte mit dem südfranzösischen oder ‚welschen' Wort patacken benannt. Diese Bezeichnung wurde noch lange Zeit verwendet und erst später zugunsten der deutschen Wörter Erdbirne und Erdapfel im Zuge der Eingliederung aufgegeben.

Ein zweiter wichtiger Hinweis stammt aus zwei recht ernst zu nehmenden wissenschaftlichen Quellen.[6] Seignoret soll die Kartoffeln auch nach Nürnberg, und zwar im Jahre 1710, gebracht haben. Für diese Behauptung konnte ich allerdings leider keine genaueren Angaben finden. Es gibt sogar die Ansicht in der modernen Lokalforschung,[7] daß es sich um einen Schreibfehler, eine Verwechslung des Ortes Wurmberg, wo Seignoret wohnte, mit dem Namen der Stadt Nürnberg handle.

Fest steht nun einerseits, daß sich Hugenotten in Neuerlang am Ende des 17. Jahrhunderts angesiedelt haben und daß Waldenser im 18. Jahrhundert vereinzelt in Nürnberg und Fürth erwähnt werden. Fest steht ferner, daß es in den Waldenserdörfern zwischen Calw und Maulbronn eine Potacken-Insel gab und heute noch um Nürnberg und Erlangen eine Potacken-Insel gibt. Vielleicht bringen weitere Forschungen noch genauere Erkenntnisse darüber, wer und wann die Potacke nach Nürnberg und Erlangen brachte.

---

[6] Ökonomische Enzyklopädie von Krünitz, Band 35 von 1785, Seite 237; Schmeller, Bayerisches Wörterbuch, Band 1, Spalte 139

[7] Redaktionsstab der „Erlanger Bausteine"

Warum man in Nürnberg fürs Huhn Puttlein und fürs Ei Gackelein sagt

Zu den ältesten Wörtern in den Sprachen aller Welt gehören die sogenannten Schallnachahmungen, die in ihrer Entstehung am einfachsten von allen Wörtern zu erklären sind. Man bemüht sich in der Sprachwissenschaft und Verhaltensforschung seit langem, die Grenze zwischen dem „Sprechen" der Tiere und der menschlichen Sprache zu ziehen. Auf dem Gebiet der Schallnachahmung gibt es dabei auffallende Parallelen.

Die Ursprache der Menschheit erlebt heute noch jeder Vater, jede Mutter, die bewußt ihr Kleinkind beobachten, wenn es seine ersten Worte bildet. Mama ist das Wesen, das ihm die Brust reicht, an der es das Sauggeräusch m-m verursacht und hört (vergleiche auch den Artikel Tittleinspatscher Seite 187!). Tutut – früher töff töff – ist das Auto, das dieses Geräusch verursacht, ebenso die Straßenbahn Bimbim, die Glocke Bimbam, die Uhr Ticktack. Besonders Tiere werden nach den für sie charakteristischen Lauten benannt: der Hauhau, die Miau, die Mumu, das Mähmäh, der Pipip und natürlich der Kikeriki (Hund, Katze, Kuh, Schaf, Vogel und Hahn). Heutige Vogelbezeichnungen in der Hochsprache können wir bis in die indoeuropäische Vorzeit, rund zweitausend Jahre vor Christi Geburt, zurückverfolgen.[1] So hat z. B. das einstige – und noch heute existierende – Schallwort pip für die Vogelstimme altindisch pippaka, die Bezeichnung eines bestimmten Vogels, griechisch pippos „junger Vogel", lateinisch pipire „piepen", čechisch pepteti „piepsen", slowenisch pipa „Huhn" und albanisch bibe „junger Wasservogel" ergeben. Im Deutschen ist nach den Gesetzen der Lautverschiebung das Verbum pfeifen und das Substantiv Pfiff entstanden, während die schallnachahmenden Wörter piepen und piepsen in immer wieder neuer Anlehnung an den Vogellaut und unter Umgehung der sprachgesetzlichen Entwicklung gebildet werden.

Ein zweites, recht überzeugendes Beispiel ist der Name des Kuckucks, der nicht nur in allen germanischen Sprachen (z. B. schwedisch gök, englisch cuckoo), sondern auch in altfranzösisch cucu, lateinisch cuculus, griechisch kokkyx, bulgarisch kusavica, russisch kukusa und altindisch kokilah zu finden ist.

---

[1] J. Pokorny, a. a. O., und F. Kluge, a. a. O.

Als drittes Beispiel sei der Name des Wiedehopfs angeführt, der im Indoeuropäischen nach seinem Paarungsruf upup benannt wurde. Er heißt im Lateinischen pupupa, im Griechischen epops, im Armenischen popop, im Persischen pupu. Auch die germanischen Dialekte kennen das Wort: so dänisch hoerpop, englisch hoopoe, pfälzisch woddwudd, tirolisch wudwud und münsterländisch huppe. Das merkwürdige hochdeutsche Wort Wiedehopf ist eine sogenannte Volksetymologie, wie wir unter Dutzendteich, Seite 188, sehen. Die erste Silbe des ursprünglichen Ausgangsworts wird an witu ‚Holz, Wald', die zweite an hupfen angelehnt.

Genug der historischen Beispiele. Auch in jüngerer Zeit erscheinen in unserer Hochsprache viele Schallnachahmungen. Ich greife aus der riesigen Anzahl nur wenige Beispiele heraus, die Verben bimmeln, platschen, plappern, quietschen, glucksen, blubbern, kichern, knurren, knarzen, summen, plumpsen, ticken, wispern und zischen. Goethe hat in seinem Hochzeitsgedicht die Schallnachahmung zum dichterischen Mittel erhoben. Es heißt dort unter anderem: „Da pfeift es und geigt es und klinget und klirrt, da ringelts und schleift es und rauschet und wirrt. Da pisperts und knisterts und flüsterts und schwirrt. Nun dappelts und rappelts und klapperts im Saal."

Nach allem Gesagten dürfte es nun nicht schwer sein, unsere beiden Mundartwörter **Buddla** und **Gaggerla** zu erklären. Das Pickgeräusch der Hennen put-put-put wurde einfach zur Bezeichnung des Huhns – unter Quereinfluß des Lockrufs der Bäuerin put put – übernommen. Der laute, freudige Aufschrei beim Eierlegen gag-gag- gag ergab das zweite Wort. Ganz ähnlich sind die Nürnberger Wörter **Ziewerla „Küken"** nach dem feinen Ziepgeräusch und **Wiewerla** „Ente" nach dem: Wiwiwi entstanden. Wie häufig die Wörter **Buddla, Ziewerla, Wiewerla** und **Gaggerla** in der heute noch gesprochenen Nürnberger Mundart sind, habe ich in meinem Wörterbuch gezeigt: **Mensch houd der der villeichd än Gaggerlaskuubf! Scha ner hie, däi årdlichng Ziewerla! Wäi däi schäichd mid iere Wiewerlashaadschn! Is oozullde Buddlasbaa** ist heute noch eines der Kennworte des echten Mundartsprechers.

Stammt das Scheltwort Radfahrer aus Nürnberg, der Stadt der Zweiradindustrie?

Als am Ende des 19. Jahrhunderts das Fahrrad in vielen Fabriken hergestellt wird, hat man bereits das ursprüngliche Wort Veloziped durch das deutsche Wort Rad, Fahrrad ersetzt, derselbe Vorgang wie beim Fremdwort Automobil, das – wenigstens in der Amtssprache – durch ‚Kraftwagen' verdrängt wurde. In Nürnberg gibt es bereits in den 80er Jahren drei Radfabriken, in den 90er Jahren vier weitere: 1. 1886 Hercules-Velociped. 2. Victoria; 3. Premier-Cycle. Die Firma produzierte 40 000 Fahrräder pro Jahr. 4. Mars im Jahre 1893. 5. 1896 Triumph. 6. Im gleichen Jahr Sirius. Nürnberg nimmt damit eine führende Stellung in der Fahrradindustrie ein.[1]

Das Neck- und Spottwort Radfahrer mit dem dazugehörigen Verb radfahren für die Bedeutung: ‚gegenüber Vorgesetzten unterwürfig, gegen seinesgleichen und Untergebene herrisch auftreten' hat sich seit 1890 entwickelt und ist heute in der ganzen deutschen Umgangssprache, z. B. in der Schülersprache, noch häufig.[2] Es kann natürlich nur auf das sogenannte Niederrad zurückgehen, das frühzeitig das Hochrad verdrängt hatte. Denn auf dem Hochrad saß man ja, wie alte Abbildungen zeigen, steckensteif. Erst die über den Lenker gebückte Haltung konnte das Schimpfwort ergeben.

Ich konnte bisher im Nürnberger Raum keinen Beleg finden, der das Aufkommen der Schelte in Nürnberg beweist. Auch Küpper führt keinen Herkunftsort an. Es liegt nahe, an irgendeinen Zufallswitz oder eine Karikatur zu denken, die der Ausgangspunkt sein könnte. Die witzige und saloppe Formulierungskunst des Berliners kommt dafür eher in Frage, als die behäbigen Nürnberger, die, wie z. B. der Mundartdichter Becker 1904 in 33 Fahrradliedern, eher die sportliche und vaterländische Seite des deutschen Radfahrers in den Vordergrund stellen.

Am Schimpfwort Radfahrer läßt sich gut die sogenannte sprachliche Metaphorik erklären. Unter diesem Begriff versteht man die häufige ‚Technik' in der Sprache, Gegenstände oder Sachverhalte mit Hilfe eines Bildes zu erklären. So vergleicht man z. B. die engste Stelle einer Flasche mit dem menschlichen Hals und spricht vom Flaschenhals. Oder man benennt ein Fahrzeug, dessen Räder sich auf einem endlosen Band von flachen, metal-

---

[1] L. C. Beck, Fabrik-Industrie Nürnberg
[2] H. Küpper, a. a. O.

lenen Kettengliedern bewegen, im Vergleich mit der Larve des Schmetterlings: Raupenschlepper. Zum Vergleich gehören immer drei Strukturelemente: das Bezeichnende (hier die Larve und der Hals des Menschen), das Bezeichnete (hier das Fahrzeug und der Flaschenteil) und das Vergleichsmoment (hier das Kriechend-Langsame und die Engstelle).

Wie ist das nun beim Radfahrer? Der Radfahrer ist ein relativ harmloser Ausdruck für einen Menschen, den man deftiger mit Speichellecker oder Arschkriecher bezeichnet, also einen unterwürfigen Liebediener, der sich, seinem Vorgesetzten zu Gefallen, bei Gleichgestellten oder Untergebenen unbeliebt macht. Oft wird daher auch das Schimpfwort zusätzlich erklärt „**Du bisd ä Rådfårer, nach oom buggln und nach undn dramblnDurch**“. Das Bezeichnende ist in diesem Fall der Rennfahrer, der schnell in die Pedale tritt und, um den Luftwiderstand zu verringern, sich tief über die Lenkstange beugt.

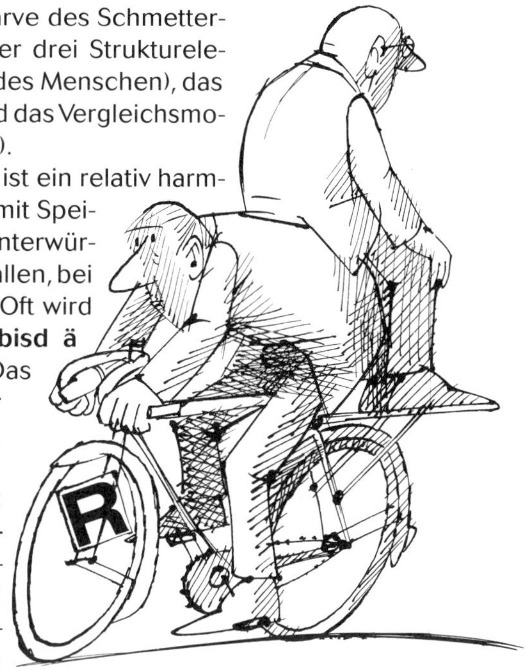

Ein zweites Beispiel, um den Sachverhalt ganz deutlich zu machen: Peterlein-auf-allen-Suppen, **Bäiderla-af-alle-Subbm** (vergleiche Seite 129!). Das Bezeichnete ist der Wichtigtuer, der überall ungefragt und ungeladen zugegen ist; das Bezeichnende das Küchengewürz Petersilie; das Vergleichsmoment: nicht etwa die grüne Farbe, das zerrupfte oder frische Aussehen des Gewürzes, sondern allein seine Häufigkeit. Untersuchen wir einige Nürnberger Schelten auf ihr Vergleichsmoment: **Årschgsichd** (dickbackig); **Brodzlsubbm** (dauerndes Geräusch); **Gaggerlaskuubf** (eiförmig); **Gweggsilber** (unstet); **Fuuglscheing** = Vogelscheuche (zerlumpt); **Waschlabbm** (weich) usw.

Andere deftige mundartliche Vergleiche haben es zwar nicht zum Schimpfwort gebracht, sind aber nach dem Prinzip der Metapher konstruiert: **Däi red wäi ä Bouch, der färd rum wäi der Schieß in der Ladern; däi is zamgschdelld wäi ä bäiser Finger; der frißd wäi ä Scheinerdrescher und Hend houd der wäi Abberdeggl.**

Der Germanist Paul hatte schon recht, wenn er formulierte „Die Metapher ist etwas, was mit Notwendigkeit aus der menschlichen Natur fließt und sich geltend macht, nicht bloß in der Dichtersprache, sondern vor allem in der volkstümlichen Umgangssprache, die immer zur Anschaulichkeit und drastischen Charakterisierung neigt“.

Die Erklärung des Wortes Schembartlauf ist bei den Sprachwissenschaftlern hart umkämpft

Worum es sich beim Schembartlauf handelt, das weiß jeder Nürnberger, das ist aber auch allen Faschingsfreunden in ganz Deutschland bekannt. Die Tradition soll auf die Metzgertänze während des Handwerkeraufstands im 14. Jahrhundert zurückgehen. Bis 1539 tanzten die Männlein (vergleiche auch den Ausdruck Männleinlaufen, Seite 93!) in ihren vielfältigen Kostümen durch die Straßen Nürnbergs, zogen die Hölle hinter sich her und trieben allerlei Schabernack und Mummenschanz. Dann wurde der Brauch durch den protestantisch und reformatorisch eingestellten Rat verboten. In den sogenannten Schembartbüchern ist das Ritual seit 1439 ausführlich beschrieben. Heute gibt es noch in Nürnberg die Schembart-Gesellschaft, die die Erinnerung an den mittelalterlichen Brauch hochhält.

Die Geschichte des Wortes scheint ziemlich einfach zu sein. Im Jahre 1300 taucht das Wort schempart in einem mittelhochdeutschen Lehr- und Erbauungsgedicht des Franken Hugo von Trimberg auf.[1] Die Quellenstellen sprechen davon, daß ein jämmerlicher alter Mann, der den Leuten ein Greuel ist, unflätig und traurig dasitzt. Seine Augen sind durch Haare verhängt, die wie ein rauher Wald aussehen. Tiefe Runzeln hängen an den Wangen. Die Bedeutung, die aus dieser wichtigen Stelle hervorgeht, ist eindeutig: häßlicher, alter, haariger Mensch.

Daß solche Masken beim Fasching getragen wurden, kennen wir nicht nur aus vielen alten, in den Alpen und Schwaben bezeugten Bräuchen, sondern auch aus dem Saalfelder Statutenbuch des 14. Jahrhunderts: „Wer in der larfen luffet. Wer zu den ostern laufet mit den schembarten, der sal die stadt rumen (= verlassen) einen manden (= Monat) vnd einen virdung (= Viertel an Naturalien oder Geld) geben dem richtere unde der stad."[2] Hier wird also urkundlich der Schembart lange vor den ersten schriftlichen Belegen in Nürnberg greifbar. Die Nürnberger Schembartbücher und Ratsverlässe erwähnen dann im 16. Jahrhundert den Ausdruck sehr oft. Anschließend taucht er 1531 in Donauwörth auf, 1549 in Konstanz, 1557 in Straßburg und 1561 in Zürich. Vielleicht hat unsere Stadt eine Art Strahlwirkung auf die anderen Städte gehabt.

---

[1] Hugo von Trimberg, Der Renner, Verse 17991 ff. und 23145 ff.
[2] zitiert nach H. Moser, Geschichte der Maske in Mitteleuropa

Es sind immer wieder von Sprachwissenschaftlern Versuche gemacht worden, den zweiten Teil des Wortes Schembart als eine Veränderung der Nachsilbe -hart oder -bert = bercht zu deuten. Die ältesten Belege sprechen allerdings deutlich für Bart. Was bedeutet nun die erste Silbe? Scheme heißt schon in althochdeutscher Zeit in Süddeutschland die Larve, Maske. Heute noch gibt es in der Hochsprache das Wort Scheme ‚schattenhafter Umriß'. Schemen und Schemmen sind bis heute in Baden-Württemberg und in Tirol, den Hochburgen alter Fasnet, die Masken; bekannt ist der alle fünf Jahre in Imst in Tirol veranstaltete Schemenlauf.

Warum tauchen nun im 16. Jahrhundert bei Hans Sachs und anderen die Schreibformen Schönbart auf? Es handelt sich wieder einmal um eine volksetymologische Erklärung, wie sie unter Dutzendteich, Seite 188, genau erklärt ist. Das Wort Scheme kommt damals langsam außer Gebrauch und wird durch die lateinisch-italienischen Fremdwörter Maske und Larve ersetzt. So lehnt man das unklare Wort: scheme einfach an das ähnlich klingende Wort schön an.

In neuester Zeit erfolgte, von der Tübinger Schule ausgehend, ein interessanter neuer Deutungsversuch. Während früher die heidnischen Grundlagen der Fasnet oder des Faschings im Vordergrund standen (vergleiche das unter Fastnacht Gesagte, Seite 36!), wird von neueren Forschern immer mehr der christliche Einfluß auf das Fastnachtsbrauchtum betont.[3] Der Todsündentraktat der Franziskaner spielt dabei eine bedeutende Rolle. In der Tat lassen sich viele Details des Schembartlaufs mit christlicher Faschingsauffassung in Einklang bringen. Die Hölle, die züngelnden Flämmchen auf den Kostümen der Schembartläufer, die Buschen mit ihren Feuerwerkröhrchen, die sie in der Hand tragen, und vor allem die glatten, nicht bärtigen Masken scheinen alle der alten heidnischen Scheme zuwiderzulaufen. Vor allem aber werden unter den sieben Todsünden, die im Faschingszug dargestellt wurden, die echten Boten Gottes, die Engel und die ‚Scheinboten' des Teufels erwähnt. In einer in diesem Zusammenhang wichtigen Quellenstelle, in einer Predigt des Franziskanerpaters Stefan Fridolin im Nürnberger Klarissinenkloster, heißt es 1492: „gedenck, wen an dinem letzten end, der du schuldig bist, der du tusendfeltiglich verdient hast, daz du in den gewalt des tufels geben solt werden, wenn dich do die helli-

---

[3] J. Küster, Spectaculum vitiorum, Studien zur Intentionalität und Geschichte des Nürnberger Schembartlaufs, 1983

[4] Küster, a. a. O.

schen hund und die tüfelischen schentpart mit gewalt umgeben werden und dich wöllen angriffen."[4] Der Forscher stellt nun das Wort schentpart neben die Schreibungen bei Hans Sachs schönpart, scheinpart und scheimpart und glaubt daraus den Scheinboten des Franziskanerrituals machen zu dürfen.

Sprachlich ist dazu folgendes zu sagen. Aus -bot kann im Dialekt -bart werden; das sieht man an Wörtern wie **gnärschi** aus genäschig oder **Scheiferla** statt Schäufelein in der Nürnberger Mundart. Sachlich ist allerdings zweierlei gegen die gewagte These einzuwenden. Der Scheinbote ist im Mittelalter ein häufiges juristisches Wort und bezeichnet den mit einem Schein = schriftlichen Autorisierungsschreiben ausgerüsteten Verhandlungsboten. Zum andern sollte es sich in den Predigten wirklich, wenn das Wort Scheinbote in einer Predigt offiziell nachgewiesen wird, um den Ausgangspunkt handeln, muß man doch bedenken, daß das volkssprachliche alte Wort scheme schon lange vorher gebraucht wurde und daß zwischen Volkssprache und der Sprache der Prediger ein Unterschied besteht. Das gelehrte Wort Scheinbote für Teufel kann kaum so schnell zum Volkswort geworden sein. So ist also wohl nach allen Überlegungen der Schembartlauf als ‚Faschingsumzug der bärtigen Schemen' aus uralter Zeit zu erklären.

Statt: beeile dich! sagt man bei uns: schick dich!

Schigg di ä weng, sunsd kummer mer zu schbeed! sagt man in der Nürnberger Vollmundart, schick dich! heißt es in der Halbmundart.

Das alte deutsche Wort schicken, das sich zu geschehen, wie zücken zu ziehen entwickelt hat, bedeutet im Mittelhochdeutschen „bereiten, abordnen, senden". Die veraltende Redensart: sein Haus beschicken hält noch an der Grundbedeutung fest. Ein Paket schicken, etwas wegschicken ist hochdeutsch geblieben. Die Bedeutung Schicksal und Geschick wie die verbale Wendung sich in etwas schicken sind jüngeren Ursprungs und kommen etwa seit dem 17. Jahrhundert auf.

Die merkwürdige Nebenbedeutung ‚eilen' hat nun schicken in Nürnberg und, wie wir aus der Karte im Anhang sehen, in ganz Franken und Südbayern angenommen. Die Reflexiv-Form mit ‚sich' scheint – wie bei sich tummeln, sich gschleinen – aus der hochdeutschen Bezeichnung: sich beeilen sekundär entwickelt zu sein. Übrigens kommt auch in unserer Mundart das unpersönliche: es pressiert, **is bressierd** ‚es ist eilig' vor. Im Süden liegen großflächige Leitgebiete vor. Ich erinnere mich an eine nette Szene aus dem Ort Längenfeld im Ötztal nördlich von Sölden. Vor Jahren traf ich an einem Sonntagmorgen einen in seiner prächtigen Feiertagstracht mit hohem Kopfputz gravitätisch einherschreitenden Einheimischen. Ich stieg aus dem Auto und bat ihn, von ihm ein Bild machen zu dürfen. Er willigte nicht allzu freundlich ein und stellte sich mit den Worten „Jo, ober gschlein di!" in Positur. Im Norden dagegen macht König auf folgende Tatsache aufmerksam: Hier gibt es so viele kleinräumige Gebiete, daß man eigentlich gar keine Großlandschaften aufstellen sollte. Die Vielfältigkeit ist aus dem expressiven Gebrauch des Wortes, d. h. daß man im Eilzwang formuliert, zu erklären.

Warum ein schläfriger, langsamer und langweiliger Mensch in Nürnberg und anderswo Schlafhaube genannt wird

Ambrosius Gabler hat die ‚Schlaufhabm' um 1800 gezeichnet: Ein Mann lehnt in einem gepolsterten Stuhl, beide Arme liegen auf den Lehnen auf, er hat den Kopf zur Seite gewandt und reißt den Mund weit zum Gähnen auf. Er trägt wirklich eine Schlafhaube auf dem Kopf. Die Schlafmütze war in früheren Zeiten meistens eine Zipfelmütze, wie sie die Witzblattfigur des deutschen Michel oder Figuren bei Wilhelm Busch tragen. Sie war in früheren Zeiten eine Notwendigkeit, nicht nur weil man in ungeheizten Schlafzimmern schlief, sondern weil im Zeitalter der Perücke viele Leute schütteres Haar hatten, ja kahlköpfig waren. Die Perücke wurde nachts über den Perückenstock gehängt, und auf den seines Wärmeschutzes beraubten Kahlkopf setzte man die Schlafmütze oder Schlafhaube.

Des is fei ä rechder Schlaufhaam wird allerdings heute nicht nur von einem Menschen gesagt, der ein permanent erhöhtes Schlafbedürfnis aufweist, sondern auch wenn jemand nicht richtig aufpaßt, wenn er nicht rechtzeitig eingreift, sich von den Geschehnissen überfahren läßt oder ausgeschmiert wird.

Merkwürdig ist nun bei der Entstehung von Schimpfwörtern, daß ein Kleidungsstück oder ein Körperteil auf den ganzen Menschen übertragen wird. Die Wissenschaft hat hier die Bezeichnung Pars-pro-toto-Benennung eingeführt, was so viel bedeutet wie: ein Teil des Ganzen wird zur Kennzeichnung des Ganzen. Wollen wir dieses Sprachgesetz an einigen deutlichen Beispielen verfolgen. Daß der Familienname Daum auf den Daumen des ersten Namenträgers zurückgeht, zeigt ein historischer Beleg: 1373 wird in Braunschweig „Heneke mit dem Dumen" erwähnt.[1] Es mag sich dabei um einen besonders großgewachsenen oder mißgebildeten Daumen gehandelt haben, der den Namen bedingt hat. Ein zweites überzeugendes Beispiel ist der

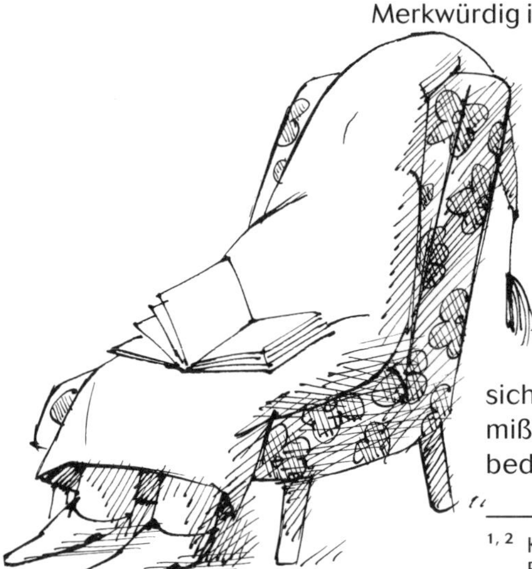

[1, 2] K. Brechenmacher, Etymologisches Wörterbuch der deutschen Familiennamen, Limburg 1962

Familienname Faust. 1366 ist in Peyne ein Mann „mit der Vust" benannt, offensichtlich jemand, der gern mit der Faust zuschlug.[2] Auf ähnliche Weise entstehen Familiennamen nach einem Gegenstand der beruflichen Umwelt. Ein Müller heißt z. B. Mehl, ein Fetthändler Fett, ein Schmied Hufnagel, ein Helmschmied Eisenhut. Der grobe Bauer wird nach seinem typischen Arbeitsgerät Bengel oder Flegel genannt, der reiche Kaufmann im Mittelalter nach dem Symbol seiner Wohlhabenheit, dem Pfeffersack.

Das Prinzip des pars-pro-toto ist natürlich bei der Entwicklung von Spitznamen und Schimpfwörtern deutlich ausgeprägt. So ist ein Mensch mit einem sehr langen Hals der **Gensgroong** (siehe Seite 43 !), ein Angeber mit einem großen Mundwerk ein Großmaul, eine Person mit einem kugelrunden Kopf **ä Gniedlaskuubf** (= knödelförmiger Kopf), ein Mensch mit rotem Haar ein Rotschopf und ein Junge mit rotziger Nase eine Rotznase.

Besonders zu erwähnen sind in diesem Zusammenhang die Schelten, die auf ursprüngliche Bezeichnungen des Gesäßes und des männlichen oder weiblichen Geschlechtsteils zurückgehen, heute allerdings oft in ihrer Bedeutung verblaßt und daher verharmlost sind: **Årschloch** und **Årsch** in **Bloußårsch** oder **Schmarrarsch**; Beutel in **Läingbeidl, Seichbeidl** (= Schmarrer), **Schbruchbeidl** und **Windbeidl**; Schwanz in **Schlabbschwoonz**; Zipfel in **Lauszibfl, Beggnzibfl** und **Boodersziḃfl.** Vielleicht gehört auch das **Bimberla** hierher (siehe Pimperlein von Lauf!). Die weiblichen Pars-foedissima-pro-toto-Schelten (pars foedissima = schlimmster Körperteil) sind im Kapitel Büchse, Schnalle, Schachtel und Pritsche aufgezählt.

Schleich dich! oder: was ein Wortfeld ist

Hermann Strebel, der in Nürnberg unvergessene Kabarettist der Vorkriegszeit, hat den bekannten Song „Das ist doch der allerschönste Dialekt" geschrieben, der heute noch gesungen wird. In der dritten Strophe wird die Wortgewaltigkeit der schimpfenden Nürnberger Marktfrau karikiert. Sie endet mit dem bekannten Refrain: **„Schleich di, zäich di, drugg di, droll di, schau, daßd weiderkumsd, du Doldi**!" Die vier Varianten für die Bedeutung ‚weggehen' sind nur eine kleine Kostprobe des sogenannten Wortfelds. Ein Wortfeld ist in der Sprachwissenschaft die Summe der bedeutungsmäßig zusammengehörigen Wörter oder Synonyme. Es gibt für die hochdeutsche Sprache zwei Wörterbücher (Wehrle-Eggers und Dornseiff), die die herkömmliche alphabetische Ordnung des Wortschatzes durch die Aufteilung nach Wortfeldern ersetzt haben.

Zunächst eine Auswahl aus dem hochdeutschen schriftsprachlichen Teil des Wortfelds ‚weggehen, sich entfernen': fortgehen, fortfahren, fortziehen, abrücken, auf und davon gehen, seiner Wege gehen, verlassen, fortlaufen, in die Ferne schweifen, enteilen, entlaufen, entweichen, Abschied nehmen, abtreten, wegtreten, sich zurückziehen, von der Bildfläche verschwinden, sich empfehlen usw.

Noch größer ist allerdings die Zahl der umgangssprachlichen und mundartlichen Synonyme, von denen hier auch eine Kostprobe gegeben wird: durchgehen, durchbrennen, sich verdrücken, sich davonmachen, verduften, sich dünnmachen, sich drücken, sich verdünnisieren, sich verpissen, abdampfen, abhauen, abschieben, abschwimmen, abschwirren, sich schwingen, abzwitschern, abzischen, abrauschen, Leine ziehen usw. Hierher gehören nun auch die eingangs erwähnten vier Ausdrücke Strebels, die allesamt reflexiv sind, was wahrscheinlich durch hochdeutsch **sich** entfernen und andere reflexive Verben der Umgangssprache (siehe oben!) beeinflußt wurde.

Ich habe diese kleine Kostprobe eines Wortfeldes angeführt, damit der Leser sieht, wie differenziert und variantenreich unsere Sprache auf allen ihren Ebenen von schriftdeutschen bis herunter zu burschikosen, ordinären Wörtern der Intimsprache und des Gassenjargons sein kann.

Das Bamberger Schlenkerlas-Bier und der Nürnberger Schlenkerlein

Die deutschen Wörter schlingen, Schlange und schlenkern gehören der gleichen Wortfamilie an. Schlenkern bedeutete ursprünglich schleudern, so wie man heute noch sagt: die nassen Hände schlenkern, um die Wassertropfen abzuschütteln. Auch das nachlässige Hin- und Herschwingen von Armen oder Beinen wird mit diesem Verb bezeichnet. Seit Luther taucht in der Hochsprache das ebenfalls verwandte Scheltwort Schlungel, Schlingel auf. Durch die sogenannte Entrundung der runden Mundstellung hat sich dabei der Vokal u über ü zu i entwickelt. Der ursprüngliche Sinn: umherschlendernder Müßiggänger, Nichtstuer hat sich heutzutage zur nicht allzu kritischen Bedeutung: spitzbübisch, durchtrieben entwickelt. Ja, das im Bairischen und Österreichischen vorkommende Schlankel wird in einem Wiener Wörterbuch sogar als ‚sympathischer Schlaumeier' definiert. Übrigens reicht dieses Wort bis in die Nürnberger Mundart. Jeder Nürnberger weiß, was ein **Schlanggerla** ist. Dem Laien ist nicht ohne weiteres verständlich, daß Wörter wie Schlingel, Schlankel und Schlunkel identisch sein sollen. Schon seit langem ist aber in der Fachwissenschaft, der Germanistik, der sogenannte Ablaut i-a-u ein festes Gesetz; der Vater dieser Wissenschaft, Jacob Grimm, hat recht anschaulich auf das lautnachahmende Spielwort bim-bam-bum verwiesen.

Nun zunächst zum Bamberger Schlenkerlas-Bier. Wenn man den historisierenden Werbeprospekt des berühmten Bamberger Wirtshauses liest, ist man zunächst überzeugt, daß es sich um eine Bezeichnung aus dem 17. Jahrhundert handelt: „Aecht Schlenkerla Rauchbier (ges. gesch.) alter Väter Brauch und Sitt' gemäß gebräuet in meinem schon Anno 1678 bestehenden Brauhaus gekühlet und gelagert in tiefen Berges Schoß, ist ein besunder schmackhaft Lebenselixier und kommet in altehrwürdiger Gaststätte, so Schlenkerla benamset zum Ausschank ..." Der Laie fragt sich natürlich, warum das Bier diesen Namen trägt. Wurde es vielleicht früher geschlenkert, so wie der Honig geschleudert wurde? Dem ist nicht so. Das in ganz Franken berühmte Rauchbier ist nach dem bekannten Gasthaus in Bamberg, einem schönen Fachwerkhaus neben der Dominikanerkirche, benannt. Und das heißt auch erst seit rund achtzig Jahren so. Es trug vorher die Namen ‚Blauer Löwe' oder nach seinem Besitzer ‚Heller'. In der Hauschronik werden Besitzer und Pächter der Reihe nach aufgezählt. Ende des

19. Jahrhunderts übernahm Andreas Graser das Haus. Von ihm berichtet eine Bamberger Reimchronik: „Weil er gern mit seina Orm / a wengla geschlenkert hot / drum hom's ihn **Schlenkerla** getauft / aus Übermut und Spott." Das Wirtshausschild zeigt heute noch den blauen Löwen sowie ein o-beiniges Männlein, offensichtlich den Wirt, dessen Gangwerk gleichfalls als schlenkernd dargestellt ist. 1911 hieß das Gasthaus nach Auskunft der Bamberger Adreßbücher noch Heller, seit 1913 plötzlich Schlenkerla. Nach dem Tod des originellen Wirtes hat man offensichtlich seinen Spitznamen auf Haus und Bier übertragen. Die Freude an einem witzig klingenden Namen hat natürlich dazu beigetragen, den farblosen Namen Heller zu verdrängen.

Und wie ist das nun mit dem Nürnberger Schlenkerla? Natürlich wird auch in unserer Stadt das beliebte Bamberger Rauchbier ausgeschenkt. So trägt die Gaststätte Schranke am Tiergärtnertor seit langem den Namen Schlenkerla. Dabei ist in der Aussprache ein leichter Unterschied. Während die Bamberger die Nachsilbe -la mit richtigem hellem a sprechen, spricht sie der Nürnberger -lä aus.

Im alten Nürnberg war der Schlenkerlein allerdings etwas völlig anderes. Es handelte sich um einen Spruchsprecher, der bei Hochzeiten und anderen Feiern Reime vortrug. Er ist schon seit 1483 in den Ratsakten belegt, und wir beschreiben seine Tätigkeit und seine Erscheinung nach der oft zitierten Handschrift von Zahn: „Auch zu Nürnberg war bisher ein Volksdichter oder Improvisadore unter dem Namen Spruchsprecher, Lobsprecher oder Meister Schlenkerlein öffentlich angestellet. Dieser erschien bey Hochzeiten, bey Versammlungen der Handwerks-Zünfte und vielen anderen frohen Ereignißen und Gastmählern in seiner erbaren Amtstracht, nemlich einer ganz schwarzen Kleidung und dergleichen Mantel und schmalem, weisen Halskrägelein, einen vergoldeten Zepter in der Hand führend und von der Brust an biß auf den Unterleib mit vielen vergoldeten Schildern verschiedener Größe, die er von einigen Handwerkszünften verehrt erhalten, behangen und erlustigte die Gäste gegen Abreichung eines Geld-Geschenks mit auswendig hergesagten Versen, zu denen ihm der Stoff heimlich an Handen gegeben worden, zuweilen auf eine komische Art . . . Er bestehet gegenwärtig noch und versiehet seinen Dienst auf oben angeführte Weise. Schlecht gerathene Gedichte werden im gemeinen Leben Schlenkerleins-Verse und deren Verfertiger Schlenkerlein oder auch Meister Schlenkerlein genennet."

– So weit Benedict Wilhelm Zahn.

Wenn auch der Name Schlenkerlein heute nicht mehr verwendet wird, so ist doch seine Gewohnheit, Verse bei Feiern vorzutragen, durchaus lebendig geblieben. Zahn bemüht sich auch, die Etymologie des Namens zu erklären. Er meint, daß der Spruchsprecher seine Verse gleichsam oberflächlich herausschlenkerte. Das muß aber korrigiert werden. Der Schlenkerlein hieß in anderen Quellen auch Hängelein oder Vorhängelein – heute gibt es noch in der Nürnberger Mundart das Schimpfwort **Henggl** oder **Sauhenggl** –, und damit ist das Wort hinreichend erklärt. Er ist nach seinen von der Kleidung herabhängenden oder schlenkernden Schildchen benannt, wie Zahn selbst deutlich ausführt.

Was ist ein Schlotfeger?

Im germanischen Bauernhaus entwich der Rauch einst durch die Dachöffnung. In Nürnberg gibt es noch an ganz wenigen Stellen die sogenannten Eulen, dreieckige Rauchlöcher im Dachgiebel. Da die Römer unser Vorbild im Bauwesen waren – man denke nur an die zahlreichen Lehnwörter wie Straße, Mauer, Mörtel, Kalk, Keller, Fenster –, benannte man auch die ersten Rauchabführungen lateinisch mit dem Wort Kamin. Die Kaminata oder Kemenate hieß der einzige heizbare Raum in der mittelalterlichen Burg, das Zimmer für Frauen und Kleinkinder. Wenn man die Karte des deutschen Wortatlasses studiert, erkennt man sofort, daß dieses Wort mundartlich auf den Südwesten des Sprachraums und Bayern begrenzt ist.

In Österreich gilt Rauchfang, im östlichen Mitteldeutschland Esse. Ganz Nord- und Westdeutschland wird durch Schornstein abgedeckt. In Franken, Thüringen und der Oberpfalz sagt man Schlot. Ebenso verhält es sich mit der Berufsbezeichnung des Essenreinigers, der in Österreich Rauchfangkehrer, in Norddeutschland Schornsteinfeger und in Franken Schlotfeger heißt. Über die Bedeutungsunterschiede beim Verbum fegen habe ich auf Seite 205, unter Weißer Turm, berichtet.

In den gelben Seiten des Nürnberger Telefonbuchs stehen zwar die Berufsbezeichnungen Kaminkehrer und Schornsteinkehrer. Das mundartliche Wort ist und bleibt aber **Schloudfeecher**. Als Kinder riefen wir dem schwarzen Mann in einer Mischung von Gruseln und Spott nach: **Schloudfeecher geggereggegg, housd dei Heisla vuller Dreeg!** Kleinlein gibt in seinen Kinderreimen Häublein statt Häuslein an, was wahrscheinlich die ursprüngliche Form war. **Schloudfeecher** können in unserer Stadt und im umliegenden Landgebiet auch die dunkelbraunen Binsengewächse sein oder die mit Schlagrahm gefüllten Schokoladenrollen.

Das Wort Schlotfeger ist in Nürnberg alt und bereits im Baumeisterbuch des Endres Tucher belegt. Es heißt dort z. B. in einem eigenen Kapitel: Von der stat schlötfeger: „... so ist in dem 69 jare hie gewest zu sant Laurenzen tag ein schlottfeger, genant Endres Dür von Nördlingen, den ließ ich 85 schlett fegen allenthalben, der sie dan ser sauber macht und keiner leitter bedorft; darvon (= dafür) gab ich im 24 pfunt alt (= alter Währung)."

Erich Mulzer hat in einem interessanten Aufsatz über die Nürnberger Schlotfeger berichtet.[1] Dort ist die Rede davon, daß es zunächst Schlöte aus Holz gab, was naturgemäß zu häufigen Schlotbränden führte. Die soziale Stellung der Schlotfeger war bis zum 16./17. Jahrhundert nicht die beste. Man verwendete häufig Gastarbeiter, darunter gerne Italiener, die wegen ihres kleinen Körperwuchses besser in die Kamine schlüpfen konnten. Der Stadtrat verbot bald die Holzschlöte und ersetzte sie durch Steinschlöte. Später wurde der Schlotfegerstand angesehen. In der Nürnberger Schlotfegergasse standen einst ihre stattlichen Häuser.

---

[1] Mitteilungen des Vereins für Geschichte der Stadt Nürnberg, Band 56 (1969), Seite 384 ff.

Der Schmarren und das Gschmarri

Nürnberg gehört, wie wir bei vielen Wörtern dieses Buches gesehen haben, zum bairischen Sprachraum, der sich von Südtirol im Süden, Wien im Südosten bis zur Lechgrenze im Südwesten und Waldsassen im Nordosten erstreckt. Nürnberg liegt an der Grenze zum fränkischen Sprachgebiet.

So muß auch das bairische Wort Schmarren, wie es Schmeller beschreibt, zur Erklärung herangezogen werden: „die, der Schmarren, Art trockener Mehlspeisen aus zerbröckelten Brod- und Semmelkrumen zerstoßenen Pfannkuchen, auch aus Mehl, Grieß etc. unter verschiedenen sonstigen Zutaten mit Butter und Schmalz geschmort oder geröstet." Außer dem Brot- und Semmelschmarren gab es noch den Topfen-, Kapaunen-, Lungen-, und Nierenschmarren. Später kam der österreichische Kaiserschmarren dazu. Schmeller kennt auch noch die Bedeutung Eisschmarren für Eiszapfen. Nach Kluges Etymologischem Wörterbuch ist der Zusammenhang des Wortes mit Schmer „Fett" naheliegend, da der erste Beleg für das Wort von 1563 ausdrücklich auf die feiste (= fette) Speise hinweist. Auch Schmeller erwähnt ja ausdrücklich das Schmoren und Rösten in Butter oder Schmalz. Nun wird schon in früheren Zeiten auf die figürliche Übertragung des Wortes hingewiesen. Schmeller: jedes Ding, das nicht groß, gut, schön genug = schlecht ist. Auch im Wiener Wörterbuch: wertloses Zeug, etwas Unbedeutendes, ein Nichts; dös geht di an Schmarrn an (nichts). Die Übertragung erfolgte, weil es sich bei der Speise um ein relativ einfaches und billiges Gericht handelt.

In Nürnberg ist wie in ganz Bayern das Wort ungemein häufig. **Schmarrer, Schmarrndander** und **Schmarrårsch** werden Phrasendrescher genannt. Das Verbum **schmarrn** bedeutet ‚dumm daherreden'. **Schmarrn** und **Gschmarri**, wertloses, dummes Gerede und **heid houd er sein Schmarrerdn** „er ist heute sehr redselig".
Hier ist es angebracht, einmal auf den Unterschied zwischen der ungeheuren Differenziertheit und Genauigkeit der Hochsprache und die kurze und bündige, denkfaule Ausdrucksweise des Vollmundartsprechers hinzuweisen, dem abstrakte und komplizierte Gedankengänge zuwider sind.

In der Hochsprache werden negativ zu beurteilende Äußerungen sehr genau und unterschiedlich benannt, je nachdem der Inhalt fehlerhaft oder die Formulierung zu beanstanden ist. Man spricht z. B. von einem unqualifizierbaren Gerede, von zusammenhanglosen Ausführungen, von einer Verzerrung der Tatsachen, wortreichen und langatmigen Ausfüh-

rungen, Irrtümern und Fehlschlüssen, ungenauen, engstirnigen und einseitigen Begründungen oder gekünstelter und gespreizter Redeweise; abgeschmackten Platitüden, stilloser Sprachstümperei, Nonsens, Unsinn, mangelnder Sprachbeherrschung, überspitzten, phantasiereichen Formulierungen und Verballhornung. Politiker kritisieren bei öffentlichen Debatten z. B. die unklare, verschwommene Ausdrucksweise ihres Vorredners, seine Entgleisungen, seinen Informationsrückstand, seine vagen Andeutungen, seine weitschweifigen Ausführungen oder seine unwahren und unsachlichen Argumente, seine Verdrehung der Fakten oder seine Phrasen. Die bunte Palette der Ausdrücke ließe sich noch vielfältig fortsetzen.

Wenn nun der Kontakt mit dem Kritisierten intimer wird, bei einer Verhandlung hinter verschlossenen Türen oder gar im kleinen Kreis von Gesinnungsgenossen, z. B. am Stammtisch, kann man schon deutlicher werden: es fallen Ausdrücke wie salbadern, faseln, Larifari, Geschwätz, Phrasendreschen und andere.

Für den Vollmundartsprecher ist die begriffliche Welt wesentlich einfacher und undifferenzierter. Für ihn ist alles, was oben sehr unterschiedlich benannt wird: **ä Schmarrn** oder **ä Gschmarri**. Mit diesem lapidaren Wort erspart man sich genauere Kennzeichnung. **Den sei Gschmarri koo i nimmer häirn. Der ier Gschmarri gäid mer scho lang afn Wegger.**

Schmecken und riechen war früher das gleiche

In alter Zeit hatte das Wort schmecken eine viel umfangreichere Bedeutung als heute, wo es sich nur auf den Geschmackssinn bezieht: eine Speise schmeckt gut; beim Kochen etwas abschmecken. Etwas schmecken konnte früher ‚etwas riechen' bedeuten, nach etwas schmecken soviel wie ‚einen Geruch von sich geben, riechen, stinken'. Beispiele im Deutschen Wörterbuch bezeugen das Wort für Leichen-, Kot- und Uringeruch. Im Zusammenhang mit der Sutte (= Pflegestation) des Heilig-Geist-Spitals in Nürnberg (siehe S. 185) erfahren wir aus dem 16. Jahrhundert, daß schadhafte Kranke – das sind z. B. aufgelegene alte Leute oder Verletzte mit offenen Wunden – in eine eigene Stube neben dem Waschhaus verlegt werden sollen, damit sie die anderen, nicht so schadhaften Kranken nicht durch ihren „Geschmack" belästigen. Ein andermal wird angeordnet, daß „die armen, so gar schadhaft und schmeckend sind" vorübergehend ins Sebastianspital – damals noch bei der Großweidenmühle – verlegt werden sollen.

Während die Bedeutung ‚riechen' für schmecken heutzutage in der Mundart fast ausgestorben ist (einzige Ausnahme ist **Himmlsschmeggerla** statt hochdeutsch Himmelfahrtsnase), war sie bis an die Schwelle unseres Jahrhunderts gang und gäbe, und zwar in etwas freundlicherem Zusammenhang als dem eben geschilderten. Noch 1929 nannte ein Nürnberger Mundartdichter, Peter Ulsch, seine Gedichtsammlung ‚Schmeckasträußla'. Gabler hat um 1800 den Schmecka-Hensa gezeichnet, einen Blumensträußchen verkaufenden Mann. Lassen wir aber vor allem Zahn zu Wort kommen, der ausführlich erzählt: schmekken, Die Schmekken. Ein Schmekker. Ein Schmekken-Krug. Sie macht einen Schmekken-Krug . . . „In Nürnberg sowie in mehreren auswärtigen Orten bedeutet schmecken das Riechen durch die Nase, nemlich den Geruch. Daher sagt man auch den Schwaben und Nürnbergern nach, daß sie nur vier Sinne haben, weil bey ihnen Geschmack und Geruch mit dem Wort schmekken ausgedrückt wird . . . Auserdem wird auch bey gemeinen Leuten die Nase selbst der Schmecker genannt, und sagt man von einer Person, welche die Natur mit einer großen Nase begabt hat, sie hat einen großen Schmecker. Am häufigsten wird unter dem Wort Schmekker hierzulande verstanden ein zusammengebundener Strauß von mehreren, einen angenehmen Geruch verbreitenden Blumen . . . Einige nannte man Herzschmekken, welche entweder ihrer Form wegen oder weil selbige bey Hochzeiten von den Brautleuten,

Hochzeitladern und anderen Personen geringerer Stände bey feyerlichen und frohen Ereignissen auf der Brust in der Nähe des Herzens getragen wurden, wahrscheinlich daher diesen Namen erhalten haben ...

Ferner sind in der Stadt Nürnberg die sogenannten Steckeleinsschmekken allgemein bekannt. Die Blumen bestehen zur Sommerszeit aus frischen, zur Winterzeit aus gebeizten braunen Nelken, Rosen, Majoran und in der Mitte einigen Knospen Pomeranzenblüthe und sind an ein dünnes hölzernes, ohngefähr ½ Schuh langes Steckelein oder Stiel, öfters auch an einem ebenso langen silbernen oder eisernen mit versilberten Krausen-Rasch zierlich umwundenen Drahtstänglein bevestiget. Die Stekkeleins-Schmekken wurden von Personen verschiedener Stände beyderlei Geschlechts bey mehrfältigen Gelegenheiten in der Hand getragen, z. B. bey Kopulationen (= Hochzeiten) ... Sie waren auch das gewöhnliche Kennzeichen der jedesmaligen regierenden Bürgermeister, welche sie in der Hand führten und sich solchergestalt von den übrigen Senatoren auszeichneten. Seit 1806, da Nürnberg aufhörte, eine Reichsstadt zu seyn, ist der Gebrauch gedachter Steckeleins-Schmekken ganz abgeschaffet.

Endlich gibt es noch eine Art von Schmekken, die Tisch-Schmekken genannt. Diese werden theils zur Zierde, theils des Wohlgeruchs wegen in Zimmern in gläsernen, irdenen oder auch metallenen, mit Wasser angefüllten Gefäßen, welche mehrerentheils zu beyden Seiten mit einer halbrunden Handhebe (Henkel) versehen sind, Schmekken-Krüge genennet und auf die Tische und Schränke gestellet. In figürlichem Verstand und scherzweise wird eine hoffärtige und stolze Weibsperson, welche, um sich zu brüsten, die beiden Arme in der Figur der erstbeschriebenen Handheben eines Schmekken-Krugs in die Steiten stämmet der Ähnlichkeit wegen mit einem Schmekken-Krug verglichen und von ihr gesaget: Sie macht oder stellet für einen Schmekken-Krug."

So wie neuhochdeutsch riechen zu der Bedeutung ‚merken, ahnen, wahrnehmen, mögen, leiden abstrahiert wird (ich kann ihn oder es nicht riechen), so geschah dies auch beim Verbum schmecken. Diese Verwendung des Wortes war, wie wir aus dem Bayerischen Wörterbuch von Andreas

Schmeller wissen, nicht nur volkssprachlich, sondern auch in der Ausdrucksweise der Fürsten üblich. Der bayerische Kurfürst Maximilian I. (1573–1651) machte an den Rand eines Schriftstücks die Aktennotiz: „An wemb laut das schreiben, man kanns nit schmökken".

Diese Bedeutung ist heute noch in Nürnberg gang und gäbe: **den koo i ned schmeggng** heißt soviel wie ich kann ihn nicht leiden; **i koo doch ned schmeggng, wos du mannsd** „ich kann nicht erraten, was du denkst". Und gelegentlich hört man noch – wie übrigens auch im Wienerischen – **Schmeggs Grobferder,** womit etwa gemeint ist: das soll einer herausbringen.

Kennen Sie noch den Schneppergraben?

Ich entsinne mich noch genau des Eindrucks, den mir der Schneppergraben in meiner Kinderzeit gemacht hat. Das Stück des alten Trockengrabens zwischen Tiergärtner- und Vestnertor heißt immer noch so. Man betrat den Graben über die heute wiederhergestellte Treppe am Tiergärtnertor und gelangte nach Durchquerung einer Gastwirtschaft zur Schrebergartenkolonie. Die Gaststätte diente den Schnepperschützen zum Aufenthalt. Auf einer etwa 20 m hohen Stange war ein liegender Reichsadler aus Holz aufmontiert, auf den die Schützen mit ihren Armbrüsten zielten. Ein solcher Schnepperer ist auf der Hallerwiese aus Erz abgebildet worden zur Erinnerung an die großen Schützenfeste, die dort einst abgehalten wurden.

Benedict Wilhelm Zahn informiert uns genau über die alten Schützen: „Ein Schnäpper. Ein Schnäpperlein. Der Schnäpperleinsgraben ... Von dem Wort schnappen haben unstreitig ihren Namen erhalten die Schnäpper oder Instrumente, deren sich die Wundärzte bey dem Aderlaß bedienen. Gleichen Namen führt auch eine Art von Armbrust oder Bogengeschos, auf welches ein Pfeil oder Bolz geleget und mittels Losdrückung des an einer starken aufgespannten Schnur bevestigten stählernen Bogens mit Gewalt und größter Geschwindigkeit an das vorgesteckte Ziel getrieben oder abgeschossen wird. Um sich nun im Bogenschiesen zu üben, haben sich schon in uralten Zeiten in der Stadt Nürnberg und deren Nähe an verschiedenen Orten, z. B. im Schiesgraben, im Nadlers Graben, dem sogenannten Nürnberger Garten auf der Hallerwiese und einem vor dem Frauenthor an der Feuchter Poststraße gelegenen grosen Anger, welcher noch heutigen Tages die Vogelstange genennet wird, besonders aber in einem Theil des Stadtgrabens zwischen dem Thiergärtner und Vestner Thor, so der Schnäpperleins Graben genennet wird, verschiedene Gesellschaften gebildet, welche gegenwärtig noch bestehen. Es wird in letzterem nach einem, auf einer sehr hohen Stange an deren Spitze bevestigten, stückweise zusammengesetzten hölzernen Vogel oder auch nach einer im Graben aufgestellten Scheibe nach dem Schwarzen mit dem Schnäpper und darauf gelegten Pfeilen gegen ausgesezte Preis geschossen. Dieser Schnäpperleinsgraben stehet für jedermann offen und ist mit Alleen und Hütten, in denen Wirtschaft betrieben wird, versehen ...

Noch eine Art von Schnäppern sind die 5–6 Schuh langen Froschschnäppern, von welchen statt eines Pfeils ein eisernes, mit einem Widerhaken versehenes, langes, an der Sehne des gespannten Bogens vesthängendes Stänglein nach Fröschen abgeschossen wird. Endlich hat das Wort Schnäpperlein noch eine eigene Bedeutung und wird gebrauchet bey jungen, schwatzhaften, munteren Mädgen, welche scherzhafter Weise mit diesem Namen belegt werden. Da man sagt, sie ist ein echtes Schnäpperlein, d. i. sie redet so geschwind und ist so lebhaft als ein vom Schnäpper abfliegender Pfeil."

Heute noch ist die von Zahn erwähnte übertragene Bedeutung von **Schnebbern** in der Mundart üblich: **Des is eine eléndiche Schnebbern** = sie redet unentwegt, auch **däi houd eine färchderliche Schnebbern** und **däi schnebberd in ganzn Dooch.** Auch bei der Erklärung des Wortes, das nach seinem schnappenden Geräusch so heißt, liegt Zahn richtig. Mit Schnepper bezeichnete man zu Beginn der Neuzeit verschiedene Geräte wie das Schröpfeisen der Bader, die eisernen Teile an Blasebälgen oder Türschlössern.[1] In der Bedeutung Armbrust tritt Schnepper erst gegen Ende des 16. Jahrhunderts auf. Älter scheint dagegen die schon mittelhochdeutsch belegte Bedeutung ‚schwätzen' zu sein. Wichtig ist in diesem Zusammenhang die Erklärung des Beinamens des bekannten Fastnachtspieldichters Hans Rosenplüt, der in Nürnberg 1444 als Büchsenmeister beurkundet ist. Er hieß der Schnepperer, und man tut sich schwer, diesen Spitznamen von seinem eventuellen Beruf abzuleiten, da er zweimal in seinem Werk selbst auf seinen Beinamen Bezug nimmt: als redt Hans Rosen-

---

[1] Ch. Scheffler-Erhard, Alt-Nürnberger Namenbuch

plut der schwetzer; Hans Schnepperer ist er genannt, ein halber byderbmann (=Biedermann); der ihn ein großen schwatzer heißt, der tut kein sünde daran.[2] Die Erklärung Zahns, daß das Spottwort Schnäppern von der Armbrust abzuleiten sei, ist also nicht ganz stichhaltig. Auf alle Fälle gehen beide Bezeichnungen auf mittelhochdeutsch snappen zurück.

Verglichen mit der Wortgeschichte der hochdeutschen Bezeichnung Armbrust ist diese Etymologie noch verhältnismäßig verständlich. Lateinisch arcuballista bedeutete im Mittelalter eine mit Bogen versehene Schleuder (arcu heißt Bogen, ballista Wurfschleuder zu griechisch ballein ‚werfen'). Daraus wurde im ersten Kreuzzug das volkslateinische Wort arbalista, französisch arbalète. Die deutschen Ritter übernahmen vor 1300 Sache und fremdartige Bezeichnung von den Franzosen, deutschten das unverständliche Wort allerdings zu Armbrust ein.

Der Schnuller und ähnliche Wörter

Die Methode, den schreienden Säugling zu beruhigen, indem man ihm etwas in den Mund steckt, ist uralt. Bevor es die Gummischnuller neuerer Zeit gab, verwendete man allerlei mehr oder weniger hygienische Saugbeutel. Es waren auch mit Mohn gefüllte Stoffbällchen darunter. Man scheute sich nicht, das Kind leicht zu betäuben, um seine Ruhe zu haben. Ich erinnere mich noch der Auskunft einer Hebamme am Städtischen Krankenhaus in Nürnberg, die mir in den 50er Jahren eine Geschichte aus ihrer böhmischen Heimat erzählte. Die Schwestern im Krankenhaus wunderten sich, daß eines der Kinder immer fest schlief, während die anderen gleichzeitig oder abwechselnd aus vollem Halse schrien. Die zugehörige Mutter gab auf Befragung die erwünschte Auskunft: **„Gebben die Beby Bier, schlafen di ganze Nacht."**

Nach Duden ist der Schnuller das hochdeutsche Allgemeinwort: „Der Schnuller, des Schnullers, kleines, auf einer mit einem Ring verse-

[2] Deutsches Wörterbuch, Band 9, Spalte 1317 ff.

henen Scheibe aus Plastik befestigtes hohles, einem Sauger ähnliches Bällchen aus Gummi, das man Säuglingen (um sie zu beruhigen) in den Mund steckt, damit sie daran saugen." Der Deutsche Wortatlas bietet eine große Vielzahl von landschaftlich differenzierten Einzelausdrücken. Ich greife einige Beispiele heraus: Südlich von Kiel sagt man Lutscher, bei Magdeburg großflächig Nuckel, östlich von Gießen Lutscher, östlich von Paderborn Suiger, nördlich von Bitburg Lubb, bei Adenau Schlupp, an der Saar Nuller, im Elsaß Nulli, nördlich Regensburg Dutzel, in Österreich großflächig Zutzel, aber auch Foppa, Lulla und Lutschker. In München kennt man Dietzel, nördlich von Kaufbeuren Zapfa, in Unterfranken Batzen, in Mittelfranken Schlauch.

Das Wort der Nürnberger Vollmundart (**Housd dei Schlaucherla scho widder rausgschbodzd?**) wird bei der jüngeren Generation natürlich mehr und mehr durch Schnuller verdrängt.

Schnürsenkel, ein merkwürdiges altes Wort

Moderne Schuhmodelle wie Slipper oder Schnallenschuhe haben den guten alten Schnürriemen nicht verdrängen können. Besonders zum Zuschnüren von Wanderstiefeln gibt es längere und kürzere Stoff- oder Lederriemen in allen Farben.

Die verschiedenen Bezeichnungen in den deutschen Mundarten für den gleichen Gegenstand sind merkwürdig differenziert. Während im Norden Schnürsenkel und Schnürriemen vorherrschen, sagt man im Süden Schuhband oder Schuhbändel; auch Schuhnestel ist ein häufiger Ausdruck im Südwesten. Das Kartenbild in Ostfranken sieht ungefähr so aus: Schuhnestel im nördlichen Unterfranken und Oberfranken, in der Nähe von Bamberg Schuhnissel und Schnürsteft, im Spessart, zwischen Rothenburg und Weißenburg: Schuhbännel, Schuhbändel, Schoubändl, Schouchbandl und Stiefelbandel.[1] Für den Nürnberger Raum ist als Leitform Schnürriemen angegeben. Doch ist in der heutigen Nürnberger Mundart ein offensichtliches Durcheinander der Wörter **Schnierriemer, Schoubendla** und **Schnier-**

[1] Karte bei H. Maas, Wou die Hasen ..., S. 43

senggl zu beobachten. Kein Wunder, da die Großstadt von allen Seiten Sache und Wort geliefert bekommt.

Die meisten der Wörter sind etymologisch klar: Riemen, Band, Nestel (bereits althochdeutsch Nestel für ‚Schnur'). Schnürstift und Schnürsenkel sind nach den verhärteten Enden des Riemens benannt, damit sich dieser leichter durch die Ösen fädeln läßt. Das Wort Senkel ist es wert, in seiner Geschichte näher beleuchtet zu werden.

Die Germanen übernahmen – wie das römische Wort ancora zeigt – den Schiffsanker aus Eisen erst von den Römern. Vorher pflegten sie ihre Nachen einfach stillzulegen, indem sie einen oder mehrere mit Stricken umwundene Steine versenkten. Diese Vorrichtung nannten sie Senkel (von [ver]senken abgeleitet). Althochdeutsch senchil, mittelhochdeutsch senkel heißt neben Anker auch das Zugnetz der Fischer, das Blei an Fischnetzen, auch Bleilot. Beim Gürtel hing früher ein Stück herunter, das man mit Zierat und Geschmeide verzieren konnte, es hieß ebenfalls der Senkel. Im Schnürsenkel lebt diese alte – stark veränderte – Bedeutung heute noch immer fort.

Der Tischler ist bei uns der Schreiner

Merkwürdig ist heute noch die Zweiteilung des deutschen Sprachgebiets was die Berufsbezeichnung Tischler/Schreiner angeht: Während der Handwerker im Norden, Osten Deutschlands und in Österreich nach seinem Hauptfabrikat, dem Eßtisch, benannt ist, bevorzugt der Westen das Wort Schreiner. Mittelhochdeutsch schrīn bedeutete „Kiste, Koffer (natürlich Holzkoffer), Käfig, Kästchen für Wertsachen, Heiligenschrein". Früher sagte man das Schrein, der Schrein setzte sich erst am Ende des Mittelalters durch. Schon im Nibelungenlied heißt es z. B. „dō wart uz schrīnen gesuochet guot gewant" oder Hans Sachs dichtet: „dergleich schreiner und zimmerleut müssen arbeiten morgn wie heut". Kluge erwähnt die ersten Belege für Schreiner in Regensburg 1224 und Ulm 1487 und bemerkt dazu, daß die anfangs dürftigen Hausmöbel der Deutschen vom Zimmermann hergestellt wurden.

In diesen Zusammenhang gehört ein wichtiger Nürnberger Beleg von 1460, den uns das Baumeisterbuch von Endres Tucher bietet: „auch soll ein paumeister bestellen und sein abrede haben mit einem schreinner, der zu der stat nottorft mach, wes dann not sei ... so hat eines schreinners lon und arbeit kein bestimpt noch gesetzt gelt. dann es ist allerlai kleins und mancherlai arbeit von fenster ramen zu pesseren und etlich new zu machen und allerlai posselwerk (zu mittelhochdeutsch bōzeln ‚schlagen, klopfen')."

Heute noch empfindet der Nürnberger das Wort Tischler als „preußisch" und spricht nicht nur in der Mundart, sondern auch im Fachdeutsch vom Bau- und Möbelschreiner (siehe Karte im Anhang!).

Der Schuldturm, eine Erinnerung an das alte Rechtswesen

Die Zeit der menschenverachtenden, grausamen Behandlung wirklicher Straftäter und solcher, die man dafür hielt, wie der Ketzer und Hexen, ist bei uns Gott sei Dank vorbei. Die Todesstrafe, die früher u. a. durch Rädern oder Vierteilen vollzogen wurde, ist in Europa abgeschafft, der Strafvollzug ist weitgehend humanisiert. Nur in Diktaturen des 20. Jahrhunderts, wie unter Hitler, Stalin, Pol Pot und Ceausescu, konnten gelegentlich Rückfälle erfolgen, die es an Grausamkeit mit der mittelalterlichen Strafjustiz aufnahmen.

Ähnlich wie wir es im Kapitel Gestechlein gesehen haben, wo das Rittertum sprachlich heute noch weiterlebt, sind auch sprachliche „Versteinerungen" der längst abhanden gekommenen Rechtsgewohnheiten vorhanden. Man spannt heute noch jemanden auf die Folter, wenn man ihn warten läßt, man setzt bei jemandem die Daumenschrauben an, wenn man ihn bedrängt oder man bricht über einen den Stab, wenn man ihn abqualifiziert. Ein brutaler und unvorsichtiger Autofahrer fährt ‚wie ein Henker'.

Auch in unserer Stadt existieren noch einige Reste des mittelalterlichen Rechtswesens. Folterkammer und Lochgefängnisse sind die bekanntesten, auch der Name der Wohnung des isoliert lebenden Henkers im sogenannten Henkersteg und der Name der ehemaligen Richtstätte in der Bezeichnung des Stadtteils Galgenhof am Hauptbahnhof.

Auf der Insel Schütt steht heute noch das Männereisen oder der Schuldturm (siehe Foto!). Er war wie das einstige Weibereisen, das 1813 völlig abgetragen wurde, ein Teil der zweiten Stadtbefestigung und diente wie andere Türme als Gefängnis. Eisen nannte man die Türme, weil die Gefangenen einst mit eisernen Ketten gefesselt waren. Ursprünglich saßen Kriminelle aller Art ein, wie wir z. B. aus einem Kirchenbucheintrag wissen: Der 1679 geborene jüdische Gold- und Perlensticker Carl Wilhelm Friedmann aus Krakau wurde wegen Verstoßes gegen das 6. Gebot hier gefangengehalten. Seit dem 15. Jahrhundert dienten beide Türme auch als sogenannte Schuldgefängnisse. Bevor wir Zahn zu Wort kommen lassen, sei auf ein merkwürdiges Schelt- und Spottwort hingewiesen, das von Will um 1800 erwähnt wird: Schöigleter Schuldthurn. Man kann sich diese merkwürdige Bezeichnung nur so erklären, daß der bauliche Zustand des Turmes vor seiner Renovierung nicht der allerbeste war, daß eventuell die Dachfenster oder Erker schief waren.

Nun aber die genaue Beschreibung der baulichen und juristischen Gegebenheiten durch Zahn: „In Nürnberg standen bißher 2 hohe steinerne Thürne, wovon der erste die Männereisen oder der im Jahre 1323 erbaute Schuldthurn, der zweyte aber die Weibereisen genannt worden. Diese beiden Thürne, samt den daran und dazwischen gebauten 6 großen steinernen Schwibbögen . . . bezeichneten vorhin die Gränze der Stadt Nürnberg vor ihrer letzten Erweiterung. Eben dieser letzgenannte Thurn wurde auf Befehl der Königlich Bayerischen Regierung anno 1813 und 1814 ganz abgetragen. Nur die Männereisen oder der Schuldthurn blieb zur Zeit noch stehend.

Beide Thürne waren zu Gefängnißen für Personen bürgerlichen Standes, ersterer aber, oder der sogenannte Schuldthurn auch für muthwillige Falliten bestimmt (betrügerische Bankrotteure) welche in einem daselbst zur ebenen Erde befindlichen mit Gattern verwahrten und einer daran bevestigten eisernen Büchse versehenen Kämmerlein, den Tag über sitzen und die vorbeygehenden mit den Worten: ein gefangener Mann, ein armer Mann, legt ein um Gottes willen! um eine milde Gabe, die zur Bezahlung eines Theils ihrer Schulden – und Abkürzung ihrer Gefangenschaft – verwendet wurden, anflehen mußten. Im gemeinen Leben pflegt man überhaupts zu sagen: Ein gefangener Mann, ein armer Mann."

So spektakulär diese Degradierung des gescheiterten Geschäftsmanns zum Bettler gewesen sein mag, Verurteilung zu einer gewissen Arbeitsleistung, wie wir sie aus den Romanen des berühmten englischen Autors Charles Dickens kennen, war da früher schon – und wäre auch heute in manchen Fällen – wesentlich sinnreicher.

Statt rund sagte man einst sinwel

Daß Mundart und Namen oft konservierende Wirkung haben, sahen wir in diesem Buch schon oft. Man vergleiche die Kapitel Gestechlein, Bader, Heftleinmacher und viele andere. So steht auch der Name des Sinwellturms als sprachlicher Überrest ziemlich vereinzelt im ganzen deutschen Sprachraum da. Im Mittelalter war das Wort sinwel für ‚rund' üblich. Es besteht eigentlich aus zwei Wörtern: sin-, was soviel wie ‚ganz, immer' bedeutet. Das Wort Sintflut und sinngrün (= immergrün) erinnern noch daran. Als zweites Wort erkennen wir wel, das auch in Welle steckt. Das Wort ist in großen Teilen Deutschlands gut belegt, so auch in unserem Raum. Endres Tucher spricht in seinem Baumeisterbuch vom ‚sünbelen newen thuren', d. h. vom runden, neuen Torturm. An anderer Stelle heißt es bei ihm: „und auß demselben pild nun drei fliessent roren geent, und das wazzer fellet in einen grossen steinen sünbellen trog doselbst im spitalhoff. Die Übersetzung lautet etwa: und aus derselben Brunnenfigur fließt aus drei Rohren das Wasser und fällt in einen großen, steinernen, runden Trog daselbst im Spitalhof. Schmeller erwähnt in seinem Bayerischen Wörterbuch: ‚das sinbel Glückrad', das rund und veränderlich ist. Er zitiert auch zwei Stellen aus dem Werk von Hans Sachs: „der pfennig ist simpel und rund und laufft darvon in kurzer stund". Oder: „als dann die perlein wachssen thund, schön, weisz, grosz, glat, simbel und rund".

Der bekannteste Beleg steht auf dem Behaim-Globus, einem der bedeutendsten Museumsstücke, die Nürnberg besitzt: „wie wol die welt simpel ist, das man just überall mit schiffen faren und gehen mag". Bei den meisten Belegen erkennen wir die Bedeutung: rund wie eine Kugel, doch zeigen der Name des Sinwellturms, die Belege bei Tucher und die Wendung simbel seulen (= runde Säule), daß auch „rund wie ein Zylinder" gemeint sein kann. Nun geschieht im Mittelalter etwas Merkwürdiges. Das altfranzösische Fremdwort roont – das sich aus lateinisch rotundus (= rund wie ein Rad) entwickelt hat – dringt mit der französichen Rittersprache im 12. Jahrhundert ins Deutsche ein. Die Artussage erzählt bekanntlich vom runden Tisch, von der Tafelrunde, einer frühdemokratischen Einrichtung, bei der keiner den Vorsitz haben sollte. Dieses vornehme, fremde, höfische Wort verdrängt nun das deutsche Volkswort. Das Modewort der gehobenen Sprache macht das gute alte deutsche Wort unmodern. Ob dabei der Gleichklang mit dem seit dem 14. Jahrhundert bezeugten Wort simpel (= einfältig) geholfen hat, ist nicht sicher. Wir haben in unserer deutschen Sprache genug Beispiele dafür, wie ausländische Wörter als Lehn-und Fremdwörter in einer oft allzu anpassungsbereiten Haltung aufgenommen wurden. Daß die Benennungen technischer Neuerungen aus dem Ausland übernommen wurden, wie schon beim alten Lehnwort Mühle oder bei modernen Fremdwörtern wie Container oder Computer, ist noch eher verständlich. Oft lagen aber auch andere Verdrängungsmechanismen vor. Das lutherische Deutsch verdrängte südliche Volkswörter, wie wir unter Gaul und Unschlitt in diesem Buch sehen. Vornehmere oder Bildungswörter überdeckten Wörter des kleinen Mannes, wie Häuserblock statt Stock im 18. Jahrhundert oder Friseur statt Bader.

Aus Österreich liegen uns zwei interessante Ortsnamenbeispiele vor, die beweisen, wie das Volkswort sinwel unmodisch und daher volksetymologisch entstellt wurde. In Kärnten versteht man eine alte Bezeichnung sinwellkirchen, die urkundlich belegt ist, auf einmal nicht mehr, weil sich rund schon durchsetzt, und macht daraus eine Sunnewendkirchen.[1] Gleichermaßen wird in Niederösterreich ein Ort bis zum 14. Jahrhundert Sinwelfeld geschrieben, dann auf einmal Simonsfeld. Die Namen werden also mißdeutet und an andere bekannte Wörter oder Namen angelehnt, weil das alte Wort sinwel aus dem Kurs gekommen ist. Auch in dem Dorf Simmelberg zwischen Heroldsberg und Günthersbühl vermutet heute niemand mehr das alte Wort sinwel; und doch ist er 1347 als Hof zu dem sinbellen perge genannt. So ist also der Name des Sinwellturms auf der Nürnberger Burg ein Name, der wahrhaftig Sprach- und Sozialgeschichte erzählen kann.

[1] nach E. Kranzmayer

Die Nürnberger Stadtwurst

Die Nürnberger Wurstwaren haben einen guten Ruf. Die Rostbratwürste sind weltbekannt. Das **Närmbercher Gwerch** und der **Ogsnmaulsalod**, die ich in meinem Wörterbuch beschrieben habe, sind begehrte Spezialitäten. Roter und weißer Preßsack – früher nach der Schweinsblase, in die das Gehäck gefüllt wurde, auch Säusack, **Seisoog** benannt – sind wie im übrigen Franken sehr beliebt. Es gibt für einige Fleischgerichte auch ursprünglich unanständige umgangssprachliche Bezeichnungen, deren sich die Gastwirte, wenn sie diese auf ihre Speisekarte schreiben, nicht mehr bewußt sind. So sind die Sauren oder Blauen Zipfel – Bratwürste im Zwiebelsud – nach dem Vergleich mit dem Penis benannt, der mundartlich **Zibfl** heißt. Auch die Stadtwurst mit Musik ist eine derbe Bezeichnung, da sie auf die Bauchwinde anspielt, die durch die Zwiebeln verursacht werden. Bratwurstgehäck, ohne Darmhaut serviert, heißt: **Naggerde**. Weniger deftig dagegen ist die Bezeichnung Bauernseufzer für eine längliche geräucherte Wurst. Sie erinnert vermutlich an die frühere Notlage der Bauern, die manchen langen Seufzer taten.

Noch wenig erforscht ist der Name der Stadtwurst. Es gibt in Nürnberg zwei Arten: die gröbere weiße und leicht geräucherte rote Hausmacher Stadtwurst, verkürzt auch Hausmacher genannt, und die einfache, feiner gehackte Stadtwurst, die meistens rot ist. Gelegentlich kann man auch eine weiße „Einfache" kaufen. Der bodenständige Nürnberger ist immer wieder erstaunt, wenn er sein Stadtgebiet und die nähere Umgebung verläßt, in Gasthäusern Stadtwurst verlangt und nicht verstanden wird. Zwar kennt man sie noch in Ansbach, Bayreuth, Emskirchen, Neustadt an der Aisch, Sulzbach und Weiden. Im Süden unseres Gebiets hat man statt der einfachen Stadtwurst nur die Lyoner oder Leoner, wie die Münchner sie seit langem nennen, im Westen, in Unterfranken, beginnt das Gebiet der ‚Fleischwurst'. Daß es sich um eine nur in der Nürnberger Gegend übliche Bezeichnung handelt, zeigte mir vor kurzem das Gespräch mit einem aus Niederbayern nach Nürnberg-Ost zugezogenen Metzger- oder Fleischermeister. Er kannte, als er sich hier einarbeitete, weder Zubereitung noch Namen der Stadtwurst und mußte die Herstellungsweise erst erlernen.

Aber nicht nur räumlich ist die Stadtwurst begrenzt, sondern auch zeitlich. Man meint, daß es sie schon in reichsstädtischer Zeit gegeben hat. Aber die von mir häufig benützten handschriftlichen Wortsammlungen von 1790 (Hässlein), von 1815 (Zahn) und von 1890 (Arnold) schweigen sich aus.

Auch in der Mundartdichtung kommt der Ausdruck erst im 20. Jahrhundert vor. Daher zog ich die Akten der städtischen Untersuchungsanstalt für Nahrungs- und Genußmittel zu Rate, die im Stadtarchiv Nürnberg aufbewahrt werden,[1] und wurde fündig.

Seit 1889 wird in den Aufzeichnungen zwischen Stadtwurst und Lyoner unterschieden, woraus man schließen darf, daß zuerst die Hausmacher Stadtwurst und erst später die einfache Stadtwurst so benannt wurden. Z. B. liegt vom 21. Juli 1892 eine Aktennotiz vor, daß Stadtwurst, Schinkenwurst und Leoner Wurst mit Mehl verfälscht worden seien.

Besonders anschaulich ist ein Bericht vom 24. August 1897, aus dem deutlich wird, wie sich damals schon städtische Dienststellen um die Belange der Verbraucher kümmerten und die unreellen Praktiken einzelner Metzger verhinderten. Der Eintrag lautet: „Heute morgen, gegen 11 Uhr, überbrachte der Reisende N. N. ein Stück geräucherter und noch ziemlich warmer Stadtwurst, welche er kurz vorher in einer Gastwirtschaft – Name im Original genannt – vorgesetzt erhalten hatte. Die übergebene Wurst besaß zwar noch kein anormales Aussehen, dagegen einen ziemlich starken Fäulnisgeruch und eine bereits verdorbene Beschaffenheit ... Der Unterzeichnete begab sich sofort in die Wirtschaft und fand dort sechs Ringe zu je ungefähr fünf Pfund dergleichen Würste vor." Der Wirt, der sich natürlich überrascht und unschuldig stellte, mußte im Beisein des Inspektors die Würste zerhacken und in das Fütterungsgefäß seiner Hühner schütten.

Nun wissen wir zwar ungefähr, wo und seit wann der Ausdruck Stadtwurst üblich ist, aber nicht warum. Als ich in den siebziger Jahren mein Wörterbuch erweiterte, suchte ich den damaligen Obermeister der Fleischerinnung, Herrn Bäuerlein, in Nürnberg auf. Er erklärte mir aus seiner persönlichen Erinnerung, daß um 1900 die gröbere, auf dem Land produzierte hausgemachte Wurst durch die in der Stadt arbeitenden Metzger eine Verbesserung erfahren habe. Sie hatten moderne wurstverarbeitende Geräte und konnten deswegen die Konkurrenz der Landmetzger ausschalten.

Wenn auch die vorliegenden Ausführungen noch einige Lücken enthalten, darf man doch abschließend folgendes behaupten: Stadtwurst wird um die Jahrhundertwende die nach der Machart der Nürnberger Stadtmetzger hergestellte Wurst genannt. Der Ausdruck hat, von der Stadt Nürnberg ausstrahlend, auch im Nürnberger Umland Verbreitung gefunden.

---

[1] Stadtarchiv Nürnberg: Rep. C 7/ I GR 7147

Stöbern bedeutet in Nürnberg etwas ganz Besonderes

Im Hochdeutschen gibt es als verwandte Form zu Staub und stieben etwa seit dem 16. Jahrhundert das Wort stöuber in der Bedeutung ‚Jagdhund'. Das Aufstöbern des Wildes durch den Jagdhund ist ein Fachwort der Jägersprache, das sich auch auf andere Lebensbereiche übertrug: Man stöbert Menschen auf, man stöbert zwischen den verstaubten Bänden, man stöbert alte Sachen aus dem Schutt und man stöbert nach Flöhen. Dieser Gebrauch des Wortes ist nicht allzu häufig, anders das Schneegestöber. In Süddeutschland konnte sich die allgemeinere Bedeutung für Saubermachen, Großreinemachen schlechthin entwickeln.

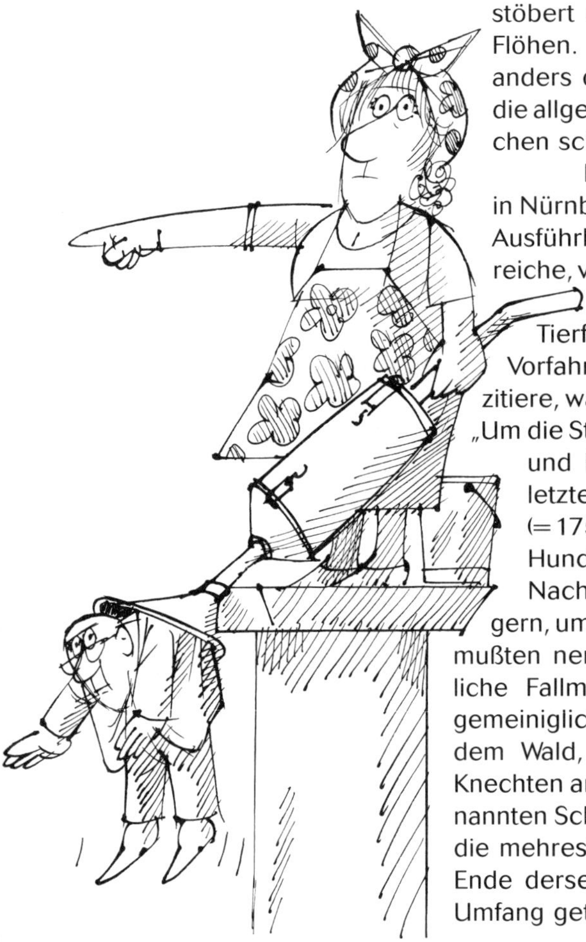

Besonders gut sind wir über die Bedeutungsentfaltung in Nürnberg unterrichtet. Zahn erzählt uns in der ihm eigenen Ausführlichkeit und Anschaulichkeit über zwei Bedeutungsbereiche, von denen der erstere allerdings – Gott sei Dank – seit langem ausgestorben ist. Moderne Tierschützer und Tierfreunde können es gar nicht fassen, wie brutal unsere Vorfahren mit Tieren umgehen konnten oder mußten. Ich zitiere, was Zahn über das sogenannte Nachtstöbern schreibt: „Um die Straßen in der Stadt Nürnberg von herrenlosen Hunden und Katzen zu säubern, wurde ehehin und noch in der letzten Hälfte des letztverflossenen Jahrhunderts (= 1750–1800) jährlich, und zwar mehrentheils in den Hundstagen bey einer mondhellen Nacht das sogenannte Nachtstöbern in der Stille veranstaltet, jedoch den Metzgern, um ihre Hunde zu behalten davon Nachricht ertheilet. Es mußten nemlich der Nürnberger Fallmeister, sowie auch sämtliche Fallmeister aus den Nürnberger Pflegeämtern, welche gemeiniglich Hundsschlager, auch Waasenmeister, Meister vor dem Wald, Abdecker, Schinder genennet wurden, mit ihren Knechten an einem bestimmten Tag sich in der Stadt in dem sogenannten Schützenhof versammeln und die nächstfolgende Nacht die mehresten Straßen durchstreifen. Vor die Zugänge und das Ende derselben zogen sie Garne, trieben dann die in diesem Umfang getroffenen Hund und Katzen zusammen und schlugen selbige mit Knütteln tod und luden solche auf den mitgeführten Karren. Weil aber bey dieser Gelegenheit von dem Pöbel großer Unfug und Muthwillen getrieben worden, ergiengen zu dessen Abstellung obrigkeitliche Verordnungen und in neuerer Zeit unterblieb diese Veranstaltung gänzlich." Es folgen weitere Angaben über den zeitweiligen geglückten Versuch, im Jahre 1815 die Hundeplage durch eine jährliche Abgabe zu bewältigen.

Was nun Zahn allerdings über die zweite Bedeutung erzählt, und zwar in leicht ironischer Weise, ist für uns Nürnberger heute noch eine Selbstverständlichkeit: „Das Wort stöbern im Sinn von reinigen, scheuern, fegen gilt besonders in Nürnberg, wo es bey dem vorzüglich zur Reinlichkeit geneigten weiblichen Geschlecht fast allgemein gewöhnlich ist, daß nicht nur alle Gemächer ihrer Wohnung von innen und außen, sondern auch aller Hausrat jährlich einmal von Staub und Wust gereinigt, Fenster, Läden, Stiegen, Thüren, alle Möbel, Schränke, Stühle, Tische, Geschirr geputzt und gesäubert werden. Auf diese öfters wochenlang andauernde Arbeit wird viel Mühe Fleiß, auch nicht geringe Kosten verwendet, und solange das Nürnberger Frauenzimmer im Stöbern begriffen ist, entsaget es aller anderen Beschäftigung und Unterhaltung. Darin befindet sie sich nach dem gemeinen Sprüchwort in ihrem Element. Frauenspersonen die solcher Beschäftigung vorzüglich und in übertriebener Weise ergeben sind, werden scherz- oder auch spottweise in Nürnberg Fegorscheln (= Ursula) genennet."

Vollmundartlich **schdäiwern** oder **schdiewern**, halbmundartlich **schdeewern** heißt heute noch der Frühjahrsputz oder das Großreinemachen. Der Nürnberger empfindet das Wort als hochdeutsch und schreibt es stöbern.

Um den Stock gehen und andere Erinnerungen an reichsstädtische Gewohnheiten

Dinge, Einrichtungen und Tätigkeiten, die vor Jahrhunderten üblich waren, inzwischen aber völlig verschwunden sind, haben sich oft in sprachlichen Ausdrücken und Redensarten erhalten. Das gilt für das Hochdeutsche wie für die Mundarten. Ich habe über solche Beispiele in den Kapiteln „Das Gestechlein und das Geiferkollerlein", Seite 47, „Die Heugeige und das Pumpenstöcklein", Seite 61, „Das Scheltwort Ölgötze", Seite 116, und „Der Name des Unschlittplatzes", Seite 195, ausführlich geschrieben. Die Nürnberger Mundart mit ihrer deutlichen Erinnerung an die alten Reichsstadtzeiten vor 1806 ist ein ausgesprochenes Reservoir für antiquierte Wörter und Redensarten. Heute noch sagt man **dou schdinggds wäi di Besd**, obwohl die Pest seit dem 18. Jahrhundert in Mitteleuropa ausgestorben ist; mein sparsamer Vater zählte noch seine **Greizerla** (Kreuzer), obwohl diese Art von Kleingeld längst nicht mehr gebräuchlich war; **der is korz vuur Doorschluß kummer** sagt man in Nürnberg, wenn man den Sachverhalt umschreibt, daß jemand gerade noch rechtzeitig eingetroffen sei. Die Schließung der großen Stadttore erfolgte im alten Nürnberg bei Sonnenuntergang. **Der houd ka Ånung vo Duudn und Blousn** ist eine emotionale Beurteilung eines völligen Versagens, besonders, wenn ein fachlich nicht Ausgebildeter an einer bestimmten handwerklichen oder Übung voraussetzenden Tätigkeit scheitert. Das Melodieblasen wie das langgezogene, eintönige Tuten gehörte mit zu den Haupttätigkeiten der Türmer, auch in unserer Stadt.

Einer der interessantesten sprachlichen Überreste früherer Gegebenheiten ist die Redensart **i gäi no ä weng umern Schduug**, das bedeutet soviel wie: ich mache noch einen kurzen Bummel um den Häuserblock.

Tun wir einen Blick in die Geschichte des Wortes Stock. Aus der Ursprungsbedeutung Baumstumpf, Wurzelstock – man denkt unwillkürlich an das alte Kinderlied „Über Stock und über Steine, aber brich dir nicht die Beine" – hat sich eine Vielzahl von Bedeutungen für Gegenstände aus Holz entwickelt: der Opferstock, der Stock, in den die Gefangenen eingeschlossen wurden, der Brunnenstock, in dem die Röhre verlief, das Stockwerk im Fachwerkbau, der Spazierstock und vieles andere.

Eine Spezialität in Nürnberg waren früher die Kettenstöcke, über die Zahn ausführlich berichtet: „Biß zum Ende des vorigen und im Anfang des jetzigen (also um 1800) befanden sich in Nürnberg in den mehrsten Gassen Manns hohe, starke, aus Eichenholz gefertigte Stöcke, an denen schwere eiserne Ketten hingen, um damit in erforderlichen Fällen die Straßen zu sperren und während dem Gottesdienst oder Raths-Sessionen das die Andacht und Aufmerksamkeit in der Nähe stöhrende und Geräusch erregende Fahren und Reuten zu verhüten... Außerdem wurden auch an diesen Kettenstöcken allerley Bekanntmachungen, z. B. Komödien- und andere Zettel, gedruckte und geschriebene Anzeigen von verlohrenen oder gefundenen Sachen, zuweilen auch Pasquillen (= Spottschriften) angeschlagen... Nun sind aber keine Kettenstöcke mehr vorhanden und ist durch deren Abschaffung eine große Quantität Eisen gewonnen worden."[1] So weit Zahn. Früher glaubte ich, die vorliegende Redensart um den Stock gehen als um die Kettenstöcke gehen erklären zu dürfen.

Bei einer Reise nach Eger war mir 1977 aufgefallen, daß der am Marktplatz stehende Block von mittelalterlichen Häusern das Stöckel heißt. Schon Dürer schreibt in seinem Werk Befestigung der stett wörtlich: „auch sol man zwischen den häusern gassen machen, also das allweg siben heuser einen stock geben." Hier haben wir also den richtigen Ausgangspunkt unserer Redensart. Warum ist aber Häuserstock nur in der Mundart erhalten geblieben und hochdeutsch abhanden gekommen? Darüber lesen wir ausführlich im Trübnerschen Wörterbuch: In der Mitte des 19. Jahrhunders färbte die amerikanische Bauweise wie z. B. in New York auf die deutsche Wohnbautenarchitektur ab. Die quadratischen Häusergruppen zwischen den parallel verlaufenden Straßen hießen im Angloamerikanischen block. Das Wort Block war natürlich im Deutschen schon seit langem bekannt – man denke nur an den Holzblock oder den Henkersblock –, doch jetzt wurde es durch das gleichklingende Fremdwort neu belebt. Das zeigt zusätzlich die englische Pluralform Blocks, die neben die einheimische Mehrzahlbildung Blöcke trat. Wortgeschichte spiegelt wieder einmal deutlich Kulturgeschichte. Immer noch geht der alte Nürnberger um den Stock spazieren. Wenn er einen weiteren Spaziergang machte, pflegte er früher **umern Duur** zu sagen, was soviel bedeutete wie zum einen Stadttor hinaus und zum anderen wieder herein.[2]

---

[1] Damit werden die Erklärungen des Deutschen Wörterbuchs, Band 10/3, Spalte 10 ff., ergänzt, die den Brunnenstock als Anschlagtafeln beschreiben

[2] P. Luginsland, Das warn halt noch Zeiten, Nürnberg 1963, im Vorwort

Die Erklärung des Worts Sutte, eine harte Nuß für die Sprachforschung

Die Ortsbezeichnung Sutte ist heute nicht mehr allen Nürnbergern geläufig. Wer aber in der Weinstube des Heilig-Geist-Spitals zu Gast ist, liest in einer der Speisekarte beigelegten Hausgeschichte, daß der Raum, in dem er sich aufhält, früher die Sutte geheißen habe (siehe Foto!). Damit war die Krankenstube des ehemaligen Spitals gemeint. Es gibt noch andere Zeugnisse für das Wort. In der Amtssprache der Nürnberger Kirchenverwaltung heißt heute noch eine der Pfarrstellen von Sankt Lorenz die Suttenpredigerstelle; ein Haus an der Pegnitz, das zum Komplex des Spitals gehört, trug den Namen Suttenpredigerhaus. Auch in der Mundart war um 1900 das Wort Sutte noch üblich. Man ging „**in di suddn**" zur Andacht oder gebrauchte die Redensart „**housdn wäi ä Suddnweib**".

In den Nürnberger Archivalien ist der Ausdruck seit dem 14. Jahrhundert gang und gäbe. Aus der Vielzahl der Belege seien hier nur drei besonders anschauliche abgedruckt: Bei den ersten beiden Beispielen handelt es sich um die alte, am Nordufer gelegene Krankenstube vor dem Neubau von 1487. So lesen wir aus dem Jahre 1445, daß das Hochwasser derart angeschwollen sei, daß es zu den Fenstern in die Sutte hineinlief. Bier und Bettzeug – man beachte die Reihenfolge! – wurden unbrauchbar, und man mußte die Kranken in ein höher gelegenes Gemach, in die Chorschülerstube, transportieren. Der zweite Beleg stammt aus dem berühmten Baumeisterbuch des Endres Tucher, des damaligen „Baureferenten". Er beschreibt in einer sehr detaillierten Weise den damaligen Verlauf der Röhrenführung. So spricht er davon, daß eine Wasserleitung aus der Sutte durch die Stubentür auf den Brunnen im Hof zu führe, zu einem Loch im Pflaster, in das das Abwasser fließt. Die dritte Stelle bezieht sich nun auf die neue, in den Schwibbögen über der Pegnitz befindliche Sutte und auf die seit alters nach ihr benannte Predigerstelle. So lesen wir um 1600, daß sich die beiden Suttenprediger vollaufen ließen – der Dienst bei den Schwerstkranken scheint nicht leicht gewesen zu sein – und einer von ihnen die Stiege hinabgefallen sei. Die Rüge durch den Rat als Dienstvorgesetzten blieb natürlich nicht aus. Auch in anderen Städten wie Urach, Bad Windsheim und Amberg wurden die Krankenstuben der Spitäler Sutte genannt. In Bamberg gab es deren gleich zwei. Dort existiert auch noch der Straßenname Sutte – ebenso in Kulmbach und Ebern – für eine ehemals sumpfige

Gegend. Die Bedeutung Sumpf für Sutte ist auch sonst im ganzen Sprachraum greifbar. Im Ötztal versteht man unter Sutte den breiigen Morast, den nassen Kot und schlammige Geländevertiefungen, in der Schweinfurter Gegend sagt man statt Jauche Sutte, und im Kleinziegenfelder Tal nordöstlich von Bamberg ragt der Suttenstein empor, ein Kalksteinfels, an dessen Fuß aufgestaute Fischteiche liegen.

Nun zur Erklärung, zur Etymologie des Wortes Sutte=Krankenstube. Seit dem 18. Jahrhundert wurde versucht, das merkwürdige Wort zu deuten. Dabei gab es natürlich wie immer viele Falschdeutungen. In der oben erwähnten Speisekarte des Heilig-Geist-Spitals z. B. verweist man darauf, daß den Kranken Gesottenes gereicht worden sei. Manche wollten das Wort von südlich gelegen, andere von Sucht ableiten. Natürlich wurde auch immer wieder der recht vernünftige Versuch gemacht, die Krankenstube Sutte als an der Sutte = sumpfige Stelle zu erklären. In der Tat lagen die Hospitalbauten des Mittelalters und die späteren städtischen Spitäler meist am Wasser, „wo fließendes oder stehendes Gewässer eine gesunde Luft und geregelte Fäkalienabführung versprachen", wie es ein Forscher formuliert hat. In Bamberg, Kulmbach und Ebern lagen die Spitäler an den oben genannten Sutten.

Ein weiterer, recht ernsthafter Deutungsversuch ist der Anschluß an Sud, Sutt „Heißwasser, heiße Brühe". Heißes Wasser war für die Krankenpflege schon immer wichtig. In Memmingen z. B. wurde unter der mittelalterlichen Spitalstube eine Hypokaustik, d. h. Heißwasserdampfanlage, gefunden. In Bamberg lesen wir in einer Handschrift des 14. Jahrhunderts, daß man den Leuten, die in der Sutte liegen, Holz gestiftet habe, daß man ihre Stube heizen, Wasser wärmen und ihre Gewänder trocknen kann.

Möglicherweise hat aber auch der Ort so geheißen, weil er wegen der Tätigkeit der Bader, die sich auch um die Wunden kümmerten, als unsauber galt und daher der Vergleich zu Kot und Jauche nahelag. Im Gegensatz zu heute, wo es in den Pflegestationen Wegwerfwäsche, Papierwindeln und luftdicht abgeschlossene Behälter zur Aufnahme von verbrauchtem Verbandsmaterial gibt, kann man sich die unsauberen Verhältnisse von früher nicht drastisch genug vorstellen. In Nürnberger Ratsverordnungen aus dem 16. Jahrhundert wird angeordnet, daß „schadhafte Kranke", das sind Kranke mit offenen Wunden oder aufgelegenem Rücken, in eine eigene Stube verlegt werden müssen, daß die übrigen Kranken durch den „Geschmack", wie man damals statt Gestank sagte, nicht belästigt würden.

Seit neuestem liegt ein dritter Deutungsversuch vor.[1] In mittelhochdeutscher Zeit, d. h. vom 12. bis zum 14. Jahrhundert, lesen wir in christlichen Dichtungen häufig das Wort Höllensutte. Das deutsche Wörterbuch der Brüder Grimm bietet dafür viele Beweise. Einmal heißt es im Originaltext: der tiuvel hat sie hergesant ūz sīner helle sutten = der Teufel hat sie hergesandt aus seiner Höllensutte. Zwar sträubt man sich zunächst dagegen, die Stätte christlicher Nächstenliebe, in der sich Geistliche, Bader und Suttenmägde der schweren Aufgabe widmeten, mit primitiven Mitteln die Schwerkranken zu pflegen, als Hölle zu bezeichnen. Im Heilig-Geist-Spital in Lübeck kann man heute noch sehen, wie einst die Krankenbetten so angeordnet waren, daß jeder Sieche den Altar sehen konnte, der zum Haupttrost der Armen errichtet war. Konnte man diesen Raum also wirklich als Hölle bezeichnen? Und doch: Der frühere Leiter des Stadtarchivs Nürnberg, Dr. Ulshöfer, machte mich darauf aufmerksam, daß die Krankenstube in Schwäbisch Hall früher das Fegfeuer geheißen habe.

So läßt sich also heute der Name der beiden Nürnberger Sutten — auch im alten Spital in Sankt Elisabeth gab es eine — wie folgt erklären: Ort, wo heißes Wasser verwendet wurde, wo es unsauber zuging und wo Leid und Hinfälligkeit des Menschen mit Höllenstrafen verglichen wurden.

---

[1] Mitteilungen des Vereins für Geschichte der Stadt Nürnberg, Band 76 (1989)

Was hat der Tittleinspatscher mit dem Dutzendteich zu tun?

Das Sauggeräusch der Lippen, das der an der Mutterbrust trinkende Säugling verursacht, hat schon in prähistorischer Zeit in vielen Sprachen der Welt eines der ältesten Wörter ergeben: Mama. Ganz ähnlich wurde aus dem schnalzenden Sauggeräusch, das sich durch Zunge und Vordergaumen ergibt: t – t die Bezeichnung der Mutterbrust Tutte.

Schallnachahmende Wörter – das können wir deutlich auf Seite 150 (Puttlein) sehen – haben sich oft den Gesetzen der Lautentwicklung entzogen. Lautgesetzlich hat sich aus dem germanischen Wortstamm tut althochdeutsch zuz ergeben, wie auch tatsächlich die Nürnberger Mundartwörter **zuzln** ‚saugen' und **Zizn** ‚Milchdrüsen beim Tier', aber auch wegen der spitzrunden Form ‚Föhrenzapfen' heute noch beweisen. Daneben ist aber das Wort Tutte, das die Entwicklung von t zu z nicht mitgemacht hat, erhalten geblieben. Im Bairischen wie im alten Nürnberg ist Tutte die Bezeichnung der Mutterbrust. Eine aus Münchner Studentenkreisen stammende Anekdote zeigt am Wort Tutte, daß der Volkssprache entwachsene Persönlichkeiten wie ein Universitätsprofessor im Augenblick der Erregung in die Mundart zurückfallen können. Einem Kandidaten wird in der Fachprüfung vom Professor für Gynokologie eine Frau mit geröteter Brust vorgeführt. Auf die strenge Frage des Prüfers, um welches medizinische Phänomen es sich handle, antwortet der nicht allzu beschlagene Student in Münchner Mundart: **di Duddn san endzundn.** Darauf der Professor in steigender Erregung: Erstens heißt es nicht **Duddn**, sondern Brust, Herr Kandidat, zweitens sagt man nicht **endzundn,** sondern entzündet und drittens **san di Duddn gar ned endzundn.**

Aus dem alten Nürnberg ist hier auch eine nette Geschichte zu erzählen. Beim Kaiseradler der alten Reichsstadt wurde der Kopf des Kaisers mit langem, wallendem Haar dargestellt. Die falsche Deutung des Volkes erklärte den Kopf wegen des langen Haares als Frauenkopf; bald erschienen auch bei den Darstellungen Frauenbrüste, und die Bezeichnung **Duddnweib** statt Kaiseradler war geboren. Das Wort **Duddn** ist nicht ausgestorben. **Komfermandndiddla** nennt der Nürnberger heute noch die unterentwickelte Mädchenbrust, während die meist humorvoll gebrauchte Bezeichnung **Diddlasbadscher** einen Schürzenjäger treffen soll, der gern ‚handgreiflich' wird. Schon früher handelte es sich um ein derbes Schimpfwort für den unsittlichen Mann, wie die Abbildung bei Ambrosius Gabler im Schimpfwörterbuch von 1799 zusammen mit dem weiblichen Pendant, dem Budalla, zeigt.

Was hat aber nun der Name des Dutzendteichs mit dem Wort Tutte zu tun? Im Süden Deutschlands, in Bayern und Württemberg, wird der Rohrkolben wegen seiner länglich-runden Spitze im Vergleich mit der Milchdrüse Dutte und Dutze genannt. Weiter oben haben wir schon gesehen, daß Zitze in ähnlicher Weise für die Bezeichnung des Föhrenzapfens verwendet wird. Die Namen des schilfbestandenen Tuttensees beim Chiemsee und des Schwarzwälder Titisees sind demnach als „Schilfseen" zu erklären. Genauso der Name des Dutzendteichs, der früher Duzerintoch, dutsche tey, Tutzedey, Thuczata geschrieben wurde. Als das Wort Tutze für Rohrkolben in der Nürnberger Volkssprache außer Kurs kam und durch Wörter wie Binse oder Schlotfeger ersetzt wurde, mußte man das unverständliche Wort in sogenannter Volksetymologie neu erklären und glich es an das ähnlich klingende Wort Dutzend an. Dazu half natürlich, daß der flache See, den das Langwasser bildet, durch natürliche und künstliche Deiche in eine Vielzahl von Einzelteichen aufgegliedert war.

Volksetymologien oder Fehletymologien, wie man heute auch sagt, sind in unserer Muttersprache gar nicht so selten. Ich will nur einige wenige Beispiele anführen: das Indianerwort hamaca wurde zu Hängematte; die römische Bogenschleuder arcuballist zu Armbrust (siehe Seite 171!); der moltwurf (Erdwerfer) zu Maulwurf; das Münchner Wort Oambock (Bier aus Einbeck) zu Bock(bier) und die grasa-smucka (= der Gras-schmieger) zur Gras-mücke.

Das Wort Puppe hat das alte Tockelein verdrängt

Nach Auskunft der Wörterbücher bedeutete das niederdeutsche Wort Docke (= oberdeutsch Tocke) einst „Rundgedrehtes, Garnknäuel, Strohbündel, Walze, Holzsäule, Zapfen, aber auch Puppe und junges Mädchen". Daß sich die Bezeichnung für das Spielzeug zum Kosewort für Mädchen entwickeln kann, ist uns vertraut, wenn wir an alte Schlagertexte wie „Püppchen, du bist mein Augenstern" oder an die „Zuckerpuppe aus der Bauchtanzgruppe" denken. Auch der Übergang von „rundes Holz" zu Spielpuppe ist verständlich. So nahmen früher kleine Mädchen ein Nudelholz in den Arm, umwickelten es mit einem Tuch, schaukelten es hin und her und sangen es in den Schlaf. Der Gegenstand war in ihrer Phantasie eine Puppe, so wie wir Jungen den Besenstiel einfach zur Lanze umfunktionierten.

Um noch einmal auf die Ausgangsbedeutung „Rundgedrehtes" zurückzukommen. Die Belege aus der alten Sprache sind deutlich genug: Da gab es Hanf- oder Flachsdocken, auch von einer Docke Stopfgarn ist die Rede. In der Fachsprache der Nürnberger Drechsler ist das Wort bis heute erhalten geblieben. Unter **Doggerlasglender** verstehen sie die mehr oder minder bauchigen, gedrechselten Stützen der Treppengeländer in alten Nürnberger Häusern.

Wie verhält es sich nun mit der Tocke in der Bedeutung Spielpuppe? Einen der ältesten Belege finden wir in dem Heldengedicht „Willehalm" des fränkischen Minnesängers Wolfram von Eschenbach: alsam die kinder spilent mit den tocken (= wie die Kinder mit den Puppen spielen). Kein Wunder, daß das Wort auch frühzeitig in der Spielzeugstadt Nürnberg auftaucht. Schon um 1400 finden wir in den Steuerlisten die Berufsbezeichnung Tockenmacher. Besonders interessant ist einer der Belege: Hans Snytzer, Tockenmacher. Der Familienname Snytzer ist aus der Berufsangabe Holzschnitzer entstanden und weist darauf hin, daß es sich um holzgeschnitzte Puppen handelte.[1] Aus dem 16. Jahrhundert stammen wertvolle Zeugnisse aus den Nürnberger Ratsprotokollen. Der Rat kümmerte sich um alles, z. B. um die genaue Einteilung der Marktstände. Deshalb erfahren wir, daß „dieweil vor der zeit ein goltschmidin am marckth neben dem schönprunnen hinab ... uff einem klainen tischlin gemachte tockhen failgehabt" habe. Auch das Verbot oder die Erlaubnis für Puppenspieler gehörte zu den Aufgaben des Rats. 1510 wird notiert, daß man „dem Hainrich von Burgundi sein tockelspiel als ers nennt von dem leiden Christi zuweisen" ablehne. 1527 wird dem „spilman mit der docken" erlaubt, „sein spil anzuslahen (=Werbeplakat aufhängen) und zu halten".[2]

Das Wort Tocke – in Nürnberg natürlich mit „weichem" Konsonanten **Doggng** gesprochen – ist in der Mundart bis in unsere Tage erhalten geblieben. Die weltberühmten Puppenstuben im Germanischen National-museum waren und sind die **Doggerlasschdum. Dreedidoggng** und **Mudidoggng** für putzsüchtige Frauen oder **Danzdoggerla** für ein niedliches Mädchen kann man vereinzelt noch hören. Schmunzelnd erzählte mir eine alte Nürnbergerin vor einigen Jahren „**ä alder Doggng mou mer budzn**" und meinte damit den Sachverhalt, daß man, je älter man werde, desto länger dafür brauche, um sich schönzumachen. Anschaulich schilderte Zahn um 1815 zwei Nürnberger Spezialitäten: das Tanzdockelein und die staubige Docke. Das Tanzdockelein habe ich schon in meinem Wörterbuch wiedergegeben. Es handelt sich um ein kleines Holzpüppchen, an dem eine Schweinsborste angebracht war, so daß man es durch einen Schlag auf die Tischplatte zum Tanzen bringen konnte. Die Ausführungen über die staubige Docke seien hier wörtlich zitiert. Sie zeigen, daß es nicht nur in romanischen Ländern die fragwürdigen Tierhetzen gibt, sondern daß sie auch in Deutschland, zumindest bis ins 18. Jahrhundert hinein, üblich waren. „Die staubige Docke. Als noch im vorigen Jahrhundert von den Mezgern in dem ehemaligen, nun in ein Gesund-Baad verwandelten sogenannten Fechthause[3] in Nürnberg wilde Ochsen und Thiere verschiedener Art gehezet wurden, bedienten sie sich unter anderem auch einer mit Stroh ausgefüllten und mit groben weisem Tuch überzogenen, eine menschliche Figur vorstellenden großen Puppe, welche auf zwei an einer Stange bevestigten Rädern gestanden, und den wilden Ochsen, um sie noch scheuer zu machen, von den Hazknechten vorgeschoben, und die staubige Docke genennet wurde. Da diese nun ein sehr widriges und ungestaltetes Ansehen hatte, so wurden mit derselben auch garstige und Abscheu erregende Personen, besonders weiblichen Geschlechts verglichen, und staubige Docken genennet."

[1,2] Die Angaben stammen aus den beiden Veröffentlichungen: G. Wenzel, Geschichte des Nürnberger Spielzeugs, Nürnberg 1966; T. Hampe, Nürnberger Ratsverlässe über Kunst und Künstler im Zeitalter der Spätgotik und Renaissance, Wien 1904

[3] Das Fechthaus oder die Fechtschule befand sich nach Reicke, a. a. O., früher auf der Insel Schütt

Das Wort Tocke oder Docke für Puppe war nicht nur im süddeutschen Raum – heute heißt noch in der Schweiz der Kindergarten Töggelischuel –, sondern in ganz Deutschland gut bekannt. Warum wurde es nun durch das Wort Puppe, das ein Lehnwort aus dem vulgärlateinischen puppa ist, verdrängt? Zunächst könnte man meinen, daß die von Italien nach Deutschland eindringenden „vornehmeren" Handpuppen und Marionetten die alte, einfache Spielpuppe verdrängt haben. In Kluges Etymologischem Wörterbuch sind andere Lehnwörter aufgezählt, die gute, alte einheimische Wörter verdrängt haben. So sagt man heute Pilz statt alt Schwamm, Onkel statt Oheim, Flachs statt Lein und Peitsche statt Geißel. Auch in diesem Buch sind einige andere Beispiele erklärt: rund hat sinwel, Pferd Gaul und Talg Unschlitt verdrängt, wie man unter den einschlägigen Kapiteln erfahren kann. Oft hat bei diesem Verdrängungsprozeß das nord- und mitteldeutsche Wort das süddeutsche Wort ersetzt. Bei Puppe/ Tocke mag dazugekommen sein, wie im Trübnerschen Wörterbuch erwähnt wird, daß Puppe ein für die Kinder leicht zu sprechendes Lallwort ist.

Der Tod von Forchheim, der Tod von Basel und der Tod von Ypern

Der sichd aus wäi der Doud vo Forchheim ist heute noch in Nürnberg eine gängige Redensart. Meist erfolgt die Beschreibung hinter dem Rücken des Betroffenen, nie direkt: **Du Doud vo Forchheim!** Gemeint ist ein hagerer, abgezehrter, dünnbeiniger, meist aufgeschossener Mensch, so wie ihn schon Gabler in seinem Schimpfwörterbuch um 1800 dargestellt hat. So alt, und wahrscheinlich viel älter, ist schon die Redensart.

Schon lange wird am Ursprung des Vergleichs herumgerätselt. Der Forchheimer Lokalforschung ist es bisher nicht recht gelungen, die Sache eindeutig zu klären. In einem Aufsatz[1] von 1982 sind die bisherigen Deutungen zusammengefaßt, und es wird eine neue vorgeschlagen: Früher wurde auf die ungünstige Lage Forchheims hingewiesen, wo durch stehendes Wasser manche Epidemie verursacht wurde. Ferner wird an

[1] Zeitschrift Frankenland 1982, Heft 9/10

Pestepidemien gedacht. Abwegig erschien auch der Vergleich mit einem Kruzifix. Da offensichtlich keine Abbildung einer wirklichen Figur des Knochenmannes als Bild oder als Statue vorhanden ist, schlug der Verfasser 1982 vor, an die todbringenden Geschütze zu denken, die Namen wie Schnellerin, Würzburgerin und Tanzerin trugen. Ich habe in meinem Wörterbuch in der Auflage von 1987 diese Ansicht erwähnt und mich zu einem Trugschluß verleiten lassen, was die Redensart: du siehst aus wie der Tod von Ypern anlangt. Diesen Vergleich hörte ich zum ersten Mal übrigens ausgerechnet in Forchheim. Ypern war im Ersten Weltkrieg schwer umkämpft, und ich glaubte, den Tod von Ypern darauf beziehen zu dürfen.

Das ist nach den neuen Parallelforschungen alles überholt. In deutschen Mundartwörterbüchern und bei Lutz Röhrich sind viele Parallelbeispiele erwähnt, die ich hier alphabetisch aufführe: Tod von Basel, Dassow (bei Kolin), Dirschau (in Preußen), Dresden, Forchheim, Gorschleben (Thüringen), Kiewitten (Ermland), Kreppen (bei Pirmasens), Lübeck, Pirmasens, Schmiechen (bei Ulm), Warschau, Ypern (niederdeutsch Niepen und Nieveren). Im Flämischen sagt man analog: utzien als de dood van Ieperen.

Um nun den genauen Ursprung der Redensarten zu klären, muß ich ein klein wenig ausholen. Unter dem Eindruck der furchtbaren Pestepidemien des 14. Jahrhunderts wurde es in Frankreich und Deutschland üblich, in Schrift und Bild den sogenannten Totentanz darzustellen. Der Tod als gräßliches Gerippe, oft mit Stundenglas und Sense dargestellt, holt die einzelnen Menschen vom Kleinkind über schöne, junge Frauen, Handwerker, Ärzte bis hin zu den höchsten weltlichen und kirchlichen Würdenträgern zu sich. Ein Stück mittelalterlicher Weisheit und Ständesatire: ‚Vor dem Tod sind alle gleich' ist in diese vordemokratischen literarischen und bildlichen Darstellungen mit eingeflossen. Nicht in allen der oben angegebenen Fälle lassen sich Totentanzdarstellungen heute noch feststellen, aber wenigstens in einigen:

1. In der Stadtkirche von Ypern gab es vor deren Zerstörung eine sechs Fuß hohe, scheußliche Todesdarstellung.[2]

2. In Lübeck erinnert ein modernes Glasfenster in der heute noch Totentanzkapelle genannten Kapelle an die ehemalige Ausmalung mit Totentanzfresken.

3. In Basel war an der Friedhofsinnenmauer des Predigerklosters eine etwa 60 m lange Totentanzdarstellung aufgemalt. Es handelte sich etwa

[2] K. F. W. Wander, Deutsches Sprichwörterlexikon

um 40 Tanzpaare. Die Mauer wurde zwar 1805 abgerissen, doch haben sich eindrucksvolle Reste im heutigen historischen Museum erhalten.

4. Auf die Verhältnisse in Gorsleben wurde ich durch das Thüringische Wörterbuch aufmerksam. Dort sind zwei Redensarten aufgeführt: er macht lange Schritte wie der Langenleuber Tod und er sieht schlecht aus wie der Gorschleber Tod. In Gorsleben im Kreis Artern, im Bezirk Halle, ist heute noch der Ausgangspunkt der Redensart erhalten: Kirchhofportal mit Durchfahrt und Fußgängerpforte. Schräggestellte, links auf Kragstein ruhende Sonnenuhr mit der Relieffigur des Todes als Gerippe mit Sense.[3]

Damit dürfte die Redensart des Todes von Forchheim hinreichend geklärt sein, auch wenn es nicht gelungen ist, in Forchheim selbst fündig zu werden.

Warum der Trödelmarkt in Nürnberg Trempelmarkt heißt[1]

Seit 1971 ist der moderne „Trempelmarkt“ auf dem Nürnberger Hauptmarkt – in Anlehnung an den Pariser Flohmarkt oder die Auer Dult in München – eine beliebte Veranstaltung geworden. Die Geschichte des in Nürnberg zäh fortlebenden Mundartwortes Trempelmarkt ist es wert, aufgezeichnet zu werden, da es sich um ein gutes Beispiel für ein Sprachgesetz handelt, das nur in germanistischen Fachkreisen und nicht allgemein bekannt ist. Zunächst einige Belege für das Wort aus alter Zeit. Den Leser wird es wundern, daß dabei nicht nur das Wort Trempel, sondern auch ähnliche Wörter wie Trendel, Krempel, und Tändel erwähnt sind.

1. In der bekannten Chronik des Rotbierbrauers Deichsler kommt schon 1496 der Trempala vor. Es war damit der spätere Trödelmarkt gemeint. 2. 1535 ist von einem Kandelgießer auf dem Säu- oder Krempelmarkt die Rede. 3. Hans Sachs kennt das Wort Trendelmarkt. In seinem bekannten Fastnachtsschwank „Der Roßdieb zu Fünsing“ heißt es: „Er het dort am Drendel marck fail / Allerlay hausracz einen dail“. 4. In der Nürnberger Chronik von Lüder lesen wir vom Trempelmarkt bei der Pegnitz, da

---

[3] Dehio, Handbuch der deutschen Kunstdenkmäler. Der Bezirk Halle, 1976, Seite 139

[1] Siehe ausführlicher in: Mitteilungen des Vereins der Stadt Nürnberg, Band 64!

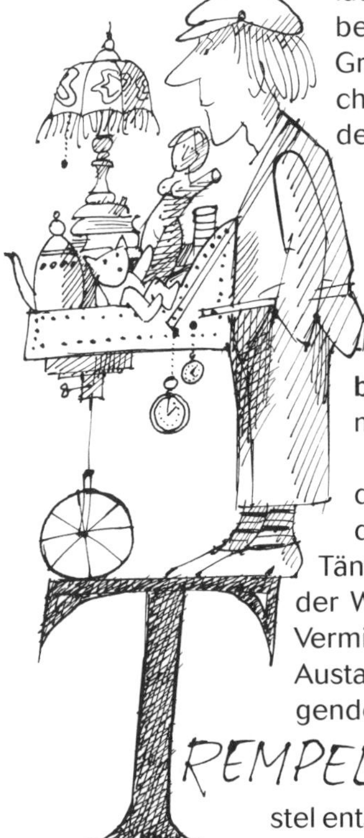

der Löffelholz Behausung steht. 5. Im Deutschen Wörterbuch lautet ein Beleg von 1654, der sich nicht auf Nürnberg direkt bezieht: „man schätzt oft einen, als hätte man denselben vom Grempel- oder Trändelmarkt gefunden ... da er doch mit innerlicher Würdigkeit angefüllet ist." Trendel wird für Ober- und Mitteldeutschland, Krempel oder Grempel für Oberdeutschland ausgewiesen. 6. In der alten Reichsstadt Nördlingen gibt es heute noch den Tändelmarkt als Straßenbezeichnung. 7. An die Wörterbuchbelege schließen sich die heute in der Mundart noch üblichen Nürnberger Wendungen an: **dou gäids zou wäi am Dremberla** „es herrscht geschäftiges Hin- und Herlaufen und Gedränge"; **däi houd än sauwern Dremberla banander** „ihr Haushalt macht einen heruntergekommenen Eindruck".

Nun zur Erklärung des Namens. Die führenden Werke der deutschen Sprachforschung[2,3] bezeichnen das Wort Trendelmarkt als eine Kontamination aus den Wörtern Trödel und Tändelmarkt, die Namenform Trempelmarkt als Kontamination der Wörter Grempel und Trendelmarkt. Kontamination bedeutet Vermischung oder Kreuzung von zwei Wörtern durch den Austausch von Buchstaben oder Silben. Zunächst einige überzeugende Beispiele für Buchstabenkontaminationen: Zum Kerngehäuse des Apfels sagt man in der rheinischen Mundart **Grutz** oder **Bitz**. Südlich von Bernkastel entsteht daraus die Mischform **Brutz**, die das u von Grutz und das B von Bitz kombiniert. Zwei Beispiele aus unserer eigenen Mundart sind unter Meerigel und Pelzmärtel auf den Seiten 100 und 127 aufgeführt. Die Heinzelmännchen aus Mainz sind die Mainzelmännchen geworden,[4] aus Motor und Hotel wurde der moderne Ausdruck Motel. Zum Schluß ein besonders deutliches Beispiel aus dem Englischen: englisch smoke „Rauch" und fog „Nebel" ergaben das moderne Schlagwort smog, das als Fremdwort auch im Deutschen üblich wurde.

Nun einige Silbenkontaminationen: Aus Gebäude und Baulichkeiten wird das Wortungetüm Gebäulichkeiten; aus nichtsdestoweniger und trotzdem hat sich die umgangssprachliche, witzig sein sollende Mischform:

---

[2] Deutsches Wörterbuch
[3] F. Kluge, a. a. O.
[4] H. Birkhan a. a. O.

nichtsdestotrotz entwickelt, und aus den Wörtern vorherrschend und überwiegend wurde das sprachlich eigentlich unsinnige, aber übliche Wort ‚vorwiegend'. Überhaupt ist die Umgangssprache voll von solchen Sprachspielereien. Das Fremdwort konsumieren und das deutsche Wort verbrauchen werden zum eigentlich lächerlichen ‚verkonsumieren' gekoppelt.

In der Mundart hören wir das Wort **glanner Grawuuz**, bei dem es sich um eine Kreuzung aus den Schelten **Krawatt** und **Butzen** (kleiner Gegenstand) handelt. Zum Abschluß erzähle ich noch eine ganz kurze Geschichte von einem Nürnberger Musikerstammtisch. Die versammelten Sänger eines Chores waren – es handelte sich um überwiegend konservativ eingestellte Musikfreunde – über die moderne Musik nicht allzu erfreut. Sie formten aus den bekannten Komponistennamen Hindemith und Strawinski den Phantasienamen ‚Strawindemith'. Jedesmal, wenn der Chorleiter ein modernes Werk ankündigte, konnte man am Stammtisch die abfällige Bemerkung: **des werd scho wider suu ä Schdrawindemidd sei** hören.

Der Name des Unschlittplatzes

Der Unschlittplatz in Nürnberg ist durch die Initiative der Altstadtfreunde zu einem der Plätze geworden, die das geschichtliche Bild der alten Reichsstadt nach der Zerstörung im Zweiten Weltkrieg noch annähernd erkennen lassen. Auch sein Name klingt altertümlich. Er geht auf das 1491 erbaute Kornhaus zurück, in dem seit dem 16. Jahrhundert das sogenannte Ochsen- und Unschlittamt untergebracht war. Daher heißt der Getreidespeicher, der die Bombenangriffe überstanden hat, heute noch Unschlitthaus. Örtlichkeitsnamen haben oft eine ausgesprochen konservierende Wirkung, d. h., sie bewahren uralte Wörter noch lange auf, auch wenn diese in der Hochsprache der Mundart schon längst ausgestorben sind. So sind die alten Wörter Nurn = Fels und sinwel = rund nur noch im Namen der Stadt Nürnberg und des Sinwellturms erhalten geblieben.

Bis 1900 steht in den Konversationslexika das Wort Unschlitt als gängiges Wort neben dem gleichbedeutenden Talg. Luther und Goethe verwenden es. So heißt es z. B. im 1. Akt des Götz von Berlichingen: „. . . weil bei einer näheren Bekanntschaft mit den Herren der Nimbus von Ehrwürdigkeit und Heiligkeit verschwindet, den uns eine nebliche Ferne um sie herumlügt; und dann sind sie ganz kleine Stümpfchen Unschlitt." Auch in der Volkssprache Süddeutschlands war das Wort üblich, in Nürnberg früher in den Formen **inschli** und **inschlich** oder in Schwaben, wo man sprichwörtlich über einen blaß und kränklich aussehenden Menschen sagte: Er sieht aus wie das Gmünder Unschlitt, und des is no zwei Lot weißer als 's Ellwanger.

Das Wort ist uralt, es kommt schon im 9. Jahrhundert in der Form ingislahti (gesprochen: ingischlachti) vor. Man unterschied beim Schlachten von Rindern, Ziegen und Eseln zwischen dem guot geslehte, also Fleisch, Fett und Blut, die man zum Essen verwenden konnte, und dem ungeslehte, den Innereien und dem Gedärme mit dem daran sitzenden Fett. Daß aus dem viersilbigen Wort ein zweisilbiges wurde, ist nichts Auffallendes. Durch den Gebrauch im Laufe der Jahrhunderte haben sich die meisten Wörter abgeschliffen, d. h. sie wurden nicht zuletzt durch die fränkische Mundfaulheit verkürzt. Ein besonders überzeugendes Beispiel ist der Name der Stadt Hersbruck, der – heute zweisilbig – aus dem sechssilbigen Ha-de-ri-ches-bruk-ka entstanden ist.

Eines der Pionierwerke der deutschen Wortgeographie[1] gibt uns über die Verbreitung der Wörter Unschlitt und Talg Auskunft. Unschlitt sagte man – einschließlich der Nebenformen Inschlicht, Inselt oder Unselt – in Österreich, Bayern, Württemberg, Baden, in der Pfalz, im Elsaß und in der Schweiz. In ganz Norddeutschland galt dagegen Talg, das sich bis nach Frankfurt, Mainz und Coburg vorschob. Warum das Wort Talg heute noch übriggeblieben ist und nicht das süddeutsche Wort Unschlitt, daran ist der norddeutsche Überhang in der deutschen Sprache schuld. Norddeutsche Sprechweise und Geschäftstüchtigkeit waren der süddeutschen oft überlegen. Wie heißt es im Volkswitz so treffend? „Bevor der Bayer Teller sagt, hat der Preuß' die Wurscht schon gefressen." So haben die norddeutschen Wörter Junge, Hahn, Topf, Ziege, Pocken und Talg die süddeutschen Wörter Bub, Gockel, Hafen, Geiß, Blattern und Unschlitt heute teilweise oder völlig verdrängt.

[1] P. Kretschmer, Wortgeographie der hochdeutschen Umgangssprache

Wortgeschichte ist keine trockene Wissenschaft um ihrer selbst willen, sondern sie kann als Hilfswissenschaft für die allgemeine Geschichte recht anschauliche und beweiskräftige Ergebnisse liefern. Das Auftauchen und Untergehen von Wörtern spiegelt nämlich meistens sehr genau kultur- und wirtschaftsgeschichtliche Veränderungen wider.

Das Wort ingislahti „Eingeweidefett vom Hornvieh" erscheint unvermittelt im 9. Jahrhundert. Wenn neue Wörter in einer Sprache auftauchen – man denke nur an Auto, Motor, elektrisch um 1900 –, so sind damit meistens umwälzende technische Neuerungen verbunden. Um 900 hat man die Beleuchtung der Behausungen mit Talglichtern entdeckt. Vorher begnügte man sich, Halle oder Bauernhaus durch das offene Herdfeuer zu erhellen. Daneben gab es noch die Fackel und den Kienspan, ein harziges Stück Kien = Kiefernholz. Wegen der Brand- und Verrußungsgefahr kam man nun um 900 darauf, kleine Talglichter zu schmelzen, sie mit einem Docht zu versehen und dadurch die Beleuchtung zu modernisieren.

Es war die Geburtsstunde der Haushaltskerze. Wachskerzen, die hauptsächlich in der Kirche verwendet wurden, waren ja für den Alltag viel zu teuer. Unschlitt und Talg gewannen im späten Mittelalter und in der Neuzeit immer mehr an Bedeutung, zumal sie auch für die Herstellung von Seife, Wagenschmiere und Schuhwichse verwendet wurden. Während andernorts die Pfragner mit der Herstellung und dem Verkauf der Unschlittprodukte beauftragt wurden, sorgte der alles reglementierende Rat der Stadt Nürnberg dafür, daß der Vertrieb des hochwichtigen Rohstoffs zu einem städtischen Monopol wurde. Deswegen wurde im Kornhaus an der Pegnitz das Unschlittamt errichtet.

Auch das Verschwinden des Wortes Unschlitt aus unserer Sprache spricht wiederum Bände. Wörter kommen außer Gebrauch, wenn der durch sie bezeichnete Gegenstand nicht mehr nötig ist. Das kann man an Wörtern wie Karzer, Lichtputzschere, Kreuzer und Spital erkennen. Sie sind heute nur noch im historischen Zusammenhang üblich und werden durch andere Wörter wie z. B. Pfennig, Alten- oder Seniorenheim ersetzt. Wie war es nun mit dem Unschlitt? Etwa um 1820 werden in Paris die ersten Stearin-Haushaltskerzen verwendet. Die Verseifung der Fette durch Kalk führt um die Mitte des Jahrhunderts zu einer neuen Technik der Kerzenherstellung. Später griffen dann Petroleum, Gas und zuletzt die Elektrizität so um sich, daß man aufs Unschlitt völlig verzichten konnte.

Zum Abschluß noch eine Quellenstelle, die die Herstellung von Unschlittlichtern in einem Kochbuch von 1753 in der altertümelnden „gemütlichen"

Sprache dieses Jahrhunderts beschreibt.[2] „Ein Nachtlicht aus zubereitetem Unschlitt zu machen. Nehme sogenannte Schmellen (= Halme) aus dem Heu, und umspinne sie viermal mit Baumwollen zu Döchten in das Nacht-Licht; alsdann schlage eine Bleykugel breit, bohre ein Löchlein dadurch, stecke den Dacht darein, und stelle ihn in ein Gläslein, giesse von dem bereiteten Unschlitt darein, und lasse es stehen, bis es hart gestanden ist. Nach diesem zünde es an, putze es, wann es fünff oder sechs Stunden gebrennt hat, mit einem Scheerlein, und wirff das abgeputzte weg. Auf diese Weise brennt es wieder schön fort."

Sagen Sie noch verpupitzen statt verschwenden?

Der Begriff „männliches Kind, Knabe" wird in ganz Norddeutschland bis etwas nördlich von der Main-Linie durch das Wort Junge abgedeckt. Die Pluralform lautet hochdeutsch Jungen, mundartlich und umgangssprachlich ist weithin, besonders im Nordwesten, Jungs üblich. Südlich des Mains gilt in Bayern und Österreich Bua, in Württemberg Bueb und in Franken Bou. Das Nürnbergische unterscheidet sich vom Südbayerischen durch die sogenannten gestürzten Diphthonge: **läibe, goude Bräider** statt liebe, guete Brüeder. **Bou** und **goud** sagt man bei uns statt bairisch Bua und guat. Andere Beispiele sind: **Schou** statt Schua, **Kou** statt Kua, **Rou(h)** statt Ruah.

Darüber hinaus konnte schon im Mittelhochdeutschen Bube in ganz Deutschland eine negative Bedeutung erhalten, etwa „gemeiner, niederträchtiger Erwachsener", wie heute noch die hochdeutschen Wörter Bubenstück, Büberei und bübisch beweisen. Dazu gab es – wie das Deutsche Wörterbuch angibt – ein Verbum verbuben, das soviel wie ‚mit Buben durchbringen' bedeutete. Eine Ableitung dazu war popitzen „liederlich leben", das nur in wenigen Wörterbüchern vorkommt.[1]

---

[2] E. Mulzer in Nürnberger Altstadtberichten, Heft 6

[1] A. Götze, Frühneuhochdeutsches Glossar; Wörterbuch der baierischen Mundarten in Österreich: poppetzen „prahlen"; Deutsches Wörterbuch, Band 7, Spalte 2001: poppen und popitzen „großtun, schwelgen, schlemmen, liederliches Leben führen"

Um so reichhaltiger ist dieses Wort von Hans Sachs bis auf den heutigen Tag in Nürnberg belegt. Hans Sachs dichtet: thetten irs gelds genieszen, die popitzer und alfantzer (=Schalk) oder: mit kleidern popitzt sie hin und her. Das Willsche und Häßleinsche Idiotikon führen um 1800 an: „pupitzen, etwas nicht zu Rathe halten, verschwenden, viel auf den Staat gehen lassen, übel haushalten“ und das Schimpfwort Pupitzerin.

Schmeller zitiert ausführlich: „ . . . das an der Pegnitz vorkommende Wort buebizen, pubizen, popizen „ein liederliches Leben führen, besonders einen übermäßigen Aufwand treiben“; verbuebizen „verschwenden“. Auch hier wird ein Beleg von Hans Sachs angeführt: „wer aufborgt und entlehent vill und tracht nit, wie er zalen wil und will vil hin und herpopitzen, der solt ins Narrenbad auch sitzen“.

In der heutigen Voll- und Halbmundart kann man das Wort noch häufig hören, z. B. **Der houd sei ganzer Wår verbuwidzt** „er hat all das Seine durchgebracht“.

Die Etymologie darf mit Schmeller eindeutig so festgelegt werden: verbubitzen ist dasselbe wie mittelalterlich verbuben „mit Buben sein Geld durchbringen“. Die Nachsilbe -itzen erinnert an stibitzen statt stehlen.

Warum man das Vestnertor und die Alte Veste mit V schreibt

Die alten Deutschen haben bekanntlich im Laufe des Mittelalters das Schreiben von den Römern und vor allem von den Mönchen gelernt. Eine feste Rechtschreibung wurde erst im 20. Jahrhundert durch Konrad Duden eingeführt. Bis dahin gab es landschaftlich verschiedene Schreibweisen in den einzelnen fürstlichen Kanzleien und bei den Geschäftsleuten in den Handelsstädten. Besonders die Wiedergabe des Lippen-Reibelautes F war großen Schwankungen unterworfen. Wenn man althochdeutsche Wörterbücher ansieht, begegnet einem für die Zeit bis zum 11. Jahrhundert im Anlaut immer nur F, auch bei Wörtern, die heute mit V geschrieben werden. Filu, fir-, fior, fon(a), fugal, folc, fol, for(a), fihu, fetiro und fater statt heutigem viel, ver-, vier, von, Vogel, Volk, voll, vor, Vieh, Vetter und Vater.

Anders dann in mittelhochdeutscher Zeit vom 12. bis zum 15. Jahrhundert, wo der Buchstabe V gleichzeitig für den U-Laut und den F-Laut verwendet wird. Er hat sich im Anlaut bei den meisten deutschen Wörtern durchgesetzt. Ich gebe nur einige Beispiele: visch, vinster, vleisch, vreund, vrī (= frei), vruht, vunke, vünf, vuoz (= Fuß), vürst, vackel, vallen, valke, varn (= fahren), valsch, vaz, veder, vinger und vest.

Im 14. bis zum 18. Jahrhundert setzt sich dann erneut eine Schreibreform durch, die von der kaiserlichen Kanzlei in Prag unter den deutschen Kaisern Karl IV. und Wenzel ausging. F erscheint wieder im Anlaut, mit Ausnahme einiger Wörter, die heute noch mit V geschrieben werden: Vater, ver-, viel, Vieh, vier, Vogel, voll, Volk, von, vor oder auch in Ortsnamen wie Villingen, Varnhagen, Wilhelmshaven, Havel, Hannover und Personennamen wie Veeh, Voss und Vrede. Sonst gibt es im modernen Hochdeutsch das V stimmhaft ausgesprochen – nicht stimmlos wie F – bei Fremdwörtern wie Vase, Visier oder Vene. Nun zurück zur Alten Veste und zum Vestnertor. Während man heute fest und Festung immer mit F schreibt, kann man z. B. im 18. Jahrhundert bei Herder noch lesen: 1828: Thier und Menschen schliefen veste. Bei alten Bauwerken, z. B. auch im Namen der Veste Coburg, bewirkt nach dem Deutschen Wörterbuch altertümlicher Sprachgebrauch die konservierende Schreibung mit V.

Waffel bedeutet in Hochsprache und Mundart zweierlei

Das Wort Waffel, für ein spezielles Gebäck, ist durch die führenden deutschen Wörterbücher in seiner Entstehung eindeutig erklärt worden: Das nordwestdeutsche Fastengebäck wird im Mittelalter nach seinen rautenartigen Vertiefungen, die durch das Backen im Waffeleisen entstehen, mit der Honigwabe verglichen. Gebäck und die zugehörige Bezeichnung wandern in frühneuhochdeutscher Zeit den Rhein herauf und sind heute in ganz Deutschland bekannt und beliebt geworden.

Nun aber das gleichlautende Tätigkeitswort waffeln, das hauptsächlich in Süddeutschland bekannt war, mit dem Waffel-Gebäck nichts zu tun hat, sondern wie **babbln** ein lautmalendes Wort gewesen ist. Die Nachsilbe -eln entstand wie bei anderen lautmalenden Wörtern lispeln, mummeln und stammeln. Das Wort ist schon im 15. Jahrhundert bezeugt. In einem hessischen Bußregister heißt es wörtlich: „hat sich mit einer anderen frawen gewaffelt mit worten", woraus die Bedeutung ‚zanken' zu erschließen ist. Auch beim Nürnberger Dichter Hans Sachs kommt das Wort vor: Schweig nur und halt dein Waffel zu! Das Hauptwort die Waffel (= der Mund) und das daraus gebildete Personenscheltwort Waffel (= Mensch mit einem häßlichen, aber auch mit einem ständig redenden Mund) ist aus dem Verbum zurückgebildet, ähnlich wie die Schelten Tratsche, Schnepper, Keife, Schussel, Muffel und Trampel und andere. Gabler hat mit seiner bekannten Darstellung der Waffel einen entscheidenden Beitrag zur Wortgeschichte um 1800 geleistet. Es ist ein Mann mit häßlichem Mund, mit herabhängender Unterlippe dargestellt. Waffelmaul gibt es auch in anderen Landschaften wie in Hessen, im Nassauischen, im Elsaß.

Heute ist das Wort noch in der Nürnberger Mundart üblich: **Hald dei Waffl!; der machd wider ä Gwaffl zamm, ä saudumms. Däi waffld in aaner Duur** und **der Wafflbegg** soviel wie **Waffler**, dauernd und dumm daherredender Mensch. Bei diesem zuletzt genannten Schimpfwort hat natürlich volksetymologisch im Hintergrund das Backen der Waffel durch den Bäcker Pate gestanden.

So weit ist alles eigentlich klar. Nun gibt es aber in Nürnberg wie in Bayreuth, Bamberg und Ansbach ein ähnliches Wort mit ähnlicher Bedeutung: **waafm** „dumm und langweilig schwätzen", **ä saudumms Gwaaf, alder Waafm,** verstärkt **Stadtwaafm** „Mensch, der alles herumerzählt". Hier handelt es sich trotz aller Ähnlichkeit ursprünglich um ein ganz anderes Wort. Neben Haspel, Garnhaspel kennt man in Ostmitteldeutschland, also in Sachsen, Thüringen, das Wort Weife. Es gab sie in den Webereien in allen Größen. Das von der Spule genommene Garn wurde durch Drehen auf diese Weifen aufgewickelt. So wie sich bei dem hochdeutschen Ausdruck „sich verhaspeln" das ununterbrochene Drehen der Haspel auf das schnelle Sprechen des Menschen übertragen hat, geschah dies auch bei Weife und weifen. Im Fränkischen spricht man hochdeutsche Wörter auf ei lautgesetzlich **aa** aus: heiß wird bei uns zu **haaß**, streifen zu **schdraafm** und weich zu **waach**. Auch im Thüringischen Wörterbuch sind dieselben bedeutungsmäßigen und lautmäßigen Vorgänge erhalten: weifen wird zwar meist weefen gesprochen, doch im Raum Sonneberg ist auch die Aussprache waafm bezeugt.

Jetzt beende ich aber schleunigst meine Ausführungen, sonst muß ich hören: **Edz häirsd aaf, du alder Waafm, sunsd langweilsd deine Leser!**

Die Ware, ein Allerweltswort

Zunächst zur Aussprache des Wortes in der Vollmundart. Während sich alle anderen Buchstaben des Alphabets in unserer Mundart ungefähr – ohne die Exaktheit der Phonetiker natürlich – mit hochdeutschen Buchstaben wiedergeben lassen, muß für den Stammvokal von **Wår**, dessen Qualität genau in der Mitte zwischen hochdeutsch a und o liegt, ein eigenes Zeichen geschaffen werden: å. Der Nürnberger spricht **bådn, Nåsn, Lådn, Wår**, indem er den Mund öffnet. Die Unterlippe hängt schlaff herunter, die Backen sind nicht so weit nach außen gezogen wie bei der Artikulierung von hochdeutsch a, gleichzeitig aber müssen die Lippen gerundet werden wie bei hochdeutsch o. Besonders wenn ein r dem å folgt, ist der Vokal eine eigene Nürnberger Klangstudie. Vollmundartsprecher sollten sich einmal vor den Spiegel stellen und ihre Mundstellung bei folgenden Wendungen beobachten: **edz is scho wider går; edz får mer glei ford; des is doch årschglår.**

Daß die Ware in der berühmten Kaufmannsstadt Nürnberg schon immer eine große Rolle spielte, ist nicht verwunderlich. Schon im 13. Jahrhundert taucht das Hansewort Ware, „das, was man in Gewahrsam hat" in Norddeutschland auf und verdrängt langsam die süddeutschen gleichbedeutenden Wörter Kaufmannsgut, Kaufmannsschatz. In der Schriftsprache ist Ware bis heute die Bezeichnung für vielfältiges Warenangebot, für das zu kaufende oder zu verkaufende Handelsgut geblieben.

In Nürnberg ist das anders. Der denkfaule Mundartsprecher hat als Nachfahre der alten Reichsstädter das Wort so geliebt und häufig gebraucht, daß eine Fülle von konkreten und abstrakten Bedeutungen damit bezeichnet wird, die dem Hochdeutschen fremd sind. Im Hochdeutschen wären etwa die Wörter Sache und Ding vergleichbar. Wie wir schon unter Schmarrn gezeigt haben, wo eine ungeheure Vielfalt hochsprachlicher Wendungen mit dem gleichen Wort abgetan werden, so ist das auch bei **Wår**. Zunächst der konkrete Sinngehalt: **Des is mei Wår, dou lou i mer nix wechneemer;** so werden zudringliche öffentliche oder private Besitzansprüche abgewehrt; der Stolz eines Besitzers wird durch das Lob: ‚**ä schäiner Wår housd**' erhöht–. **Deer Begg houd ä gouder Wår, den andern sei Wår dauchd nix; der sol sei Wår selwer fressn; i zål mei Wår selwer; des is mei Wår und des is dei Wår; ä gschdullner Wår** usw. In all diesen Fällen kommt die Bedeutung wie „Grundstücke, Hausbesitz, Möbel, Verkaufsgut, Waren aller Art" zum Ausdruck. Bei der Beliebtheit des Wortes in der Vollmundart ist es kein Wunder, daß es auch als Hüllwort für Sexuelles dient, das man nicht gerne direkt benennt. So bedeutet **Wår** auch „Menstruation" oder **bei derer sichd mer ja di ganz Wår** kann man hören, wenn sich eine Frau so bückt, daß man ihr ungewollt unter den Rock sehen kann.

Eugen Skasa Weiß hat es in seinem Buch über die Franken schon formuliert, daß der Sinngehalt des Wortes War(e) von den Gedankengängen Hegels bis zum Inhalt der Obstkörbe auf dem Markt reiche.

Einige Beispiele für die **Wår** im übertragenen Sinn: **ä zerdrångne Wår** „Wirrwarr, Streitigkeiten"; **ä gfeerlicher Wår** „gefährliches Unterfangen"; **i hob mei Wår gmachd** „ich habe meine Pflicht getan"; **kend er eier Wår?** „habt ihr euer Pensum gelernt, euer Lied, euer Musikstück genügend geübt?"; **ä bläider Wår** „eine schwierige Aufgabe, eine mißliche Lage"; **ä Wår machng däi** „die Handlungsweise der Regierenden im Bund oder in der Kommune ist dem kleinen Mann unverständlich"; **des is ä lengere Wår** „ein länger dauernder Vorgang"; **wos isn des fir ä Wår?** „was ist hier los, was geht vor?"; **heid houds mer ä koomischer Wår draamd** „ich habe Merkwürdiges geträumt"; **mach ka Wår** „erzähle keine Geschichten! ja so etwas!"; **glab däi Wår** „das glaube ich nicht"; **des is doch ka Wår ned** „das ist doch nichts Richtiges" usw., oder wie der Nürnberger statt „und so weiter" gern sagt: **und Zeich und Wår**. Genug der Beispiele. Man sieht deutlich, daß nürnbergerisch **Wår** ein häufigeres Wort ist als hochdeutsch Ware.

War der Weiße Turm früher weiß?

Wenn man einen Nürnberger fragt, was er als Nürnbergs Hauptsehenswürdigkeit empfehle, müßte er eigentlich antworten: die Stadtmauer. Sie ist in der Tat ein Unikum. Es handelt sich um die dritte Befestigungsanlage, die weitgehend aus der Zeit von 1350 bis 1450 erhalten geblieben ist. Sie besteht aus einem breiten Trockengraben und zwei Mauerringen, die den sogenannten Zwinger, auf dem die Geschütze standen, begrenzen. Beide Mauern wurden durch etwa 170 kleinere Türme gesichert, von denen etwa die Hälfte erhalten geblieben ist. Diese Türmchen hatten keine eigenen Namen, um so mehr aber die zwölf hohen Türme, die Nürnberg heute noch besitzt. Da sind zunächst die vier Burgtürme: der Sinwellturm, dessen Namen ein eigenes Kapitel gewidmet ist, der Heidenturm, der seinen Namen von verwitterten, angeblich heidnischen Figuren an der Außenwand hat, der Luginsland und der Fünfeckige Turm. Dazu kommen die vier Tortürme der sogenannten zweiten Befestigungsanlage: der Lauferschlagturm, der heute noch eine Schlaguhr auf der Turmspitze trägt, der Schuldturm oder das Männereisen, von dem in einem eigenen Kapitel die Rede ist, der Tiergärtnertorturm, der nach einem Rotwildgehege im Burggraben benannt ist, und der Weiße Turm (siehe Foto!), von dem später die Rede sein soll.

Ferner die vier dicken, runden Türme der dritten Befestigung, die nach einem Entwurf des Festungsarchitekten Georg Unger 1556–1559 erst später ummantelt wurden und innen viereckig sind. Sie stellen heute noch die Wahrzeichen Nürnbergs dar: Der Laufertorturm, der Frauentorturm, der nach seinem Vorgänger der zweiten Umringung am Frauen- oder Reuerinnenkloster St. Klara benannt ist; der Spittlertorturm, der den alten Namen des Weißen Turms am Spittel oder Spital des Deutschen Ordens St. Elisabeth übernommen hat, und der Neutorturm.

Einheimische und Fremde sind über den merkwürdigen Zusatz: weiß erstaunt. Man sieht es dem heutigen Bauwerk mit seinen Ziegelsteinpartien und den übrigen altersgrauen oder rötlichen Sandsteinen nicht an. Stadtmauer und Türme sind überwiegend aus dem rötlichen Stein des Schmausenbucks erbaut. Zwar gibt es in Nürnberg auch manches Haus, das aus weißlich-gelblichem Stein erbaut ist. Diese Steine stammten aus anderen Steinbrüchen, z. B. aus der Cadolzburger Gegend. Doch wird der Weiße Turm wahrscheinlich nach einem Kalkanstrich benannt sein. Nopitsch schreibt in seinem Wegweiser für Fremde aus dem Jahre 1801 „Nachgehends (=späterhin) hieß der Spittlertorturm vor seiner Renovation der weiße Turm". Auf die einst auffallende weiße Farbe nimmt auch ein Nürnberger Sprichwort Bezug, wie es Zahn in seiner Handschrift überliefert hat: „Den weisen Thurn fegen. Dieses ist nur ein in der Stadt Nürnberg gewöhnliches Sprüchwort. Zu alten Jungfern, die keine Männer bekommen oder verlangen, sagt man, sie müssen den weisen Thurn fegen, worauf sie öfters erbittert antworten: Ja mit Bürsten von Bart-Haaren Junger Gesellen, welche keine Weiber bekommen oder verlangen, d. i. von Hagestolzen ... Der sogenannte Weise Thurn hat seinen Namen von dem weisen Anstrich, welcher aber durch die Länge der Zeit die Farbe ziemlich verlohren und ein schmutziges Ansehen hat und dahero einer Renovation oder gleichsam des Fegens bedarf."

Dazu ist zweierlei zu bemerken. Einmal hat das Wort fegen in Deutschland zwei Bedeutungen: in Norddeutschland soviel wie kehren, in Süddeutschland blankreiben, putzen, schrubben. Zum zweiten hat Zahn nicht recht, wenn er meint, daß es sich um ein Sprichwort handelt, das nur in

Nürnberg bekannt ist. Auch an anderen Orten mußten alte Jungfern in alter Zeit so manchen Spott über sich ergehen lassen. Nach altem Volksbrauch gab es einige Reinigungstätigkeiten, die sich z. B. im Sprichwörterlexikon bei Wander erhalten haben: sie mußten z. B. in der Hölle für Reinlichkeit sorgen oder waren zum Wolkenschieben im Himmel ausersehen. Im alten Breslau mußten die Jungfern den Elisabethturm und in Wien den Steffel waschen, d. h. den Turm des Stephansdoms reinigen. Angesichts der heutigen Emanzipation der Frau haben solcherlei Unterstellungen ihren Witz völlig verloren.

Woher kommen die Wetzrillen und die Rundnäpfchen an der Sakristei der Sebalduskirche?

Es gibt in Nürnberg eine Sehenswürdigkeit, die die Fremdenführer fast nie den Touristen zeigen. An der Mauer der Sakristei an der Nordseite der Sebalduskirche sind zahlreiche auffallende, senkrechte Rillen zu sehen, die am oberen und unteren Ende flach, in der Mitte tiefer sind (siehe Foto!). Auch runde, näpfchenartige Eingrabungen sind vorhanden. Man erkennt zwar als Laie, daß es sich um keine Kriegseinwirkungen (Granateneinschläge oder dergleichen) handelt, ansonsten kann man sich aber keinerlei Reim auf diese rätselhaften, offensichtlich alten Schleifspuren machen. Bevor ich auf die recht komplizierte Erklärung eingehe, möchte ich aus der großen Zahl ähnlicher Erscheinungen in Franken einige auswählen:

Wir können sie z. B. in Effeltrich am Eingangstor zum Friedhof und an der Friedhofsmauer erkennen, am Pfarrhof in Gräfenberg und am Karmeliterkloster in Bamberg. Dieselben Spuren sehen wir in Kalchreuth an der Außenmauer des Hallerschlosses auf der Kirchenseite, am Eckturm des alten Patrizierschlosses in Oberbürg bei Nürnberg, an der Spitalkapelle in Heilsbronn, am Torhaus zum Kirchhof in Roßtal und an der alten Kapelle in Neunkirchen am Brand. In großer Zahl sind sie an der Martinskirche in Schwabach, an der Gunzenhausener Stadtkirche und am Münster in Wolframs-Eschenbach vorhanden. Besonders massiert treten sie an der

Stadtkirche in Ebern/Unterfranken und im Coburger Land auf. Dort sind nicht nur viele Pfarrkirchen – vor allem die Moritzkirche in Coburg selbst –, sondern auch viele Bürgerhäuser und Gasthöfe, z. B. in Seßlach, ja sogar Feldsteine mit diesen Zeichen versehen.[1]

Auch in Thüringen und Sachsen-Anhalt kommen Wetzrillen vor, z. B. an der Rolandsfigur des Quedlinburger Rathauses oder im Kreuzgang des Domes in Halberstadt. Auf Auslandsreisen konnte ich die rätselhaften Zeichen z. B. an der Schwarzen Kirche in Brašow (Kronstadt) in Rumänien und im nordspanischen Städtchen Santillana an Bürgerhäusern feststellen. Die Deutung dieser alten Hinterlassenschaft ist sehr schwierig. In den vergangenen hundert Jahren haben sich Lokalforscher den Kopf zerbrochen und an die dreißig verschiedene Erklärungen geliefert. Das Volk hat es sich leicht gemacht. Wenn man sich etwas nicht auf natürliche Weise erklären kann, sucht man übernatürliche Anlässe. So nennt es die Vertiefungen einfach Teufelskrallen.

Aus der Vielzahl der mehr oder minder ernsthaften Deutungsversuche möchte ich aus der vorhandenen Literatur einige wiedergeben: Man glaubte, daß im Mittelalter das Eheschwert am heiligen Gemäuer gewetzt worden sei oder daß man Schwerter, Lanzen und Beile zur Waffenweihe dort geschärft habe. Ferner werden Reibrillen und Rundnäpfchen als Brauchtum der Bauhütten, als Geheimschrift der Bauleute und als Löschspuren von Fackeln interpretiert. Immer wieder taucht auch an einigen Orten die Deutung auf, daß es sich um Kratzspuren handle, die von der Gewinnung heiligen Staubs zurückgeblieben seien. Dieser war – dafür gibt es alte volksmedizinische Zeugnisse – als Heilmittel bei bestimmten Krankheiten begehrt. Endlich wird noch Werkzeugweihe der Handwerker am Kirchengemäuer oder Wetzen des Wetzsteins an Flurdenkmälern in Betracht gezogen.

Die überzeugendste Deutung hat Wilhelm Funk im Jahre 1969 in einem klugen Aufsatz gegeben.[2] Er weist besonders auf die Verhältnisse in Wolframs-Eschenbach hin, wo in alten Quellen vom österlichen Feuer an Karsamstagen die Rede ist. Dieses Feuer wurde aus dem Stein geschlagen, wie alte liturgische Regeln es vorschreiben, Fackeln wurden mit den gewonnenen Funken entzündet und diese von der Sakristei in die Kirche getragen. Der Forscher hat sich auch sachlich mit dieser Art von Feuergewinnung

---

[1] A. Leistner, Die Wetzrillen und Rundnäpfchen an sakralen und profanen Bauwerken des Coburger Landes, Jahrbuch der Coburger Landesstiftung, 1981

[2] W. Funk, Eheschwert und Teufelskrallen, Fürther Heimatblätter, 1969

auseinandergesetzt. Nach ihm ist es möglich, mit Steinbohrern die heute noch sichtbaren Rundnäpfchen und mit Holzrädern, die man an einer Kurbel drehte, die Wetzrillen zu erzeugen. Bei der Drehung des Holzes im Sandsteingemäuer konnten Funken entstehen.

Die Wetzrillen und Rundnäpfchen an weltlichen Gebäuden wie Gutshöfen, Schlössern, Bürgerhäusern, Gasthöfen und Flurdenkmälern – die einfach als Profanierung der karsamstäglichen Liturgie erklärt werden könnten – versucht Funk mit weniger stichhaltigen Deutungen zu interpretieren.

Sagt man in Nürnberg Zündsteckelein oder Streichhölzlein?

Die Geschichte des Feuermachens ist so alt wie die Geschichte des Feuergebrauchs. Schon in der Altsteinzeit kannte der Mensch den Gebrauch des Feuers zu Beleuchtungs- und Heizzwecken wie zur Essenszubereitung. Man schlug Feuer mit Feuerstein und Zunder. Aus dem Pfahldorfmuseum in Unteruhldingen am Bodensee sind uns Feuermach geräte bekannt, bei denen ein Stecken mit verhärteter Spitze durch eine herumgewickelte Schnur in kleinen, scharfen Steinchen gedreht wurde. Die beigefügten kleinen Holzspänchen fingen Feuer. Im Prinzip blieben ähnliche Techniken des Reibens und Entzündens von Zunder bis zur Erfindung der Phosphor-Zündhölzer 1832 üblich. Zunder war oft ein Pilz, der gekocht und gewalkt und mit Salpeter getränkt und getrocknet wurde. Durch auftreffende Funken ließ er sich zum Glimmen bringen. Durch das Lexikon von Krünitz[1] sind wir über die Technik des Feuermachens aus den Jahren 1788 und 1828 gut unter richtet: Das Feuerzeug sah um 1788 folgendermaßen aus: „Ein von Holz, Eisenblech, Kupfer, Messing oder anderer Materie von allerley Art, gemeiniglich aber länglich, viereckig gefertigtes Kästchen, worin das Zunderfach mit seinem Deckel besonders dergleichen Feuerstahl, Feuersteine mit Schwefelfäden, Schwefelhölzchen, Schwamm oder Papierchen

---

[1] a. a. O.

verwahret werden, damit man alles beysammen haben möge, und wenn es die Noth erfordert sogleich Licht und Feuer anmachen könne."

Auch Schwefelfäden werden genau erklärt: „Es sind in Schwefel getauchte, dicke, leinene zusammengedrehte Fäden, die in der Haushaltung in den Feuerzeugen gebraucht werden, um damit am entzündeten Zunder Feuer zu erhalten. Eine weitere Beschreibung dieser Schwefelfäden hier zu geben wäre unnütz, da sie bekannt sind. Sie werden in den Materialhandlungen in großen Bunden pfund- und centnerweise verkauft und bei den Detaillisten auch in kleinen Bunden, 6, 3 bis 1 Pfennig. Man schneidet auch dünne Hölzchen, die dann Schwefelhölzchen genannt werden."

Die große Revolution auf dem Gebiet des Feuermachens fand 1832 statt, als man die Phosphorhölzchen entdeckte und sie fabrikmäßig herstellte. Wir sind über die Zustände in Nürnberger Phosphorholzfabriken durch eine medizinische Studie informiert.[2] Arbeiterinnen, die in jenen Zeiten, als es noch keinen Arbeiterschutz gab, von 6 Uhr morgens bis 9 Uhr abends arbeiten mußten, waren dem umweltschädigenden Einfluß des Phosphors derart ausgesetzt, daß die Ärzte die sogenannte Phosphor-Kiefer-Nekrose diagnostizierten, eine zum Tod führende krebsähnliche Krankheit.

Aus dieser Zeit stammen nun auch die unterschiedlichen Benennungen des Zündholzes (siehe Anhang!): Von Ostpreußen bis weit nach Westen reicht das Wort Streichholz, plattdeutsch Striekholt, was auch das hochdeutsche Wort ergeben hat. Im Westen ist noch häufig das alte Wort Schwefelhölzchen gültig, Schwefelsticken südlich Hamburg, schwäbisch: Schwäbele. Schleswig-Holstein kennt Rietsticken, westlich des Rheins sagt man Fixfeuer und nördlich von Frankfurt hält sich zäh das alte Wort Feuerzeug. In Süddeutschland und Österreich gilt großräumig das Wort Zündhölzl, nördlich von Wien und ganz im Süden fallen Wörter wie Stroafhölzl und Reissala auf. In Franken sagt man **Zindschdeggerla**, was auch in Nürnberg die meistverwendete Bezeichnung neben **Zindhelzla** und **Schdreichhelzla** geblieben ist.

In einer zweiten Phase der Revolution des Feuermachens hat im 20. Jahrhundert das Benzin- und Gasfeuerzeug eine wichtige Veränderung gebracht, ganz werden aber die **Zindschdeggerla** aus den Nürnberger Haushalten nicht so schnell verschwinden.

---

[2] Siehe unter Zündholz im Schlagwort-Katalog der Bibliothek des Vereins für Geschichte der Stadt Nürnberg!

Die Zwetschge und das Zwetschgenmännlein

Die Namenwelt des deutschen Beeren- und Baumobstes spiegelt die Herkunft der einzelnen Früchte. Bodenständig, und daher mit einheimischen Wörtern benannt, sind natürlich z.B. Apfel, Erdbeere, Himbeere, Schlehe, Blau-, Schwarz- oder Heidelbeere. Südfrüchte, die erst in neuerer Zeit aus Asien und Afrika zu uns gekommen sind, tragen fremdartige Namen: Orange geht auf persisch/arabisch naräng, naransch zurück, Banane ist ein Wort afrikanischer Eingeborener. Viele Obstsorten sind aus dem Orient durch Griechen und Römer vor rund eineinhalbtausend Jahren bei uns eingeführt worden, was ihre Bezeichnungen heute noch deutlich machen. Einige Beispiele: Dattel geht vielleicht auf das griechische Wort daktylos „Finger" wegen der länglichen Form der Früchte zurück. Feige, Birne und Pflaume sind Lehnwörter aus dem Lateinischen: ficus, pirus und prunus. Zwar kannten die Germanen schon vor dem römischen Einfluß Holzbirnen (Hutzeln), doch lernten sie die edleren Birnensorten erst durch die südlichen Nachbarn kennen.

Einige Obstsorten geben in ihrem Namen bekannt, woher, aus welcher Stadt oder welcher Landschaft sie stammen: Da ist einmal der Pfirsich, der aplus Persicus, der aus Persien kommt, die Kirsche cerasus, die der berühmte Feinschmecker Lukullus von der Südküste des Schwarzen Meeres aus der Stadt Kerasus nach Norden eingeführt hat, und die Quitte, deren Name an die kretische Stadt Kydonia erinnert.

Auch das Wort Zwetschge geht auf sehr umständlichen Wegen auf den Namen der Stadt: Damaskus zurück. Sebastian Franck nennt sie 1534 in seinem Weltbuch „Die Pflaumen zu Damasco". Zunächst hießen sie im Griechischen späterer Zeit damaskenon, was im Norditalienischen und Ostfranzösischen zu davascena umgeändert wurde. Daraus entwickelten sich die deutschen Spielformen.

Nun aber zur Sache, die Kluge, dem ich auch die obigen Angaben verdanke, deutlich umschreibt: „Während das nordöstliche Deutschland alle Spielarten von Prunus domestica Pflaume nennt, scheidet der Süden und Westen von der im August reifenden Pflaume die im September reifende, mehr längliche Zwetsch(g)e."

Die mundartlichen Formen sind nach dem Deutschen Wortatlas bunt gemischt: österreichisch und bairisch gilt zweschpen, schweizerisch wätschke, schwäbisch zwetschk, rheinfränkisch quekscht, oberhessisch quetsch und thüringisch quatschge.

Auch in Nordbayern sind die mannigfaltigsten Spielformen anzutreffen: im Nürnberger Raum Zwetschger, in Unterfranken Gwedscher und Gwödscher, in Oberfranken Gwaggscher und Gwedschder. Östlich von Nürnberg tauchen die Wörter Maschn und Gröicherla auf.

In Nürnberger Mundart wird das Wort **Zwedschgn** auch im übertragenen Sinn verwendet: ä **Zwetschgernoosn** ist eine blaurote Trinkernase, **mei Zwetschger** und **mei Zwetschgerla** können ausdrucksstarke Kosewörter für kleine Kinder sein, auch die weibliche Scham wird mit dem Wort bezeichnet, und dann vor allem die **Närmbercher Zwetschgermennla.** Sie werden schriftlich zum erstenmal bei Georg Andreas Will in seinem handschriftlichen Idiotikon vor 1800 greifbar, sind aber sicher, wie auch andernorts die Püppchen aus gedörrten Pflaumen, älter. Will erklärt: „Zwetschgermann, eine von Drath gefertigte, woran dürres Obst, Zwetschgen und Schnitze gesteckt werden, Kinderpuppe, die man auf dem Kindleinsmarkt zu Nürnberg verkauft. Figürlich ein dürrer, hagerer und schwacher Mann." Fast zur gleichen Zeit hat ihn Gabler in seinen Schimpfwörtern gezeichnet.

Liebe Leser, ich habe Ihnen mit der Zwetschge das letzte der einhundert Beispiele meiner Nürnberger Etymologie vorgeführt. Hoffentlich hat es Sie nicht nur interessiert, sondern auch ein bißchen unterhalten. **Edz bag i meine siem Zwetschger und gäi ham.**

Verwendete Hilfsmittel

Da es sich beim vorliegenden Buch um eine populärwissenschaftliche Arbeit handelt, die sich an einen größeren Kreis von sprachwissenschaftlichen Laien wendet, mußte ich auf exakte wissenschaftliche Quellenangaben und Anmerkungen verzichten. Einmalige Verwendung von Hilfsmitteln habe ich beim jeweiligen Kapitel zitiert.

Hier nenne ich – in sechs Bereiche aufgeteilt – diejenigen Bücher, denen ich viele meiner Ausführungen verdanke.

1. Konversationslexika

Meyers Großes Universal Lexikon, sowohl die neueste Ausgabe wie die Editionen der vergangenen Jahrzehnte

Großes Universal Lexikon aller Wissenschaften und Künste, Band 1–64 aus den Jahren 1732–1750, verlegt von J. H. Zedler

Oeconomische Encyklopädie von J. G. Kruenitz, 205 Bände aus den Jahren 1787–1851

2. Hochsprachliche und etymologische Wörterbücher

Deutsches Wörterbuch, herausgegeben und bearbeitet vom wissenschaftlichen Rat und den Mitarbeitern der Duden-Redaktion

Deutsches Wörterbuch, begründet von Jacob und Wilhelm Grimm, 1854 ff. in 16 Bänden

Trübners Deutsches Wörterbuch, herausgegeben von A. Götze und W. Mitzka, Berlin 1936 ff.

Deutsches Fremdwörterbuch von H. Schulz und O. Basler, Straßburg, Berlin 1913 ff.

F. Kluge, Etymologisches Wörterbuch der deutschen Sprache, 19. Auflage, Berlin 1963; 22. Auflage 1989

Etymologisches Wörterbuch der Deutschen, herausgegeben unter Leitung von W. Pfeifer, Berlin 1989

J. Pokorny, Indogermanisches Etymologisches Wörterbuch, Bern 1949 ff.

Handwörterbuch des deutschen Aberglaubens, Berlin, Leipzig, 1928–1942

M. Lexer, Mittelhochdeutsches Handwörterbuch, Leipzig 1872–1878

Lexers Mittelhochdeutsches Taschenwörterbuch, 25. Auflage, Leipzig 1949

G. F. Benecke, Mittelhochdeutsches Wörterbuch, Leipzig 1854–1861

A. Götze, Frühneuhochdeutsches Glossar, Bonn 1926

H. Küpper, Wörterbuch der deutschen Umgangssprache, Stuttgart 1987

3. Mundartwörterbücher

Wörterbuch der baierischen Mundarten in Österreich, Wien 1963 ff.

Bayerisches Wörterbuch von J. A. Schmeller, Stuttgart 1827–1837; 2. Auflage 1872–1877

Badisches Wörterbuch von E. Ochs, 1926 ff.

Wörterbuch der elsässischen Mundarten von E. Martin und H. Lienhart, Straßburg 1899–1907

Hessen-nassauisches Volkswörterbuch, Marburg 1927

Wörterbuch der obersächsischen und erzgebirgischen Mundarten von K. Müller-Fraureuth, Dresden 1911–1914

Pfälzisches Wörterbuch 1965 ff.

Rheinisches Wörterbuch, Bonn, Berlin 1928 ff.

Schlesisches Wörterbuch von W. Mitzka, Berlin 1963–1965

Schwäbisches Wörterbuch von H. Fischer, Tübingen 1904–1936

Südhessisches Wörterbuch, Marburg 1965 ff.

Thüringisches Wörterbuch, Berlin 1965 ff.

Wörterbuch der Tiroler Mundarten, Innsbruck 1955 ff.

4. Sonstige sprachwissenschaftliche Veröffentlichungen

R. Aman, Bayerisch österreichisches Schimpfwörterbuch, München 1972

A. Bach, Deutsche Namenkunde, Heidelberg 1952

H. Birkhan, Etymologie des Deutschen, Bern 1985

E. Bornemann, Sex im Volksmund, Reinbek, 1971

Deutscher Wortatlas, 1952 ff.

W. König, dtv-Atlas zur deutschen Sprache, 7. Auflage 1989

H. Marzell, Wörterbuch der deutschen Pflanzennamen, Leipzig 1937 ff.

H. Müller, Schwert und Scheide, Bern 1988

L. Röhrich, Lexikon der sprichwörtlichen Redensart, Freiburg 1973

J. Schnetz, Flurnamenkunde, München 1952

E. Schwarz, Sprache und Siedlung in Nordostbayern, Nürnberg 1960

K. F. W. Wander, Deutsches Sprichwörterlexikon, Neudruck Aalen 1963

5. Veröffentlichungen zur Nürnberger Geschichte und Sprache

Chroniken der fränkischen Städte, Nürnberg, Leipzig 1862–1874

A. Gabler, Die Nürnberger Schimpfwörter, 6. Auflage 1985

A. Gebhardt, Grammatik der Nürnberger Mundart, Leipzig 1907

Mitteilungen des Vereins für Geschichte der Stadt Nürnberg, Band 1–77 und Registerbände

Nürnberg, Geschichte einer europäischen Stadt, herausgegeben von G. Pfeiffer, München 1971

E. Reicke, Geschichte der Reichsstadt Nürnberg, 1896

Ch. Scheffler-Erhard, Alt-Nürnberger Namenbuch, Nürnberg 1959

E. Tucher, Baumeisterbuch, 1464–1475, Stuttgart 1862

Dazu vier Handschriften:

G. Arnold (gegen 1890 abgeschlossen), Stadtbibliothek Nürnberg, Signatur 732. 2°.

J. H. Hässlein (vor 1800) Idiotikon, Abschrift im Germanischen National-museum, Signatur Hs 128678

A. Will (herausgegeben in Mitteilungen des Vereins für Geschichte der Stadt

Nürnberg, Band 49 (1959)

B.W. Zahn, Die Nürnberger Sprüchwörter, abgeschlossen um 1815, Stadtbibliothek Nürnberg, Signatur Amb. 439. 2°.

6. Populärwissenschaftliche Bücher

E. Berthold, Dei hulli alli oh, Fürth 1975

H. Dallhammer, Also etz gell, Ansbacher Wörterbuch, Ansbach 1978

J. C. Grübel, Sämtliche Werke, Nürnberg 1857

H. Hauenstein, Wiener Dialekt, Wien 1978

H. Maas, Wou die Hasen Hoosn und die Hosen Huusn haaßn, 5. Auflage, Nürnberg 1987

G. Reinfelder, Bamberger Dialekt, Weilheim 1972

F. Ringseis, Neues bayerisches Wörterbuch, Pfaffenhofen 1985

Klemtner und Spengler, der Töpfer, die Hagebutte und der Weihnachtsmann im deutschen Sprachraum (zu den Seiten 39, 56, 66 und 125).

Die Kartoffel, sich beeilen, der Tischler und das Zündholz
im deutschen Sprachraum (zu den Seiten 146,156,173 und 208).

Die trauernde **Noris** auf dem Westfriedhof (zu Seite 103).

Die Wandmalerei am Gebäude der Industrie- und Handelskammer am Hauptmarkt:
Nürnberger Tand geht durch alle Land (zu Seite 107).

Die sogenannte **Peunt**, seit Jahrhunderten Sitz
der Nürnberger Baubehörde (zu Seite 131).

Der **Schuldturm** oder das Männereisen auf der Insel Schütt (zu Seite 174).

Die über die Pegnitz gebaute **„Sutte“**, die alte Krankenstube des Heilig-Geist-Spitals, ist heute eine gemütliche Weinstube (zu Seite 184).

Der **Weiße Turm**, der heute nicht mehr weiß ist (zu Seite 205).

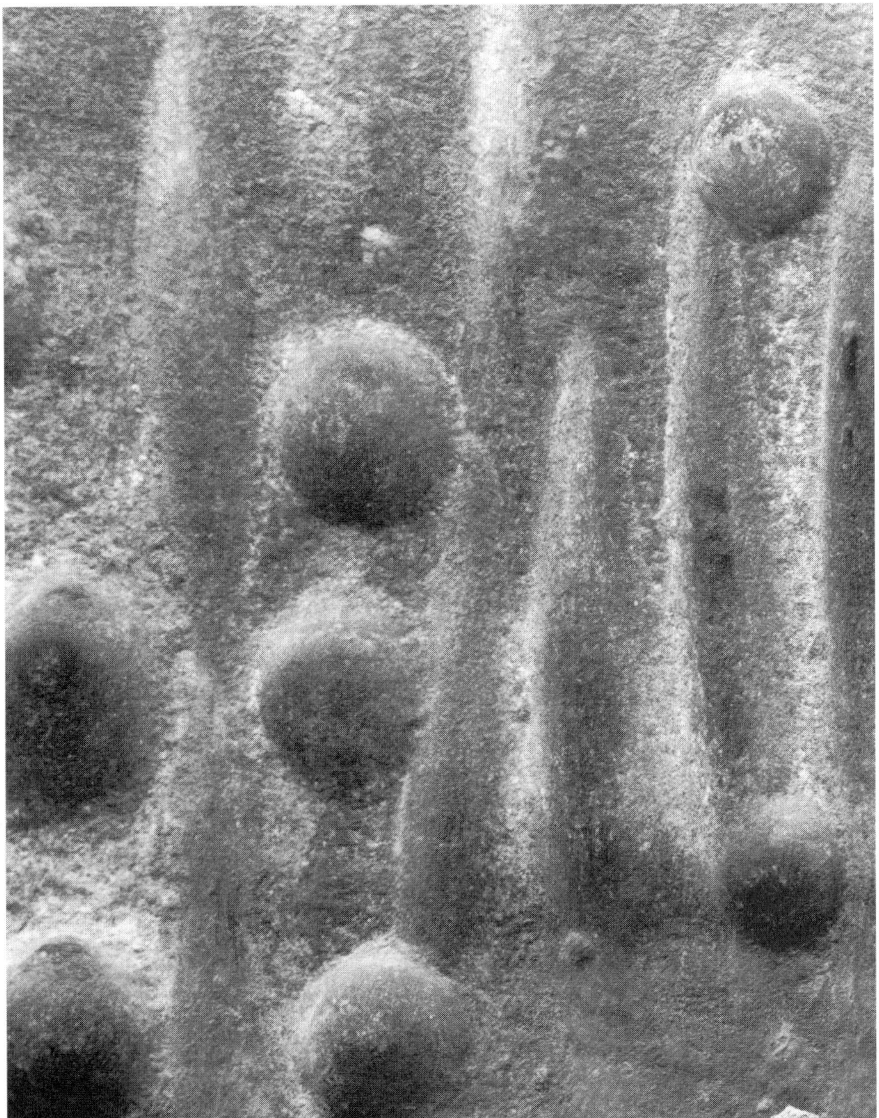

Rätselhafte **Wetzrillen** und Rundnäpfchen an der Außenmauer der Sakristei von Sankt Sebald (zu Seite 206).

Wasser in die Pegnitz tragen.

Die Pegnitz ist ein im Fürstenthum
Bayreuth bey einem Städtlein
gleichen Namens entspringender,
die Stadt Nürnberg mitten durch-
strömender – dieselbige in die Sebalder
und Lorenzer Seite abtheilender,
bey Fürth, 1 Stund weit von
Nürnberg in die Regnitz fallender,
der nicht schiffbarer Fluß.
Wollte man nun in einem
Fluß Wasser tragen, so würde
... keiner bedürfen ...